まるで、天国に続く道のような桟橋 ▶P329

和歌山・高野山

酒を酌み交わした、バイリンガルのイケメンお坊さん ▶P42

煩悩を焼き尽くす、密教の護《こ》摩《ま》行《ぎょう》

フランス人のお遍路さんの姿も！

御膳を運ぶ、修行中の小坊主さん

法要に参加する、お坊様御一行

古式舞踊の名手で、超キュートなアイヌの長老

▶ P112

儀式中の、シャーマンのレラさん

アイヌの民族衣装で農作業中

かつての住居「チセ」は超快適！

チセで一緒に寝た、愛らしい親子

きりっとした雰囲気の神職さん

伊勢神宮は、広大な境内が聖域！

縁日のような参道「おかげ横丁」

金剛證寺で出会ったおばあちゃん

沖縄本島

豪快なジイちゃんのタクシーで聖地めぐり ▶P223

佐賀・三瀬村

農家民宿のばあちゃんと、収穫しつつ大盛り上がり！ ▶P159

村人の笑顔にホッとする農村

豆を天日干し、気分もほっこり

野菜を収穫。夕食が待ち遠しい♪

民宿ご夫婦と乾杯、絶品ごはん

沖縄本島＆久高島

荘厳でカラフルな首里城で働くおばちゃん

琉球最大の聖地で祈る人たち

久高島の素朴な中学生に胸きゅん

80歳のオバアホステスと大爆笑！

“神の島”から望む、美しい夕日

久高島＆黒島＆波照間島
「大人の夏休み」をチャリで満喫中 ▶P328

「日本一のビーチ」美しすぎる！

島のチビッコは、裸足で超元気

「さばに」女将のまぶしい笑顔

自然のアート、赤い珊瑚に興奮

海人（漁師）民宿の「名物お父さん」＆奥さん　▶P279

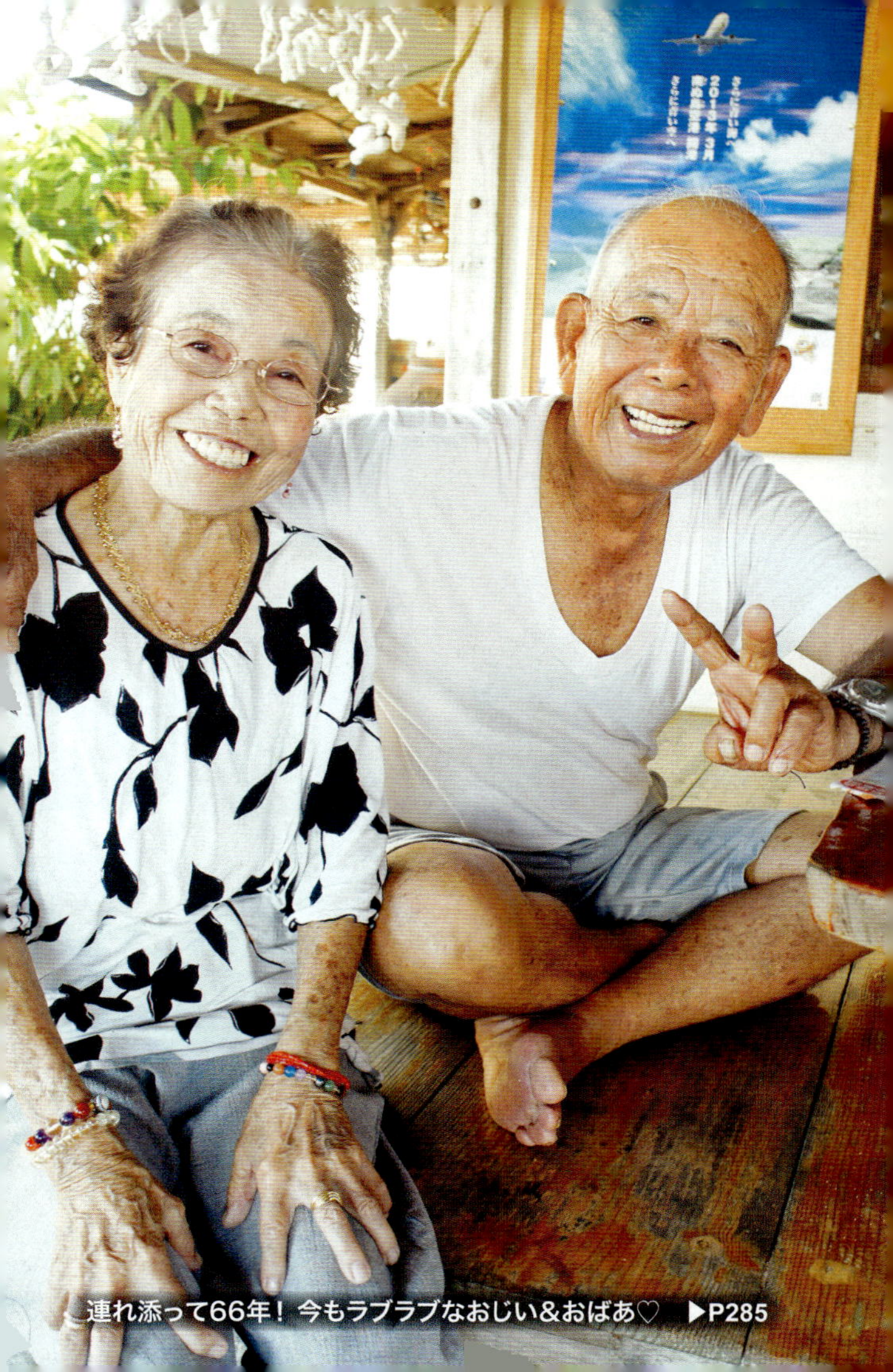

連れ添って66年！ 今もラブラブなおじい＆おばあ♡ ▶P285

ざわわ〜♪なサトウキビ畑を疾走

日本最南端の波照間島でポーズ

高野山・樹齢数百年の杉にハグ

あがた村の焼きそば朝食、激ウマ！

あっぱれ日本旅!

世界一、スピリチュアルな国をめぐる

たかのてるこ

幻冬舎文庫

はじめに　〝世界一、スピリチュアルな国〟日本をめぐる旅

まさか、自分がニッポンに夢中になる日が来るとは！

「ひょっとして、日本はなかなかどうして、なにげに、相当いい国なんじゃん⁉」

3年前、会社を辞めて〝地球の広報・旅人・エッセイスト〟として独立した私は、母国の魅力を知るべく国内旅も始めたのだが、旅するほどに、日本への愛《いと》しさが募るばかり。

子どもの頃は、望んでこの国に生まれたワケでなし、「たまたま生まれた国」ぐらいに思っていたのだ。ところがどっこい、海外を旅すればするほど、世界に魅せられる一方、日本のよさがじわじわ沁みるようになってきた、といえばいいだろうか。

海外を旅する良さは、外国の素晴らしさが分かると同時に、日本の素晴らしさにも気づけることだと思う。特に海外から帰ると、日本人はまるで、国中で心理合戦を繰り広げているみたいだなぁと感心してしまう。

たとえば、人から呑みに誘われるも用事があって行けない場合、日本人は「あぁ、今日はちょっと……」などと返す。「行く」とも「行かない」とも言っていないのに、これで「今日はちょっと（用事があって行けないんですよ）」という意味だと相手にちゃんと伝わるのだ。

英語だと「トゥデイ、リトル」としか言ってないのに！

相手への優しさから、「本音」と「建前」を無意識に使い分ける日本人は、強い否定の言葉を避けることが多い。されど、お互い〝超〟が付くほど繊細な日本人なので、言葉の裏にある気持ちを察し合えるのだ。外国人からすれば、日本人の「相手の気持ちを察する能力」は、〝超能力《エスパー》〟並みじゃなかろうか。

さらに日本語には、「お陰様《かげさま》」「有難い」等、英語に訳し切れない、独特のフレーズがある。たとえば、知人から「独立して元気にやってる？」と聞かれたとき、特にその人と仕事をしていなくても、私は「おかげさまで何とかなってまして、本当に有難いですわ〜」などと返す。これは外国人からすると、「オカゲ様⁇　それって神様⁇」「仕事もしてない相手に、なぜ感謝を伝えるの⁇」という感じで、なんともミステリアスで不思議な言葉であるらしい。

「お陰様」をあえてイマジンして言語化するなら、「毎日、太陽が昇って、木々や食物が実り、川や雨は大地を潤し、いろんなものがバランスを取りながら成り立っている自然のサイクルの中で、気が遠くなるくらい長い時間をかけて生命がバトンタッチされ続けた結果、この世に生を受けた自分も、大いなる自然の流れの中で生かされている」ことが、「おかげさま」であり、「有難い」のだ。

日本人の根底に流れる世界観の、ダイナミックで繊細なこと！「おかげさま」も「有難い」も、目の前には存在しないものの、確かにその存在を感じる、「目には見えないもの」への感謝の言葉なのだ。ひゃ〜、日本人って、なんてスピリチュアル!!

スピリチュアルとは「目には見えない精神的な世界」を指す言葉で、胡散臭《うさんくさ》いニュアンスで使われることもあるから、他に適当な言葉がないのがもどかしいのだが、じつは、日本人は毎日、「目に見えないもの」の話ばかりしているのだ。

中でも、ぶっちぎりなのは、「気」という言葉。日本人はこの、「気」という言葉を、一日何十回となく使う。そもそも、なんなんだ、「気」って！

私たち日本人はこの、つかみ所がなく得体の知れない「気」という言葉を多用し、「〇〇な気がする」というビミョ〜な直感を連発しながら毎日を生きている。

「気が大きい・小さい」「気が長い・短い」「気をよくする・悪くする」「気が重い・軽い」「気がある・ない」「気が向く」「気に入る」「気が楽」「気に食わない」「気を紛らわす」「気が合う」「気が乗る」「気が散る」「気がいい」「気が滅入る」「気が利《き》く」「気にかける」「気がかり」「気のせい」「気づく」「気をつける」「気になる」「気を使う」「気を取られる」「気まずい」「気が済む」「気後れする」「気にする」「気を緩《ゆる》める」「気が早い」「気を配る」「気さく」「気が荒い」「気難しい」「気取る」「気を取り直す」「気を落とす」「気配」「気が変わる」「気合い」「気に障《さわ》る」「気が焦る」「気に病む」「気が沈む」「気弱な」「気心」

「気を抜く」「気をもむ」「気を回《まわ》す」「気が若い」「気に留める」「気が引ける」「気が進む」「気が知れない」「気がとがめる」「気が抜ける」「気が触れる」「気をそらす」「気もそぞろ」「気にかかる」「気を引く」「気がはやる」「気が休まる」「気立て」「気持ち」「気分」「気味」「気が晴れる」「気の許せる」「気性」「気力」「気迫」「気の毒」「気が気でない」……等々。んも〜、いくらでもありすぎて、「気が遠く」なる〜!

8万の神社、8万の寺があるといわれる日本には、全国で6万弱のコンビニ数をはるかに凌《しの》ぐ、神社仏閣がある。そして、一日に何十回となく〝目には見えない〟「気」を察知し、読心術の如く互いの気持ちを察し続けている日本人は、ふだんは全く意識していないものの、相当スピリチュアルな世界に生きていると言えるんじゃないだろうか。

国内を旅して実感したのは、日本に住む人たちの、実にバラエティに富んでいることだった。たとえば、沖縄の人たちのアイデンティティは沖縄人《ウチナーンチュ》だけでなく、離島に住む人は、沖縄人である前に島人《シマンチュ》だと思っているし、八重山諸島の人は八重山人《ヤイマンチュ》だと思っているという多種多様さ。北から南まで、エリアごとに文化も土地柄も異なるのに、どこでも日本語が通じ、「有難い」「おかげさま」的なスピリチュアルな世界観も共通。

古来から、山や川、風に雨、動植物に至るまで、あらゆるものに魂や霊が宿ると信じられてきたこの国には「八百万の神」がいると聞いていたものの、日本はどこもかしこも本当に神様だらけ。高野山では空海があの世とこの世を繋ぐ結界を見守り、伊勢神宮には日本古来の神様が鎮座し、北海道にはアイヌの神々が、沖縄には島ごとに島人の神様がいて、聞きしに勝るスピリチュアルぶり。

世界65ヵ国をまわった私は、確信した。「世界一、スピリチュアルな国」は、日本だと。今まで、こんなにも個性豊かで〝スピリチュアルな島国〟を旅しなかったなんて！

自然を愛《め》で、土地の神を拝み、祖先を祀《まつ》り、郷土愛に満ちた濃ゆいキャラの人たちと酒を酌《く》み交わすうち、「お国言葉」と「お国自慢」に目がない私は、今や日本に首ったけ。どんな場所も、そこに生まれ育った人にとって、世界にたったひとつのかけがえのない故郷であって、素晴らしくないワケがないのだ。まさに、あっぱれニッポン！

全国津々浦々、想像もつかない面白い人たちに会いたくて、旅に出たくてウズウズしてくる。その土地の人たちにとって〝オンリーワンな故郷〟の魅力を、お裾《すそ》分けしてもらえる喜びよ。未知なる母国をもっと旅して、人と出会い、食べ、呑み、語らい、笑い合いたい！

この本を読んでくださる人が、今まで知らずにいた日本と出会い、私がディープな国内旅にハマったように、未知なる日本を旅するキッカケになれば幸いです。

目次

本文デザイン　bookwall

写真　たかのてるこ

著者の写真　旅先で出会った人たち & カメラのセルフタイマー

GO!
Japan
spiritual
travel

1st TRAVEL

和歌山・高野山

高野山の宿坊で、プチ修行旅
〜憧れの空海&美坊主たちとの夜

空海に焦がれて、天空の聖地へ！

一生、会社にパラサイトする腹づもりだった私が、18年勤めた映画会社を辞め、〝旅人〟になって早1年。

まわりから散々「〝旅人〟って、中田ヒデじゃあるまいし、世間的には単なる無職じゃん！」だの、「これからどうやって生計を立てていく気？」などとツッコまれまくったものの、独立するなどという大それたことを決行した自分に、私自身が一番驚いたぐらいなのだ。自分がどこにも所属しない「フリーの身」になったのは、実に幼稚園入園前以来のこと。

独立して、身体的にもビックリしたことがある。どーでもいいことだとは思いつつも告白すると、家で仕事するようになった途端、やたらめったらウンコが出るようになったのだ。

会社員時代はフツーに朝の一回きりだったのが、朝だけにとどまらず、日中だろうと夜だろうと自由気ままに便通があり、しかも超快便！　とてつもないデトックスに、我ながら目を見張るほどだ。

気になったので調べてみると、腸の動きが良くなるのは、副交感神経が活発化したときであるらしく、自宅だとリラックスして仕事できるからかもしれない。つーか、便通ばかりフリータイムになって喜んでる場合か！

「頼れるモノは、自分の体と心だけ！」という裸一貫になった私が、心のフンドシを締め直さんと真っ先に決めた旅先は、修行の場として名高い高野山だった。

映画『空海』を見て以来、ずっと気になっていた空海（弘法大師《こうぼうだいし》）の存在。最近、NHKのドキュメンタリー『空海　至宝と人生』を見て、そのあまりの天才ぶりにシビレまくってしまい、今こそ空海に会いに行き、我が身を清める修行がしたい！　と思ったのだ。

空海は18歳のとき、一族の期待を一身に受け、今でいう高級官僚になることを目指して大学に入学したものの、周囲の反対を押し切って中退し、修行僧になる道を選んだ。

『空海　至宝と人生』は、このようなロマンあふるるナレーションで始まる。

「1200年前、四国山中で、おのれの進むべき道を一心に求める若者がいた。ある朝、洞窟から見えたのは、空と海だけが広がる光景。それを自らの名前にしたのが、空海です」

くぅ〜、かっくいい〜!!　平安時代初期のお坊さんながら、自らを〝空海〟と名付けるネーミングセンスがズバ抜けていて、時代を超越してる感がハンパない。大学をドロップアウトして山岳修行の世界に飛び込み、肉体と精神の自由を求めて旅を続けた空海に、〝旅人〟になった私は憧れを抱《いだ》かずにはいられなかったのだ。

日本の文化や思想に大きな影響を与え、〝知と行動の巨人〟とリスペクトされる空海が開いた高野山。

ネットで調べてみると、世界遺産の高野山には117もの寺院があり、内52寺が参詣者のための「宿坊寺院」なのだという。創作の精進料理が評判の宿坊から、高級旅館と見紛うような日本庭園の美しい宿坊に、天然温泉の露天風呂付きの宿坊まであって、どこに泊まるか悩ましいこと！　旅の疲れを癒すには、なんつっても露天風呂だよなぁ〜なんて考えつつ、ハッと我に返る。

求道者《ぐどうしゃ》たるもの、贅沢《ぜいたく》な精進料理に舌鼓を打ち、露天風呂でビールを呑んでる場合ではない！　頭に浮かぶ煩悩を振り払い、いろいろ考えた結果、写経や瞑想等、一通りのプチ修行ができる宿坊「惠光院《えこういん》」に泊まることに決めた。

あぁ、ようやく空海に会いに行けるんだ！　この旅で、高野山に対する謎が解き明かされるのだと思うと、好奇心でワクワクしてくる。両親の里が京都の私は、京都の寺には数えきれないぐらい行っているし、高野山も同じような仏教都市だと思い込んでいたのだが、高野山を訪れた人に聞くと、みなが口を揃《そろ》えて「高野山、スピリチュアルで凄《すご》いよ〜」と言うので、その神秘的なムードに興味津々だったのだ。いざ、1200年前、空海が真言密教の修行の場として開いた、天空の聖地へ！

夜11時、新宿発、大阪行の夜行バスに乗り、高野山へ出発。修行するにあたって、新幹線で行くのではなく、目的地に早朝着き、朝から時間を有効に使える夜行バスに乗るというナイスなアイデアを思いついたのだ。

朝7時、車窓のカーテンから洩《も》れるまばゆい朝日で目が覚め、定刻通り大阪の難波《なんば》駅に着くと、折しも通勤ラッシュの時間。サラリーマンやＯＬが怒濤《どとう》の勢いで押し寄せてくる。通勤者たちの凄《すさ》まじい波に抗《あらが》うように歩いていると、ほんの1年前まで私もこうだったなぁとしみじみ思う。

私は、ふと思い立って高野山へ参詣に行く、みたいなことを、ずっとしてみたかったのだ。ときには立ち止まって、今まで歩いてきた道をほうっと眺めてみたり、自分の環境や自分自身を見つめ直してみたかった。それなのに、いつも時間に追われて心に余裕がなく、我が身を俯瞰《ふかん》で眺めるような気持ちにはとてもなれなかった日々……。

自分のまわりの環境は、自分の精神状態を映す鏡なのだとつくづく思う。

会社勤めの間、愛して止《や》まない旅に、数年に一度しか出られない状況にイラ立ちながらも、独立する勇気がなかったのは、映画会社に勤めているというステータスや安定、給料、居場所を失いたくなかったからだ。そして、「旅人で生計が立つワケがない！」とも思い込んでいた。今思うと、会社員時代の私は、ガチガチの執着心に囚《とら》われ、「できないヤツ」と思われたくないという恐怖心から仕事していたように思う。

でも、環境を変えれば、自分が変わる。

私の中身が激変したのではなく、会社員の肩書きが外れて〈地球の広報・旅人・エッセイスト〉になったことで、人の私を見る目が変わり、自分自身のセルフイメージが変わった、と言えばいいだろうか。毎日勤めがある会社員には絶対来なかった、旅に出る仕事や講演の依頼が舞い込むようになったのだ。

ああ、ありのままの自分でいられる居心地の良さよ。「みんな、生きることを楽しむために生まれてきたんだよ〜!」ということを伝えるのが、ライフワークになるなんて!

社会的なステータスは失ったものの、いつでも旅に出られるステータスを得られた喜びといったらなかった。私は失うことを恐れるあまり、たくさんの木の実を摑《つか》んだまま壺《つぼ》から手が抜けなくなる猿状態になってしまっていたのかもしれない。まず何かをやめないことには、何も変わらないし、何も始まらないのだということを、私は身を以《もっ》て痛感したのだ。

南海《なんかい》高野線の難波駅から、特急に乗ること1時間半。現世に居ながらにして辿《たど》り着いた「極楽橋」駅。参詣者のテンションを、これ以上あげる御利益に満ちたネーミングがあるだろうか。いや、ない!!

心くすぐられる極楽橋から、2両編成のレトロな赤いケーブルカーに乗り、標高約900メートルの高野山を目指す。

ケーブルカーの車内には、四国八十八箇所を巡ってきたとおぼしき、白装束をまとったお遍路《へんろ》さんの姿がチラホラ。中には、白装束を身につけた欧米人お遍路さんの姿もある。

夫婦数組でお遍路に参加したとおぼしきおばちゃんおっちゃんグループは、まるで〝大人の修学旅行〟にやってきたようなノリで、頰《ほお》を赤らめ高揚している。

「ようやくここまで辿り着いたけど、膝《ひざ》を曲げると痛いわぁ」

「私は立つときに腰が痛むんよねぇ」

「まぁでも、無事にここにまで来れたんやから、ほんまに有難いで」

おばちゃんたちの会話に心がざわつく。これから向かう場所が場所なだけに、〝生老病死《しょうろうびょうし》〟に対して、ついつい敏感になる。年を取るということは、今までたやすくできていたことができなくなっていくことなんだろうか……。

体の不調を言い合いながらも、その充実感に満ちた表情から察するに、バスやタクシーで巡る〝お遍路ツアー〟ではなく、毎日歩き続けても50日間はかかるという〝歩き遍路〟を終えた人たちであるらしい。

日本一有名な霊場巡礼として根強い人気がある、若き日の空海の修行路を辿る「四国遍路」。巡礼の始まりに、高野山や京都の東寺《とうじ》（空海がつくりあげた密教寺）で旅の安全を祈り、お遍路の最後に高野山に御礼参りに訪れるのは、定番コースになっているのだ。

正直、今までお遍路をする人たちのことを（いったい何が楽しくて、2ヵ月も歩くんだ?）と思っていたのだが、やり遂げた人たちにこんなにも恍惚《こうこつ》気分を味わわせることができるなんて、聖地巡りもいいもんだなぁと思う。

ケーブルカーの傾斜はどんどんきつくなり、約30度というジェットコースターのような急勾配を登っていると、否応ナシに〝異世界〟に入っていく感が高まっていく。

（うわぁ～、とうとう、空海のいる高野山に着くんだ！）

ところが、遠路はるばる辿り着いた高野山駅は、思いのほか、ひっそりと静まりかえっていた。駅前には、何の変哲もないバスロータリーが広がっていて、そのまわりを緑の山々が取り囲む、素朴極まりない景色が広がっている。小雨が降っているせいか人もまばらで、ひどく地味な山奥に来てしまった感じがするではないか。

これが憧れの高野山⁉ なんか、イメージと違って、うら寂しい片田舎《かたいなか》じゃん‼

ここに来るまでの思い入れと期待値が高すぎたのか、町が醸し出している〝閑散とした京都〟といった雰囲気に、肩すかしを食らったような気分になってしまう。

とはいうものの、ここがいわゆる観光地でないことは、百も承知だったはず。そう、私は修行に来た身なのだ！

駅前からバスに15分揺られ、今夜の宿坊である恵光院に到着。さりげなくも立派な門構えで、感じのいいお寺だったのでホッとする。

この恵光院には、毎月21日の「お大師さまの日（空海の月命日）」の前日、20日に宿泊する〝お籠もりプラン〟なるものがあり、2食付き・5400円という破格の宿泊費も魅力的だった。お寺のサイトには〈このプランに限り、お部屋は〝男女別の相部屋〟とさせて頂きます〉と書いてあったから、期待と不安で胸がいっぱいになる。日本の宿で相部屋に泊まるのは初めてのこと。いったいどんな出会いがあるんだろう！

宿坊で、いざプチ修行！

「こんにちは〜。今日、こちらでお世話になる者なんですが」

緊張気味に玄関口で挨拶すると、若いお坊さんが朗らかな笑顔で出迎えてくれる。

「チェックインは2時からなんで、お荷物だけ先にあずからせて頂きますね〜」

高校球児のようにツルリと剃《そ》り上げられた頭に、つぶらな瞳が印象的な、イケメンのお坊さんだ。密《ひそ》かなブームになっているという美坊主、噂《うわさ》に違《たが》わず、高野山にもいるんだなぁ！

高野山ではレンタサイクルができると聞いていたので、「レンタサイクルって、あると便利ですかねぇ？」と聞いてみると、爽やかな笑顔で一言。

「高野山って、端から端まで6キロの小さな町なんで、余裕で歩けますよ～」

「で、ですよね。別に、山を登ったり下りたりするワケやないですもんね」

「はい、高野山は山の名前ではなくて、まわりの山々も含めた総称ですから」

ウウム、この期《ご》に及んでまだラクしようとするとは、なんたる体《てい》たらく。この旅は修行なのだから、自分の足で歩くぞ！

と、その前に、なにはともあれ腹ごしらえ。宿坊を出ると、清々《すがすが》しい香りが独特な高野槙《こうやまき》を売る露店があったので、思い切っておばちゃんに話しかけてみる。

「この辺で、おいしい精進《しょうじん》料理が食べられるお店、知ってはりますか？」

「そこの食堂、結構人気があるみたいやけど、どうかしらね」

聞くと、高野山出身のおばちゃんは、結婚を機にダンナさんと和歌山市に移住したものの、10年ほど前に家族で高野山に戻り、実家の高野槙を売る仕事を継ぐことにしたのだという。

「高野山、やっぱりいいですか？」

「まぁ生まれ育った場所やし、ここにおると、落ち着くは落ち着くわねぇ」

おばちゃんの子どもたちもみな都会で生まれ育ち、長年住んでいた場所への思い入れもあったはずなのだ。それでも高野山には、終《つい》の棲家《すみか》にしたくなるような魅力があるんだろうか。

おばちゃんに教えてもらった食堂「さんぼう」で、サービスセット「湯葉と豆腐と大豆の

高野山育ちのおばちゃんの穏やかな笑顔に胸キュン

あんかけ丼」を注文する。食べてみると、あっさりしているのに出汁《だし》のコクがあり、山椒《さんしょう》がピリリと利いて美味《うま》い。セットには、油揚げの大根おろし和《あ》え、昆布と漬物、ワカメともずくのお吸い物が付いて、735円也《なり》。精進料理を食べると、舌で味わうより前に「有難い」気持ちが全面に出て、体全体が「おいしい！」と喜んでいる感じがするのがいい。

お腹《なか》も満たされたところで、まずは金剛峯寺《こんごうぶじ》へ。

お寺の正面に着くと、長くなだらかな階段の先に、大きな緑の木々にこんもり覆われた重厚な正門がデーンと構えている。正門をくぐると、威厳に満ち、堂々とした佇《たたず》まいの主殿がデデーンと現れる。高野山真言宗3600寺、信徒1千万人（！）の総本山だけあって、さすがの風格だ。

国内最大級の風流な石庭や、これぞ美の真骨頂！　とホレボレする襖絵《ふすまえ》アートの世界。国宝の数々をため息まじりに眺めていると、こういうしみじみとした〝もののあはれ〟が胸に染みる年にようやくなれたんだなぁと思えて感慨深い。

総坪数5万のだだっ広い境内《けいだい》を見て回ると、あっという間に2時間が過ぎる。見た目には茶一色で質実剛健に見える寺も、一歩足を踏み入れると、地味とは真逆の、絢爛《けんらん》豪華な世界を秘めていたのだということを思い知らされる。高野山は一見、地味な町に見えるものの、ひとつひとつの寺の中には、まばゆいばかりに深遠な空間が広がっているのだ。

金剛峯寺を後にし、仏具店、土産物屋《みやげもの》、御菓子屋、胡麻《ごま》豆腐の専門店などが軒を並べる通りを歩いていると、なんとも摩訶《まか》不思議な気持ちになってくる。ケーブルカーであんなに険しい山を登ってきたのに、高野山に着いた途端、その山自体が消えてしまい、忽然《こつぜん》と町が現れたような、非日常的な空間なのだ。

標高約900メートルの、山の中にぽっかり開けた平地に真言密教の寺院が集まり、ひとつの町を形成している高野山。標高1000メートル級の8つの山々に囲まれた地形は、空から見ると〝蓮の花が開いたような土地〟で、非常に縁起のいい場所なのだという。

高野山に住む人の大半は、寺院に従事する人、及びその生活を支えている人だろう。信仰が当たり前のように存在している世界に身を置いていると、心の平安が保たれるんだろうか。普通の町ならその辺にごろごろいるような、イライラしている人や不満げな顔の人を見かけず、自然体で感じのいい人ばかりなのだ。町全体が仏教都市である高野山は、山頂の盆地に作られた天空都市であり、下界から遠く離れているからなんだろう。

4時すぎに恵光院に戻り、近くの高野山大学に通っているという小坊主さんの案内で宿泊部屋へ向かう。「相部屋のみなさんは写経を始めておられますので、入室されたら、どうぞお始めになってください」と小坊主さん。

（しまった！　出遅れた！）と思いつつ、格子のドアを開けると、同室の女性4人が正座姿でこたつに集い、写経を始めていた。6畳と6畳の二部屋が繋がった客室は、シンプルで落ち着いた風情の和室だ。

シーンと静まりかえった中、軽く会釈し、私もこたつに入って、早速「般若心経《はんにゃしんぎょう》」の写経を始める。

気持ちを集中させ、262文字あるという般若心経の一文字、一文字を書いていく。

日ごろパソコンやスマホで文字を打ってばかりいるので、丁寧に文字を書くという行為はどれぐらいぶりだろう。写経用紙に手本の文字が半透明で印刷されているので、上からなぞるだけでいいのだが、これがなかなかむつかしい。力が入るあまり、思わず息を止めてしまうのだ。

だが、数行書いているうちに、だんだんリズムに乗ってきて、自然に息をしながら筆を進めるコツがつかめてきた。それにしても、やたらと「無」と「空」が多い般若心経。ついついお経の意味を考えたくなるが、無心になることこそ仏の境地だと言い聞かせ、ひたすら写経に集中する。全ての文字を書き終えると、どことなく頭がスッキリしたような気分になり、ひとつのことを最後までやり切ったという達成感が込み上げる。

こうやって漢字で写経をすると、日本の仏教は中国経由であることを改めて意識させられる。インドでは漢字を使わないし、学校で習字も習わない。仏教はインドに端を発したとはいえ、日本の仏教は、中国の影響を受けた仏教なのだ。

写経に続いて、別棟の道場で阿字観瞑想《あじかんめいそう》の修行。十数人が集うと、メガネをかけた若いお坊さんが丁寧に説明してくれる。

「『阿字観』は密教に伝わる瞑想法で、真言宗で最も大事な仏様、大日如来《だいにちにょらい》をイメージして行います。大日如来がどんな仏様かと申しますと、早い話、この宇宙の全てなんです」

見回すと、道場に集った宿泊客の、半分以上は外国人。メガネのお坊さんが話すと同時に、英語のできるお坊さんが外国人客に向けて「メディテーション イズ……」と同時通訳するので、なんだか「世界仏教大会」に日本代表で参加したような、ワールドワイドな気持ちになってくるではないか。勝ち負けではないと思いつつも、並みいる外国人の手前、この瞑想修行、負けちゃおれん！

「私たちは、宇宙の全てである大日如来様の一部であると同時に、私たち自身の中にも宇宙を持っています。で、阿字観というのは、その仏様と自分が一体である、つまり、私たちは宇宙そのものである、ということを実感するための修行なんですね」

ムムム、分かったようで分からん説明だ。要は、宇宙の営みも人間の営みも等しく繋がってるってことか。

まず、あぐらをかき、小さな座布団をお尻に敷いて、両膝とお尻の三点で体を支える。

「最初に3回くらい、ふか〜く深呼吸をします。まず、口から息を吐き切って、今度は鼻から胸いっぱいに吸い込みます」

心の澱《おり》を全部デトックスするイメージで息をふぅ〜っと吐き切り、頭にお花畑を思い浮かべ、よいものをたくさん吸うイメージで深く吸い込む。

「阿字観の基本は、まず呼吸を整えること。そして、心を空にします。集中を助けるために、数字を数える瞑想法を『数息観《すそくかん》』と言います。目は半眼で、腹式呼吸で大きく吸って吐いて1。これで1から10までの数字を心の中で繰り返し数えます。では、始めてください」

早速、1、2、3……と数え始めたものの、たったこれだけのことが実に難しい。10も数えないうちに、（腹へってきたなぁ）とか（シビレを切らしてる外国人がいるな〜）とか、つい「何か」を考えてしまっている自分がいるのだ。

ああ、雑念が次々に頭をよぎる。イカン、集中集中！　だが、ようやく呼吸が整いリラックスできたと思ったら、今度は眠気が押し寄せてきて、うっかり眠ってしまいそうになる。

「はい、終わりです」というお坊さんの声でハッと我に返った。

え、もう終わり⁉　つーか、修行中にまさかの寝落ち⁉

まわりを見回すと、ロハスとかスピリチュアルが好きそうな外国人たちがやたら清々しい顔になっていて、うぐぐと地団駄を踏む。心を空っぽにするどころか夢うつつになっていた

落ち着いた風情の和室で、写経の修行

世界中からの参拝者と、心を静めて瞑想

私は、悔しいやら情けないやら。お坊さんによると瞑想タイムは20分だったというので、少しは「無」になれた時間があったのか、はたまた、半眼のつもりがずっとまどろんでいたのか……。

「一日一回でいいから、こういった時間を持つと、気持ちが和らぐと思います。ぜひ、ご自宅に帰られてからも続けてみてください」とお坊さん。

なんにせよ、ほんの短い時間でも「無」であろうとするだけで心がスッキリし、なんだかとても有意義な時間を過ごしたような気がする。起きているときは四六時中、何かとせわしなくいろんなことを考えているから、こうやって静かに呼吸を整える時間を持てば、自分自身の精神状態を測るバロメーターになるんだろうな。

5時半からは、待ちに待った夕食タイム。

和室に案内され、相部屋の女性4人、別室の男性2人と一緒に、精進料理を頂く。

配膳係の小坊主さんからお酒が頼めると聞き、(うう、呑みたい!)と煩悩がうずく。「じゃあ、私はビールで!」と手を上げるも、他の6人は誰も手を上げなかった。あれ? 私だけ!? 宿坊まで来て、居酒屋ノリでビールを頼んだ自分が、なんだか急にハズカシくなる。

「いや、今日はガマンします……」と手を下ろすと、みなが口々に「そんな、私たちを気にせず呑んでくださいよ〜」と言ってくれたものの、そう言われれば言われるほど、呑む気が失《う》せていく。それに、こんな場所で自分ひとり呑んで美味いワケがないのだ。こちとら365日呑んでいるのだから、宿坊に滞在中は20年ぶり（！）の断酒を決意。

献立は、野菜の天ぷら、汁そば、ごはん、漬物。「一汁一菜」の慎《つつ》ましい精進料理だが、慣れないことをしたせいか腹がペコペコで、とにかく何を食べても逐一べらぼうに美味い。

聞くと、相部屋の女性4人も男性2人も、全員が「一人旅」だと知って驚く。北九州から来た60代の主婦のおばさまに、愛媛で建築系の仕事をしている20代の女の子、西宮で自営業を営む30代女性と、年齢も境遇も住んでいる場所も違うものの、ここに集ったのはみな、高野山の宿坊に泊まってプチ修行したいと思ってやってきた人たちなのだ。

そして、夏でも秋でも冬でもなく、今日4月20日に、高野山の宿坊に泊まる日程を確保できた者同士だということ。旅先での出会いは、日程が一日でもズレると出会えなかった人たちなので、〝一期一会〟感がハンパない。しかも、出会った時点で「仏教ファン」「空海リスペクト」「ひとりで高野山に来ちゃいました」と、すでに大きな共通点がある者同士なので話が早い。

「奈良の十《と》津《つ》川《かわ》村の玉置《たまき》神社は、ビビッときましたね～」

「尼崎《あまがさき》の治田寺《しでんじ》には、瞑想の集中力なくすくらいの美坊主がいましたよ」

「京都の東寺の帝釈天は、やっぱり文句なしにカッコいいですよねぇ」

「あのイケメンぶりと躍動感は、ズバ抜けてますよね！」

スピ系からオススメの神社仏閣まで、話題に事欠かず話が盛り上がる。

高野山に来る人はみな、空海を「お大師さん」「弘法さん」と呼び、お坊さんたちも「お大師さま」と呼ぶので、私も高野山にいる間、「お大師さん」と呼ばせてもらうことにした。この地で「空海」と呼ぶと、どうしてもエラい人を呼び捨てにしている感があったからだ。

夫に先立たれ、女手ひとつで子どもを育ててきた60代の女性は、子どもが自立したら高野山へ参拝し、夫の供養をしようと長年思い続けてきたのだという。夫婦共働きで、仕事に忙殺されている夫を置いて、休日に聖地巡りをしている30代の女性は、「宿坊は一度泊まるとやめられなくなるんですよ〜」とニッコリ。みな、普段の生活だって忙しいのに、こうやって自分を見つめ直す時間を捻出《ねんしゅつ》していることに感心してしまう。私なんて、会社を辞めないことには、高野山にすら来られなかったのだ。

すっかり打ち解けた雰囲気になったものの、名前までは聞き合わないのが大人な感じ。みな、お寺にひとりで泊まりに来るような、好奇心&独立心の旺盛な人たちなので、ベタベタした感じがなく、距離感が心地いい。正直、来る前は、ヘンな人たちと同室だったらどうしようと考えたりもしたのだが、自分を見つめ直さんとして高野山を訪れ、宿坊に泊まって修行しようなどと思う人たちは、おおかた善男善女に違いないのだ。

夜闇の中、最奥の霊域〝奥之院〟へ

夕食後、いよいよ私にとってのメインイベント、惠光院のお坊さんの案内による〝夜の奥之院参拝〟へ。

信仰の聖地である「奥之院」とは、入口の「一の橋」から最奥の「弘法大師御廟《ごびょう》」までの約2キロの霊域を指す。だが、奥之院は基本、巨大な墓地で、日本最大の霊場。夜参りなんてひとりでは恐ろしすぎて絶対行けないので、このナイトツアーを楽しみにしていたのだ。

小さな橋を前に、体育会系クラブの主将のような雰囲気の若いお坊さんが、ナイトツアーの参加者たちに大声でハキハキと説明してくれる。

「まず、入口である『一の橋』を渡る前に、一礼合掌してください。お大師さまは、迷える者、苦しむ者を救うために御入定《ごにゅうじょう》され、今も生きたまま私たちを見守ってくださっています。ですから、毎日2回、早朝とお昼に、お大師さまが召し上がるお食事が、御廟前に運ばれております」

「入定」とは高僧が亡くなることを指すのだが、高野山のお坊さんに「今も生きたまま私たちを見守ってくださっています」とキッパリ言われると、そうなんだなぁと素直に思えるから不思議だ。

832年、空海は「この宇宙の生きとし生けるもの、全てを悟りに導き、救うべき人々が尽きたとき、私の願いは終わる」というご誓願《せいがん》を立て、その3年後、生きたまま仏となる「即身成仏《そくしんじょうぶつ》」を果たしたとされる。空海は、御廟に入定されて以来、今もあらゆる人を救い続けていると信じられているのだ。

今日は空海の月縁日の前日なので、特別に提灯《ちょうちん》を貸してもらえるとのこと。ナイトツアーに参加した宿泊客十数人が、灯《あか》りをともした昔ながらの提灯を手にする。

暗がりの中、肝試しのような気分になりつつも、結界を前に手を合わせると、やはり神妙な心持ちになる。

一の橋を渡り、いざ結界の中へ。巨大な杉の木々に包まれた夜の奥之院は、参道の灯籠《とうろう》にオレンジの灯りがともり、独特のムードを漂わせている。参拝者たちが携えた提灯の灯りが、夜の闇にふわふわと揺れる様は、なんとも幻想的な雰囲気だ。

はるか頭上から、鳥とも獣ともつかない怪しげな生き物の鳴き声が聞こえる。さっきまで小雨がぱらついていたせいで、しっとり濡れた参道の石畳や杉の木々は湿気を帯び、この世ではない世界に迷い込んだような気持ちになる。

「御廟までの参道の両側には、徳川家を始め、豊臣秀吉、織田信長、武田信玄、上杉謙信、赤穂四十七士、大岡越前の墓などがあり、その数は20万基を超えると言われています」

それって、歴史上の人物、オールスター勢揃いじゃん‼　ていうか、武田信玄と上杉謙信みたいな因縁のライバル同士、同じ敷地内に墓つくっちゃって大丈夫なの⁉　と思わず心配になるが、お坊さんはさもありなんという感じで言う。

「奥之院の中にある明智光秀の墓は、真ん中がひび割れているのですが、何度作り替えても、織田信長の怨念《おんねん》で割れてしまうと言われております」

しぇ〜！　まだ引きずってんの⁉　「本能寺の変」は日本史上の謎だというけれど、死後400年以上経《た》っても、信長はいまだ明智光秀を許せんとは……。あなたの偉業は数えきれないほどドラマ化もされてて超有名人なんだし、やり残したことがあるなら、どうぞまた生まれ変わってきてください、と声をかけたいところなのだが、信長にしてみれば、偉業とセットで必ず本能寺で自害するファイヤーシーンまで描かれるから、その屈辱が毎度蒸し返されているワケで、まだまだちっとも400年前のことになっていないのかもしれない。

信長が成仏できるのは、信長のことが語られなくなり、教科書からも消え、その存在を忘れられるときなんだろうか。でも、そんな日はまず来ない。健康指向で長寿だった家康なんて、とっくの昔に成仏してる感があるのに、それに比べてなんと気の毒な……。果てのない人生に合掌。

信長の根深い遺恨もさることながら、こんなにもヘビーな人たちの鎮魂を一手に担っているお大師さんは、なんと大変なお役目なことだろう。それでも、敵味方も関係なく、全てを等しく受け入れる寛大なお大師さんのそばで眠るからこそ、墓もひび割れ程度で済んでいるのかもしれない。

長い年月をかけて苔《こけ》むした墓石群が夜の闇に浮かび上がる中、ゆっくり歩を進める。

それにしても、いまだかつて体験したことがない、この幽玄な空間をどう言えばいいだろう。とにかく、このエリアに足を踏み入れて感じたことは、「絶対なんかいる！」「いっぱいいる！」「空気、重っ!!」だった。霊感など全くない私だが、そこかしこに、霊というか魂というか、そういった「何か」の気配を感じずにはいられないのだ。

このただならぬ気配は、今なお浮かばれずにいる、おびただしい数の死霊や生霊が、妖気のようなものを放っているからなんだろうか。辺りに漂う霊気に圧倒され、ピーンと張り詰めた空気に息が詰まるのだが、それでもこの地が正気を保っていられるのは、お大師さんのお陰だと思えてならなかった。

「これ、絶対いるよね！」

私がそう言うと、相部屋の同世代の彼女もウンウン頷《うなず》く。

「いるいる〜。めっちゃいる〜」

「なんか、死んでも人間！　って感じがするのが、人間臭いよねぇ」

幽玄なムードに圧倒される、夜の「奥之院」

ここは、この世とあの世が交わる場所なのだとしみじみ思う。死者たちを供養しつつ、現世の人々をも救い続けている空海を介して、人間の世界と死者の世界が繋がっている感じがするのだ。

「奥之院には鳥居のあるお墓が幾つもありますが、これは、お大師さまの神仏習合の教えでもあります。また、ここには浄土宗の法然《ほうねん》、浄土真宗の親鸞《しんらん》のお墓もあります」

なんと、神道のシンボルである鳥居から、他宗派の開祖の墓まで！　宗旨や宗派も超越する空海の包容力は、その名の通り、空のように広く、海のように深く、偉人たちからの畏敬の念たるや、もはや尋常ではない。空海がこれほどまでに信仰されているのは、この懐の深さゆえだろう。空海がこの聖地で踏ん張ってくれているお陰で、日本は相当いろんなことから守ってもらえている気がしてくるではないか。

説明を受けながら40分は歩いただろうか。お坊さんが神妙な表情で言う。

「この御廟橋《ごびょうばし》を渡ると、弘法大師御廟の拝殿である燈籠堂《とうろうどう》、その奥に、お大師さまの御廟がございます。ここより先は脱帽して頂いて、飲食、写真撮影も禁止させて頂いております」

いよいよ、結界の中の、さらなる聖域へ。うやうやしく一礼合掌し、御廟橋を渡ると、燈籠堂が堂々たる風格でそびえ建っている。

中に入ると、「お大師さまの日」を明日に控え、特別な法要が行われていた。スパイシーな香りがするパウダー状のお香、塗香《ずこう》で両手をお清めし、本堂に上がる。

堂内ではお坊さんたちによる読経が行われていて、腹から出ている！　という感じの野太い声に、自ずと身が引き締まる。私たち参拝者にも、漢字にふりがなが振られた「般若心経」の紙が配られ、みなで一緒にお経を唱えつつ、順番に焼香していく。

「色不異空《しきふいくう》　空不異色《くうふいしき》　色即是空《しきそくぜくう》　空即是色《くうそくぜしき》……」

口に出して唱えてみると、般若心経の力強いこと！　言葉自体に力があるというのは、こういうことを言うんだなぁと思う。昔、般若心経の訳を読んだとき、「この世の形あるもの全てに、実体はない。私もなければ、あなたもない。なーんもない。この世はないないづくし」みたいなことが書かれていて、ショックを受けたものだった。当時は「生きてるのも死んでるのもそう変わらんから大丈夫や」なんて言われたら、生きてる意味がないみたいやん！　と思ったものだけど、今は不思議とこの経文が胸に心地よく響く。

仏教の教えに触れると、宇宙に思いを馳《は》せるのに似た、果てしない感覚にとらわれ、なんとも深遠な気持ちになる。東日本大震災（２０１１年3月11日に発生した巨大地震による大災害）のような突然の災害に、個人レベルでも病気にケガと、私だって幾度となく〝無常〟を実感させられてきたのだ。「この世には始まりもなければ終わりもなく、全てはない」と腹の底から悟れたなら、煩悩や執着から解き放たれ、どれだけ楽になれるだろう。

みなで声を揃えてお経を唱えていると、隣で正座している金髪の外国人女性が私の肩をつつき、「今、ドコ読んでますか?」と日本語で聞いてくる。見ると、彼女の般若心経の紙は外国人用で、漢字にローマ字が振ってあるものの、外国人にはお経を読むスピードが速すぎて、どこを読んでいるか分からなくなるらしい。「ここ、ここ!」と私がローマ字を指すと、彼女は何人かのグループで来ているらしく、周囲の外国人たちに速攻で教えている。まわりを見回すと、いろんな国からやって来た外国人観光客が、たどたどしくも懸命にお経を唱えている。世界中の人が、日本人でもむつかしい言葉で祈りを捧げる真摯《しんし》な姿を見ると、日本の文化をリスペクトしてくれていることがありありと伝わってきて、胸がジーンとしてしまう。

夜参りを終えて宿に戻ると9時、さすがにヘトヘトだったので、疲れを取るべく大浴場に向かうことにした。

「えっと、部屋の鍵ってどうすれば……」と言いかけて、ハッとした。この和室の入口は格子ドアなのだが、鍵自体がついていなかったのだ。

「私も鍵がないの見て、ビックリしました!」「これって、宿坊には善い人しか来ないっていう前提ですよね〜」と相部屋の女性たち。宿坊というものが、人々の善意で成り立っていることに感服してしまう。確かに、「人を見たら泥棒だと思え」的な性悪説フレーズを普及させていたら、いつまでたっても世の中がよくならないような気がする。疑ってかかるより大事なのは、まず人を信じようと思う心なのだ。

更衣室で服を脱ぎ、大浴場のドアを開けると、白、茶、ピンク……といろんな女のハダカが目に飛び込んでくる。世界中の女が一堂に会し、さながら〝世界万国ヌーディストビーチ〟ではないか！

「ハァーイ！」

金髪の大柄なねえちゃんが陽気に声をかけてくる。さっき、燈籠堂での読経中、何度も私に「今、ドコ読んでますか？」と尋ねてきた外国人だ。「おお〜、同じ宿だったんだ！」と笑顔を交わし、思わず真っ裸《まっぱ》でハイタッチ！

「私はてるこだよ」と言うと、彼女も自己紹介してくれる。

「私はソーヤ。オーストラリアに住んでて、日本ツアーの通訳兼コンダクターをしてるの」

他の女性たちにも出身を尋ねると、ニューヨーク、パリ、スペイン、トリニダード・トバゴと、これまたワールドワイドなこと！

高野山に来た理由を尋ねると、全員が口を揃えて「京都がよかったから、次は高野山に来てみたくて」と言い、日本を訪れるのは2回目以上の人ばかり。日本人も大抵そうだけど、人は京都で寺の魅力に目覚め、よりディープな世界を求めて高野山を目指すのだろう。

「高野山、どう？」と聞くと、パリから来たねえちゃんは大げさに両手を胸に当て、感情を込めつつ言う。

「ワンダホー！　ショーミョー・ミュージックもグレート！」

キリスト教でいうところの賛美歌にあたる、仏教の声明《しょうみょう》。確かに、さっきの儀式でお坊さんたちが唱えていたお経に節がついたコーラスは、まるでバリトンの合唱のような迫力だった。仏ミシュラン社の旅行ガイドブックの日本版で、高野山が最高の三ツ星で紹介されて以来、フランスでは特に高野山の人気がうなぎ上りなのだという。

今度はソーヤが両手を広げ、力説してくれる。

「浅草、鎌倉、京都、奈良も良かったけど、高野山はスペシャルね。人、空気、自然、宗教が調和していて、素晴らしいわ。特に、奥之院は神秘的でファンタスティック！　ただ、瞑想のあぐらは、私にはキツかったわ～」

そういや今日の瞑想で、足がシビレてヒーヒー言ってる外国人らしき女性が後方にいたと思ったら、あれはソーヤだったのか。

それにしても、丸裸の外国人と一緒にお風呂に入ったのは初めてのこと。日本に居ながらにして、こんなにもたやすく異文化交流ができ、世界中の人と裸のつき合いができる場所があるとは！

しかも、高野山の宿坊に泊まりに来るような外国人は、根が真面目そうな人ばかり。高野山は、日本の善男善女が集まるだけでなく、世界の善男善女の〝るつぼ〟だったのだ。

風呂から上がり、更衣室で体を拭《ふ》いていると、外国人女性たちの浴衣《ゆかた》が左前になっていたので、正しい日本文化を教えねばと思い、身ぶり手ぶりを交えて言う。

「あ〜、レフト、イコール、デッドボディ。チェンジチェンジ！（左前に着ると、死人になっちゃうよ。変えて変えて！）」

「デッドボディ⁉　オ〜ノ〜‼」と頭を抱えるパリのねえちゃんに、「オーマイゴッド！」とあたふたするソーヤ。

「それを言うなら、ここじゃ『オーマイブッダ』だよ〜」

私が渾身《こんしん》の仏教ギャグをかますと、キリスト教圏の女子たちはみな、腹を抱えて大笑い。

右前に着付け直した彼女たちに「デッドボディ、ホワーイ？（なぜ死者なの？）」と理由を尋ねられるが、「ジャパニーズ、トラディッショナル（日本の伝統だよ）」としか答えられない。「死後の世界は、この世とは全てが正反対になるため」等、諸説あるらしいが、死者と生者の着付けを真逆にするなんて、我が国の慣習とはいえ、なんともミステリアスな文化だ。

風呂でサッパリした後、みなで記念写真を撮ろうと盛り上がる。廊下を通りかかった若いお坊さんに撮影してもらっているうちに、お坊さんを含めた撮影大会が始まり、果ては乾杯しようという流れになり、美坊主たちとソーヤを交え、和室のこたつで酒宴が始まった。

「んでは、お大師さまにカンパーイ！」

って、あたし、ナニ音頭とってんだ？　つーか、今日は断酒！　と誓った、さっきの一大決心はなんだったんだよ⁉　あぁ、こんな聖地ですら酒が断てぬ、我が煩悩よ‼

「高野山って、禁酒やないんですね。めっちゃストイックなイメージやったから、てっきり宿泊客もお坊さんも禁酒やとばかり思ってましたわ〜」

昼間、荷物をあずかってくれたイケメンのお坊さん、田村暢啓《ちょうけい》さんに言うと、明快な答えが返ってくる。

「お大師さまは、欲望は生きることの証《あかし》やと考えておられたんで、お酒もＯＫなんですよ」

「お大師さんは太っ腹ですね！　確かに『何々したい』っていう気持ちは全部、欲やけど、言い換えれば、全ての欲望は夢であって、生きる希望ですもんね」

空海の凄いところは、教えの全てが「否定」ではなく、「肯定」であることなのだ。それまでの仏教では「人間はみな、業《ごう》を背負っている」という考え方で、欲の全否定による悟りを目指してきた。一方、仏教の進化形である密教では「欲を含めた、人間の全存在を肯定」

している。つまり、欲望を「生きる原動力」、「宇宙の活力の源」とみなすのだ。

高野山に来てまだ一日しか経っていないというのに、私は空海の存在を近くに感じずにはいられなかった。空海に対して親しみが湧く、というような気安さではなく、あくまで畏《おそ》れ多い存在ではあるものの、その、目には見えない存在を強く感じ、有難みをひしひしと感じると言えばいいだろうか。この地にいると、自分の今までを、スケールの大きな空海の包容力で受け入れてもらえたような気がして、心がとても落ち着くのだ。

31歳で遣唐使の留学僧として海を渡った空海は、密教の第一人者である恵果《けいか》を訪《たず》ねた途端、「長い間、そなたを待っていた」と言わしめ、たった3ヵ月で密教の奥義を授かり、20年の留学期間を2年（!）に短縮して帰国。43歳にして、新しい仏教である密教の修行の場として高野山を開いた。今までは単なる偉人の武勇伝としか思えなかったのだが、実際に高野山に来てみて、この地の空気を肌で感じると、〝生きている空海そのもの〟を感じずにいられないのだ。

ここ高野山には、空海の底知れぬパワーだけでなく、空海に惹《ひ》かれてやってきた生者も死者もひっくるめて、何百万、何千万という人々の思いが、千年もの歳月を経て土地に蓄積され、独特の磁場エネルギーを形成しているような気がする。

高野山には年間１２０万人が訪れるというし、四国遍路の巡礼者も年間30万人を上回るという人気ぶり。そして、私も一日にして、これほどまでに空海に惹きつけられているのだ。今なお日本中で「お大師さん」と慕われ、世界中の人をも惹きつけている空海は、〝歴史上の人物〟というより、〝現役ばりばりのスーパー僧侶《モンク》〟だと言っても過言ではないだろう。

「暢啓さんは、仏教大学を出てはるんですか？」

「いや、僕は一般の大学出身なんですよ。元々友だちだった副住職に誘われてこの道に入ったんで、異色は異色ですねぇ」

聞くと、暢啓さんはイギリス留学で培った英語力を買われて副住職にスカウトされ、惠光院の英語版サイトを作ったり、外国人客のケアをしているのだという。高野山の中でも、特にこの惠光院に外国人が多いのは、暢啓さんの尽力によるものだったのだ。

「そやけど、出家までしはるなんて、元々仏教に興味があったんですか」

「まぁ、これも何かのご縁やったんでしょうねぇ。僕は、仏教もお大師さまももちろん好きですけど、この高野山という場所がほんまに好きなんですよ。ここにいると、日本の文化を守るという、使命感みたいなものが出てきますね。いつか、外国の方がもっと気軽に長居したり修行できるような場所を提供できたらと思ってるんですわ」

酒を呑んでも、真面目は真面目だなぁと感心してしまう。神聖な場所で修行している人たちなので、気軽には話せないイメージだったものの、高野山のお坊さんたちは想像以上にフランクで自然体なので、お坊さんに対する親しみがもりもり湧いてくる。

「これだけ外国人のお客さんが来ると、おもろいこともいろいろありそうですね～」

興味津々で聞くと、暢啓さんがニコニコ顔で教えてくれる。

「前に、フランス人の若い男性がおひとりでいらしたことがあって、あるとき、急に泣き出しはったんですね。で、理由を聞いたら、恋人に振られた傷心旅行やったんですよ」

「さすが高野山、そんな〝ワケあり〟外国人も来はるんですね」

「で、あんまり泣きじゃくってはるから、『気分転換に、髪剃ってみるのはどう？』って勧めてみたんです。そしたらエラい乗り気にならはったんで、みなでバリカンで頭をきれいに剃ってあげたんですよ。そのフランス人の青年、つるつるの坊主頭になったら、めちゃめちゃスッキリした顔になって、帰るときはすっかり元気になってはりましたわ～」

「へ～！　なんていい話！」

確かに、剃髪《ていはつ》すると、一瞬にして自分の見た目が変わるから、自動的に過去と決別できて、リセット法としては最適かもなぁと思う。

「なんか、高野山のお坊さん、みんな関西弁やから、お大師さんも関西弁やったんかなぁとか、つい考えてしまいますわ」

「お大師さんは讃岐《さぬき》（今の香川県）の出身やから、讃岐弁やったんとちゃいますか～」

善良な外国人女子たちと記念写真♪（右がてるこ、隣がソーヤ）

宿で出会ったラトーヤと意気投合し、参拝後に洋食ランチ

「あ、そっか。アハハ！」

真面目な話からバカ話まで、もう和気あいあい。霊験あらたかな高野山に修行しに来たというのに、美坊主たちと酒宴を繰り広げることになろうとは思いもしなかった。

どだい、私に身を清める修行など無理な話だったのだ。というか、わざわざ修行などしなくとも、生きていること自体、すでに修行ではないか。生老病死から逃れられず、いつ何どき何が起こるか分からない、明日をも知れぬ我が身であることは、会社員だろうとフリーだろうと日本人であろうとナニ人であろうと、古今東西、老若男女、みな同じなのだ。

お大師さんから「呑んでもよし！」と太鼓判をもらった私は、お坊さんたちとの酒宴に酔いしれた。あぁ、これからも日本中、世界中を旅して、いろんな人と最高の一期一会を分かち合いたいなぁ！　全ての欲を肯定してくださるお大師さまのお膝元で呑んでいると、そんな私の夢を「欲望があるということは、生きる気マンマンでよし！」と言ってもらえたような気がしてテンションが上がる。宿坊でのにぎやかな夜が静かに更けてゆく。

ついに、お大師さまと対面

翌朝、6時前には目が覚めた。6時半からの朝の勤行に参加するべく、相部屋の女性たちが5時半くらいから起き始めたので、おちおち寝ていられなかったのだ。

「朝のお勤めがありますので、よろしければ本堂の方にいらしてください」

大学生の小坊主さんが各部屋に声をかけていて、ご丁寧にモーニングコール付き。勤行は強制ではないものの、ここはホテルでも民宿でもなく、あくまで宿坊なのだ。

あくびをかみ殺しつつ、底冷えに震えながら本堂に入ると、すでに30人超の宿泊客が勢揃いしていた。お坊さんたちが読経する中、宿泊客たちも順番に焼香する。ご住職の近藤大玄《だいげん》さんから有難いお話を聞いた後、隣の毘沙門《びしゃもん》堂へ移動し、7時からは「護摩焚《ごまた》き」。副住職の近藤説秀《せっしゅう》さんがお経を朗々と読みあげる傍らで、香木が護摩壇にくべられていき、1メートル近い炎が舞い上がる。密教独特の修法である護摩は、祈願をこめながら護摩木を焚くことで、もろもろの煩悩を焼き尽くすのだという。初めて見る護摩焚きは、いかにも秘密の儀式という感じがして、その所作のひとつひとつに見入ってしまう。

「ドン、ドン、ドン!!」

薄暗いお堂に、力強い太鼓の音が響く。見ると、太鼓を叩《たた》いているのは、昨夜12時過ぎまで一緒に呑んだ暢啓さんだ。袈裟《けさ》に身を包み、引き締まった表情は、凛々《りり》しい以外の何ものでもない。前夜どれだけ遅くまで呑んでも、この宿坊のお坊さんは３６５日、毎朝5時起きなのだと思うと頭が下がる。そして、この朝の勤行も、宿泊客向けのパフォーマンスではなく、あくまで仏様へのご奉仕という僧侶の日課なのだ。

朝の凜《りん》と澄み切った空気の中、お経に耳を傾けつつ、天井近くまで激しく燃えさかる炎をぼうっと眺めていると、炎の持つ太古の昔からのパワーを感じ、体中に力がみなぎっていくような気がする。炎と太鼓のコラボで、護摩行はますます神秘的な雰囲気になっていく。

7時半から朝食。おかずは、がんもどき煮、山菜の和え物、海苔《のり》、漬物、梅干、味噌《みそ》汁。米は全て高野山の自然水で炊いていると聞き、より一層ごはんがおいしく感じられる。水自体がうまいので、煮物も味噌汁もうまく、朝からごはんをおかわりしてしまう。超寝不足なのに、気分もシャッキリ。写経に瞑想とみっちり修行したせいか、ツマミなしの楽しい酒宴で腹が減ったせいなのか、食欲もメンタルも絶好調だ。

外に出ると、昨日とは見違えるような晴天だった。鳥のさえずりが耳心地よく、澄んだ空気を体いっぱい吸い込む。なんて気持ちがいい朝なんだろう！

今日はお大師さんが入定された日の特別な法要があるというので、相部屋の女性たちと一緒に、再び奥之院へ向かう。

晴れ渡った青空の下、結界の入口である一の橋を渡る。鬱蒼《うっそう》と茂る樹齢千年の杉の木々が、夜とはまたひと味違う、荘厳で崇高な雰囲気を漂わせている。

石畳の参道を歩いていると、苔むした墓石、化粧を施されたかわいいお地蔵さん、無数の小さな石の仏像に混じって、外国人の墓もある。企業の供養塔も多く、3メートルはありそうなロケット型の墓から、福助人形型の墓、コーヒーカップ型の墓、果てはシロアリの墓まで、もうなんでもあり状態で、まるでお墓のテーマパークのようだ。

戦国の世を争い続けた大名も、名もなき庶民も、あらゆる時代のあらゆる階層の人が等しく、生を全うした後は安らぎを求めてお大師さんの元で眠っているのだと思うと、なんとも神妙な気持ちになる。

結局、死んだら、みんな一緒なんだな。というか、ホントは死ぬ前から同じなんだよな。身分による差別が歴然とあった平安時代において平等主義を貫いた空海は、仏だけが仏なのではなく、人間はみな同様に仏であり、誰もが仏としての役割を持っていると説いたのだ。この世とあの世の境のような雰囲気の奥之院を歩いていると、人はみな、この世に生を受け、与えられた役割を精一杯、全うしているに過ぎないのかもなぁと思えてくる。

最後の橋、御廟橋を渡って燈籠堂に着くと、金銀の鮮やかな袈裟をまとったお坊さんが集合していた。堂内には、太く逞《たくま》しいバリトンのような声明が響き渡っている。厳かな雰囲気の中、声の振動が体にじんじん伝わってくる、ダイナミックな声明に聞き入る。

法要後、お大師さんへのお参りをすべく、燈籠堂の裏手にある御廟へ向かう。

ろうそくの灯りと線香の煙が充満する中、弘法大師御廟の前には、「同行二人《どうぎょうににん》」と書かれた白装束に身を包み、一心に般若心経を唱える巡礼者たちの姿があった。「同行二人」とは、遍路をひとりで歩いていても、常にお大師さんがそばにいてくださるので「二人連れ」という意味だ。これだけ多くの人々から篤《あつ》い信仰を受けているお大師さんが、地下にある石室で永遠の瞑想に入られているのだと思うと、私も姿勢を正して祈らずにはいられなくなる。

神聖な御廟の中に入ることはできないため、お大師さんがいらっしゃる御廟の石室に最も近いという地下法場《ほうじょう》をお参りすべく、狭い階段を降りていく。薄暗い小さな法場に入ると、壁いっぱいに、奉納された手の平ほどのお大師さんの像が所狭しと祀られていた。ピーンと張り詰めた独特の空気に、背筋がしゃんと伸び、心が引き締まる。

最奥部の祭壇には、お大師さまの御影《みえい》が祀られていて、遠すぎてはっきりとは見えないものの、ここでようやくお大師さまとご対面できたような気が！

「心が澄んでいると、お大師さまの姿がよく見えるんですって」と、一緒に来た相部屋の女性が小声で教えてくれる。合掌しながら目を凝らすと、霧がかかったようにおぼろげにしか見えなかったお大師さまの姿が、心なしか、かなりくっきり見えたように感じられたのは気のせいだろうか。

お大師さまの御影にお参りして地上に出ると、御廟橋の方から、オレンジ色の袈裟をまとった。あれは、お坊さんを先頭に、二人のお坊さんがしずしずと籠《かご》を担いでくる姿が見えた。あれは、毎日2回、お大師さまにお供えされているという食膳ではないか！

1200年もの間、続いているというこの法要。お大師さまのために調理されたばかりの温かい食事が運ばれている姿を目《ま》の当たりにして、思わず胸が熱くなる。こんなにも篤い信仰心に支えられ、人々から必要とされてきたお大師さまは、死んでも死ぬわけにはいかなかったのだろう。そして、人々からいまだ生きていると信じられているままに、お大師さまは今もここにいらっしゃるのだろう。

ここに来れば、お大師さまはいつでも迎え入れてくださり、求めさえすれば、お大師さまはいつもそばにいてくださるのだ。

（お大師さま……!!）

御廟地下の石室に御座《おわ》す、その偉大な存在への有難い気持ちがこみ上げ、手を合わさずにはいられなくなる。合掌しながら御一行をお見送りし、御廟を後にする。

来た道とは別の参道を歩くと、小さな仏塔を積み上げたピラミッド状の無縁供養塔が、圧倒的な迫力でそびえ建っていた。何百個もの仏塔を5メートルほどの高さまで積み上げた無縁供養塔は、参道に点在していた古い仏塔を供養するために作られたのだという。

お墓は、死んだ本人が作るものではないから、これらの仏塔を持ち込んだのは、大事な人に先立たれた家族だろう。まだ電車もケーブルカーもなかった時代、人々は重い仏塔を背負って険しい高野山を登り、亡くなった子や家族が来世で幸せであるように祈ったのだと思うと、庶民の慎ましい祈りが偲《しの》ばれて胸が締めつけられる。

亡くなった愛しい人を思う気持ちに、昔も今も変わりはない。そして、死者への祈りが、こんなにも多くの人々によって、こんなにも長い年月にわたって集積され続けている場所は、世界広しといえど類がないだろう。

奥之院を後にし、奥之院と並んで高野山の信仰の中心である「壇上伽藍《だんじょうがらん》」へ向かう。

高野山のシンボルである赤い二重塔、根本大塔《こんぽんだいとう》の中に入ると、金色に輝く仏像や、目のくらむような極彩色の立体曼荼羅に魅了され、ただただ圧倒されてしまう。

「死」を意識させられる奥之院とは対照的に、「生」を感じさせる、神々しくきらびやかな世界。ケバケバしいまでにカラフルな世界観が五感にダイレクトに訴えかけてくる密教世界に身を置くと、癒されるというより、心に活気が湧いてくるようだ。密教ほど強烈な生命力を訴えかけてくる宗教は他にないような気がする。

外に出て根本大塔を仰ぎ見ると、朱に彩られた塔が真っ青な空に映え、どっしり構えつつも、雅《みやび》で優美なフォルムの美しいこと！

私は手塚治虫の名作マンガ『ブッダ』の終盤、ブッダが弟子のアナンダを伴った最後の旅で、遥かな山々を仰ぎ見ながら「アナンダよ、世界は美しい……」と言ったシーンを思い返していた。「人生は苦である」と説いたブッダが、晩年、弟子たちとの旅の道中、幸せを感じて「世界は美しい」とつぶやいたことが、何よりも感慨深かったからだ。私も、人生は修行のようなものだと思いながらも、いつだって「世界は美しい」ことを忘れたくないなぁと思う。

壇上伽藍の境内には、普通の寺では絶対にあり得ない真っ赤な鳥居があり、神道のお社《やしろ》が祀ってあった。高野山を開くにあたって、お大師さんはまず始めに、山麓にある丹生都比売《にうつひめ》神社から勧請《かんじょう》して高野山の守護神として祀り、「神道と仏教の融合」を果たしたのだという。さまざまな外来文化を受け入れては、見事にコラボしてきた日本文化のルーツを、私は高野山でまざまざと見せられたような気がした。

1泊では飽きたらず、もう1泊した私は、神戸で英語教師をしているトリニダード・トバゴ人の若いねえちゃん、ラトーヤと意気投合し、一緒に霊宝館を回って国宝やお大師さんの書の達筆ぶりを堪能したり、夜はご住職の大玄さんとビールを呑みつつ、今の時代について熱く語り合ったりと、2泊3日旅を心ゆくまで満喫。

高野山を後にするとき、私はまるで何かをやり遂げたような、晴れ晴れとした気分になっていた。新たな人生が始まったこのタイミングで高野山を参拝でき、お大師さんとお会いできてよかったと心底思ったからだ。

　定年した人がよく「第二の人生」という言葉を使うけれど、人生最大の決断をして会社を辞めた私は、比喩でも何でもなく、本当に、一度死んだ気でいる。会社からリストラされない限り、サラリーマンとして人生を終えるはずだった自分はもうこの世にいないのだから、私は一度死んだも同然なのだ。

　会社員時代、あれほど失うことを恐れていたさまざまな執着を手放したら、失うものは何もないと思えるようになり、生きるのが楽になったことを考えると、一度死んで、本当によかったと思う。

　私は今、同じ肉体のまま生まれ変わって、「第二の人生」が始まったように感じている。〝1粒で二度おいしい〟というキャッチフレーズの如く、せっかく違う人生を生きられることになったんだから、あらゆることを体験したくて、世界中をこの目で見たくて、体がウズウズしてくる。

　お大師さんが入定されたのは62歳。私もあと20年だと思って、命の炎をメラメラ燃やし尽くすぞ！　と高野山で誓ったのだが、どうも、おいそれとは死ねないような気がしてきた。

　私の両祖母が享年92の大往生だったことや、今72歳のおかんと79歳のおとんが、「30代、40代のときよりも、今の方がよっぽど元気やで～」なんて言ってるのを聞くと、私の健康寿

個性的でチャーミングな恵光院のお坊さんたち

命も相当長そうな予感がするのだ。

これからも国内外をガンガン旅するつもりだが、90歳まで生きるとなると、70歳でまた新たに「第三の人生」を始めたいという欲が出てきつつある。

全ての欲を肯定してくださるお大師さんなら、お許しくださるだろうか。何をするかって？　第三の人生があるなら、老若男女、誰でも自由に出入りできる、駆け込み寺のような場所を作って、自給自足の暮らしがしたいなと！（かなり本気です）

第二の人生が始まったばかりだというのに、第三の人生の未来予想図まで描くことができた、高野山での修行旅。人生の旅が続く限り、私の旅もまだまだ続く。

GO!
Japan
spiritual
travel

2nd TRAVEL

三重・伊勢神宮

おかんと、人生最初で最後の「お伊勢参り」

あろうことか、おかんと二人旅に出るハメに！

「ただいま〜。って、アンタ、なんちゅうカッコしてんの!?」

高野山プチ修行旅ですっかり心が洗われた私は、その足で大阪の実家に帰ったのだが、ドアを開けたおかんのブラ丸出し姿を見た途端、一気に俗世界に引き戻されてしまった。

通常、ブラはシャツの下に着用するモノ。だがおかんは、ババシャツの上に、なぜか肌色のブラ着用という、恥もアラレもないキテレツな格好だったのだ。

「なんやのソレ！」と詰め寄ると、おかんはいけしゃあしゃあと言う。

「おかえり〜。これナイスアイデアやろ？　シャツの上からブラを付けたらブラが汚れへんから、毎回洗濯せんでも済むんよ。友だちから教わったんやけど、あんたもやるとええで」

はぁ〜!?　ったく、誰だよ、こんなケチ臭いアイデア、おかんに吹き込んだの！

「ちょっとお父さん！　家の中、こんな格好でウロつく嫁と一緒で、恥ずかしないの！」

居間で他人事《ひとごと》のように小難しい本を読んでいた父に私が叫ぶと、

「べぇ〜つに〜。もう慣れた〜」と一言。

慣れるということほど、恐ろしいものはない。まぁそういう父も、定年退職後は〝バカボンのパパ〟みたく鼻毛を伸ばしっぱなしにしており、「鼻毛はホコリの侵入を防ぐフィルターの役目をしとるから、切らん方が健康にええんや」と豪語しているので、この夫婦、お似合いってことか。

それにしても、明日からの母子旅を思うと、気が重くなってくる。

じつは、高野山をお参りするなら、この機会に伊勢神宮も参拝したいと思い、明日から、生まれて初めて両親&私で、1泊2日旅に出ることになっていた。ところが、父に同窓会の予定が入り、おかんと二人で旅するハメになってしまったのだ。

江戸の昔から「せめて、一生に一度はお伊勢参り」と言われてきた伊勢神宮には行ってみたい。されど、おかんと二人旅だと考えると、楽しいはずの旅が苦行のように思えてくる。

元々はフツーの専業主婦だったウチのおかんは、3人の子どもの子育てが落ち着いた50歳のとき、突然、妙ちくりんな人形をパクパクさせながら「私は腹話術師になったんや〜。これからの人生は好きなことをやって生きていくから」と宣言。腹話術師デビューを果たして以来、今もイベントやショーに出演しまくっている、キョーレツなオバハンなのだ。

母のことを本でしか知らない人には、決まって「面白くて、いいお母さんじゃない。そんな悪く言っちゃダメだよ〜」と言われる。いやいや、別に私だって「悪い母」だとは思っていないのだが、何をするにも過剰でしつこく、人の話を全く聞かず、デリカシーがないので、ときどき腹の底からキレてしまうのだ。

あぁ、父が一緒なら母へのイラ立ちを共有できて、気が紛れるのになぁ！

「ほな、ワシはもう寝るで〜。どなたさんもお休みやす」

私の不安もお構いなしに、父はマイペースに就寝宣言し、寝室のふすまを閉めてしまった。

明日は早いので私も床につくものの、掛布団が鉛のように重く、なかなか寝付けない。

「今どき、安い羽毛布団なんて3000円なんやし、私が金出すから、この重い布団、替えてよ！」と何度言っても、おかんはいっこうに耳を貸さず、「この布団のどこが重たいんよ。軽い、軽い！」と言い返してくるのだ。

うう〜、クソ重い鉛布団に圧迫されて、息をするのも苦しい。ったく、江戸時代の刑罰じゃあるまいし！　布団に押し潰されながら目を閉じた私は、必死に自分に言い聞かせた。

母親とサシで旅するなんて、これが人生最初で最後に決まっている。しかも旅先は、他でもない、日本最高峰の神社なのだ。まさか、聖地でケンカすることもなかろう。

だが、私は甘かった。お伊勢参りであんなことが待ち受けていようとは……。

翌朝、6時半に家を出て、大阪難波駅から近鉄（近畿日本鉄道）の特急に乗ること約2時間、伊勢神宮の最寄《もよ》り駅、宇治山田駅に着いたのは9時だった。

車内で爆睡したので、ここまでケンカもなくホッとしていると、おかんが改札の駅員さんに「東京への最終は何時ですか？」と詰め寄っている。明日の帰り、私は伊勢から直接、東京に帰るのだが、おかんは頼んでもないのに最終電車を駅員さんに確認し始めたのだ。

「ちょっと！　最終の新幹線はスマホでもう調べたって、さっき言うたやろ？」

「ええやん、せっかくなんやから、調べてもらったら〜」

なぜ人の話を聞かん！　優しい駅員さんは「東京ってことは、新幹線の最終ってことですよね？　名古屋からの新幹線の時刻表を確認しますね」と言い、席を外して調べにかかっている。質問したい人であふれ返っている改札で、聞く必要もないことを尋ねるおかんに、胸がムカムカしてくる。

「なんで近鉄の人にJRのことを聞くのよ。必要ないって、何度も言うてるやろ！」

「ええやんか、聞くのはタダなんやから〜」

私は改札にへばりついているおかんを引きはがし、駅員さんに言った。

「ご面倒おかけしてすみません、大丈夫ですので〜」

今ハッキリ言っておかないと、こんなことがずっと続くと思い、私は声を荒らげた。

「なんで人の話を聞かへんのよ！　私がいろんな所、ひとりで行ってんの知ってるやろ？　全部自分で調べて行ってんの！」

「そんな、スマなんとかなんて全くアテにならへんから、聞いてあげてたのに〜」

やれやれ。聖地の最寄り駅に着くなり、おかんの暴走にカロリーを消費するなんて先が思いやられるが、気を取り直し、今日の宿である「神宮会館」に向かう。

神宮会館は、伊勢神宮の信仰の中心である内宮《ないくう》（皇大神宮《こうたいじんぐう》）に最も近い宿でありながら、値段もリーズナブル。大浴場も温泉宿なみのクオリティだと聞いて楽しみにしていたのだ。

フロントで荷物を預け、いざ参拝に向かおうとすると、小雨が降ってきた。ちょうど、宿の目の前が伊勢神宮の門前町だったので、雨宿りがてら覗《のぞ》いてみることにした。

江戸の風情を再現した「おかげ横丁」に足を踏み入れると、地元名物の食べ物屋や土産物屋が立ち並び、まるで縁日のようなにぎわいだ。

いい匂いにつられて歩くと、「おかげ横丁」の先には、見渡せないほど長い「おはらい町通り」が続いていた。伊勢名物の赤福餅から、昔ながらのラムネ、じゃがバター天にタコ天、こんにゃくようかん、サメ肉の干し物に、ハマグリや松阪牛の串焼きまで売っていて、とにかく美味そうなモノであふれ返っている。

創業明治42年という超有名店「豚捨《ぶたすて》」でコロッケを買うと、サクサクの揚げたてで美味い！　おかんがコロッケをほおばりながら言う。

「ソースなしでも、しっかり味がついてておいしいなぁ。伊勢にこんな所があるなんて知らんかったわ～」

「なんや、伊勢に来たことあるんや」

「お父さんが定年しはった後に、一回、日帰りで来たことあるけど、こんな所、連れてきてもらわへんかったから、おいしいもんが食べれてうれしいわぁ」

人一倍、食い意地の張っているおかんは、名物コロッケにかぶりついてゴキゲンだ。熱々のコロッケをビールで流し込み、ホクホク顔になっているおかんを見ると、連れてきた甲斐《かい》があったなぁと思う。

路地を散策していると、ひときわ大きな芝居小屋風の建物、「おかげ座」なる歴史館があったので、入場料３００円を払って入ってみる。

まずは映像シアターへ。江戸時代、60年に一度の周期で起きたという、爆発的な伊勢参拝ブームの解説映像を見ていると、参拝へのテンションがますます高まる。１年間に、当時の総人口の10人に１人が押し寄せたという記録もあるというから驚きだ。

「ガサガサ、ガサガサ、ガサガサガサガサ」

さっきから後ろで大きな物音がするなぁと思って振り返ると、おかんが映像も見ず、暗がりの中で折りたたみ傘をたたまんと躍起《やっき》になっているではないか。うるさいと思っていたのは私だけではなく、他の人も怪訝《けげん》そうな顔でチラチラ振り返ってはおかんを見ている。

「後にしーな」と私は小声でささやいた。だが、おかんはいっこうに傘たたみを止めず、その後も執拗《しつよう》にガサガサ音を立て続けている。このオバハン、人の迷惑になってんのが分からんか！　私はおかんの手から折りたたみ傘をバッと奪い取り、自分の足下に置いた。

映像が終了し、場内が明るくなったので、「上映中にガサガサうるさいなぁ！　傘をたたむなんて、後でやればええやろ」と戒《いまし》めると、おかんはちっとも悪びれずに言う。

「なんも音なんて立ててへん」

「みんな、チラチラ見てはったわ！」

うぐぐ〜！　常日頃、映画館でガサガサ音を立て続ける人の神経が分からんと思っていたが、こういう神経だったのか。

館内は想像以上に広く、実際の2分の1のスケールで江戸時代の伊勢を再現したジオラマを、ガイドのおねえさんの案内で見て回る。

「電車や車のなかった江戸時代、伊勢まで歩くには、往復で、東京からだと1ヵ月、大阪からなら10日、東北だと半年もかかりました。また、庶民がお伊勢参りするには、旅費に平均70万くらいかかったと言われています」

70万！　金も時間もべらぼうにかかる旅行は、当時の庶民にとって、夢のまた夢だったんだなぁと思う。そんな中、「御師《おんし》」と呼ばれた神職が全国を回り、伊勢の神様の有難さを説き、お伊勢参りの勧誘&参拝者のお世話をしたことで、徐々に参拝者が増えていったのだという。いわば、旅のセールスマン兼ツアーコンダクターだ。

「♪鼻クソ丸めて萬金丹《まんきんたん》、それを飲むやつ、あんぽんたん」

薬屋を再現したジオラマの前に来ると、どこからか、録音とおぼしき子どもたちの歌声が聞こえてくる。

「こちらの萬金丹は、旅の必需品とされていた胃薬です。小さな黒い丸剤で、鼻クソを丸めたような見た目だったため、それを茶化して、このような遊び歌が歌われました」

萬金丹のフレーズが気に入ったおかんは「いや〜、面白い歌やなぁ」とケラケラ笑い、「♪鼻クソ丸めて萬金丹、それを飲むやつ、あんぽんたん」とゴキゲンに口ずさんでいる。

お次は、当時の門前町のにぎわいを再現したジオラマの前へ。

「神様のお膝元ということで、門前町は税金が免除され、たいへん潤っておりました。門前町の人たちは、その利益を『おかげさま』の気持ちで還元しようと、参拝客に無料で、おにぎりやワラジをふるまいました。

当時の農民は、米を作っても年貢に取られてしまい、自分たちの口に入ることは滅多になかったので、伊勢で初めて白米のにぎり飯を食べた参拝客は、たいへん喜んだそうです」

はぁ〜。江戸時代というと活気に満ちた町民文化のイメージがあるけれど、人口の85%を占めていた農民は、相当な貧乏生活を余儀なくされていたのだ。当時、農民の移動は厳しく制限されていたものの、お伊勢参りの場合に限り、通行手形をたやすく発行してもらうことができたのだという。

「こちらは、当時、伊勢にあった遊郭を再現した建物です。お客の8割は農民で、最盛期には妓楼《ぎろう》（売春宿）が70軒、芸遊女が1000人いたと言われております」

聖地に遊郭って！　まぁここまで辿り着いたら、ハメも外しちゃうか。『東海道中膝栗毛』の弥次さん&喜多さんも、参拝は後回しで遊郭に直行したというし、お伊勢参りは「巡礼」という口実で庶民が羽を伸ばせる、絶好のチャンスだったんだろう。

おねえさんが、大きな橋のたもとに立っている遊女の人形を指して言う。

「こちらの人形は、実寸大で作られています。江戸時代、成人男性の平均身長は155センチ、成人女性は145センチに満たない程で、今の小学生ぐらいの大きさでした。160センチの男性は、当時は大男と言われたそうです」

江戸時代の人、ちっちゃ!!　慢性の栄養不足かぁ。お殿様や裕福な町民といった一部の人を除くと、江戸時代は庶民もまだまだ大変な時代だったのだ。そりゃ神様にすがりたくもなるわなぁとしみじみ。

館内の案内が終わり、歴史館を出た所にある土産ショップへ。

「♪鼻クソ丸めて萬金丹」の歌に食いついていたおかんは、今も売られている萬金丹を購入。

私も土産物を見て回っていると、おかんが私の横に来て言う。

「（入場料が）３００円やし、中はしょーもないっちゅうか、たいしたことなかったな〜」

シット！　お店の人に聞こえるような声で！　おかんの言葉に胸ヤケした私は、そそくさと店の外に出た。すると、おかんがダッシュで追いかけてくる。

「何を急いでんのよ？　ゆっくり選んだらええやないの〜」

「なんで店の中で、そのお店の悪口を言うのよ！　感じ悪いし、居づらいやんか！　しかもあんた、さっきは面白いって言うてたクセに」

歴史に興味のないおかんには退屈でも、庶民の歴史に興味がある私には、好奇心をくすぐられる歴史館だったのだ。

「ちょっと言うただけやんか。なんでそんなにイライラするんよ〜」

「隣で『しょうもない』だの『たいしたことない』だの言われたら、楽しい旅がぜんぜん楽しくないわ！」

おかんが憎たらしいのは、どれだけ怒っても、本人が無反省でケロッとしているせいで、人が見たら圧倒的にこちらが怒りっぽく、短気な人間に見えてしまうことだ。

「たいしたことなかったから、たいしたことないって言うただけやないの〜」

「私は楽しかったの!!　どうしても『たいしたことがない』って言いたいなら、店の外に出

「♪鼻クソ丸めて〜」の萬金丹を売るおねえさん

実寸大の人形と152cmのおかん

揚げたてコロッケをほおばるおかん

写真を撮ると、目をつむってしまうおかん

てから、独り言で言って！」

私がキレると、おかんは「あぁこわ〜、フツーの話もできへんわ〜」などとブツブツ言っている。

あぁ、楽しいことが大好きな私だって、本当はキレたくなんかない。なのに、おかんは私をキレさせる日本一だと断言できるぐらいなのだ。

初めての伊勢神宮をゆっくり参拝しようと1泊2日旅を計画したものの、私は正直、母と旅を続ける自信がなくなりつつあった。

伊勢神宮には、内宮《ないくう》（皇大神宮《こうたいじんぐう》）と外宮《げくう》（豊受大神宮《とようけだいじんぐう》）という二つの「正宮《しょうぐう》（神を祀る本殿）」があり、本来なら外宮→内宮の順で参拝し、その後、14あるという「別宮《べつぐう》（正宮の次に尊いとされる神社）」を参拝していく予定だったものの、まずは近くにある、最も重要とされている内宮を参拝することに決めた。

「外宮には行かんと、先に内宮に行くわ」

歩きながらそう言うと、おかんがホイホイ言う。

「内宮の方がメインやねんから、それがええわ〜。外宮なんて、内宮に比べたら、たいしたことないからな〜」

たった今、注意したそばから、またしても「たいしたことない」発言をするおかん。その無神経な言葉にまたしてもキレそうになるが、ググッと飲み込んで堪《こら》える。

「……ちょっともう黙ってて！」

私はニラミを利かせ、イライラ感を醸し出した。

そもそも、親子なら話が通じて当然だと思い、親に期待しすぎるから、腹立たしくなるんだろう。この人は、相手の気持ちを汲《く》み取ることができない〝デリカシー不感症〟という病に侵された病人なのだ。そんな人に、はなから期待するのが間違いなのだ、と自分に言い聞かせる。

よーし、気持ちを切り替えて、内宮を参拝するぞ！

〝内宮のシンボル〟と言われる「宇治橋」に着くと、まるで神々しい世界が現れたかのように、視界がパーッと開けた。橋の鳥居の向こうには緑豊かな森が広がっていて、なんとも清々しい気持ちになる。

橋の下を流れる豊かな川に、深い森、やわらかな山並み、この全てが、伊勢神宮の神域とされているのだ。広大すぎて全体像がつかみにくいものの、伊勢神宮の敷地は、甲子園球場の140倍もあるのだという。

橋にかかった大きな鳥居は朱色に塗られておらず、白木がそのまま使用されているのだが、それがまた素朴で力強く美しい。

「俗界」と「聖界」の架け橋とされる宇治橋の鳥居前で一礼し、橋を渡ると、玉砂利の敷き詰められた参道が続く。この神域の奥に、天上から全てを照らす太陽の女神「天照大神《あまてらすおおみかみ》」を祀る、内宮の正殿《しょうでん》があるのだ。

小雨の降る中、全国から来ているとおぼしき参拝客たちと一緒に、正殿を目指す。

広大な境内には、杉やクスノキ、ヒノキ等、樹齢数百年とおぼしき巨木がそびえ立っている。太古の昔から神々を見守ってきた自然のエナジーを感じ、あぁ、有難いなぁという気持ちがふつふつと込み上げてくる。

飛鳥時代、「新しい国家の象徴」として作られた伊勢神宮は、いわば〝日本人の心のふるさと〟のような場所。神様に失礼のないよう、参拝前に、おかんにクギを刺しておかねば。

両親と氏神さんへ初詣に行くと、拝む時間がやたらと長いおかんに、家族がイラつくのがお決まりなのだ。おかんは「神様には自分の名前だけやのうて、住所も全部、番地やマンションの名まで言うた方がええんや」と一歩も引かない。おとんが「寺内町の高野典子です、で十分やろ」と言っても、「ちゃんと電話番号も言うとかんと〜」などとのたまい、おとんが「アホ！　神さんが電話してくるワケないやろ！」とプチギレしたことを思う。

「あんた、日本の総氏神様の伊勢神宮は、個人的なお願い事をするような場所やないんやから、家内安全とかも祈りなや」

かつては神社仏閣でさまざまな私利私欲を願った私も、チベット文化圏を旅して以来（『ダライ・ラマに恋して』参照）、感謝の気持ちを伝えるだけで十分だと思えるようになってきたのだ。

「知ってる知ってる。お願い事は、今住んでる土地の氏神さんにするのが一番ええんや」と得意げに答えるおかん。

参道をさらに進むと、高台にある正殿をお参りするための石段に辿り着いた。ここから先は写真撮影も禁じられている、神域中の神域だ。

大木に覆われた石段を見上げると、奥に、白木の鳥居と御門が見える。雨に濡れ、緑色にきらめく石段を登り、御門前に到着。

茅葺《かやぶ》き屋根の神殿には白い絹が掛けられ、その全貌は見えないものの、1キロの道のりを経て少しずつ神域に近づいたことも手伝って、なんとも厳かな気持ちになる。正殿はあまりにも尊い場所なので、参拝者はこの御門から参拝するのだという。

それにしても、御門から垣間見える建物の美しさは、胸にグッとくるものがある。全てが直線的で気高く荘厳でありながら、やわらかく繊細な純和風の佇まい。稲作が始まった弥生時代の、稲を保存していた高床式倉庫をイメージさせる建物に、中国や朝鮮半島の影響を受けていない、古代の日本を感じる。

正殿を前に気持ちを新たにし、おかんと一緒に「二拝二拍手一拝」をして参拝する。おかんとは数えきれないほど初詣に行っているので、二拝二拍手一拝だけはピタリと合う。

人目にさらされることがない天照大神は、本当に、太陽みたいな存在だなぁと思う。太陽はまぶしすぎて太陽そのものは直視することはできないけれど、太陽の光でその存在を感じることができるように、このピーンと張りつめたご神気に、私は神様の存在を感じずにはいられなかった。

石段を降り、参道のご神木に触れながら、内宮の裏手にある別宮の「荒祭宮《あらまつりのみや》」に向かう。こちらの別宮は、個人的なお願い事をするのに適した神社だとされているのだが、いわゆる個人的なお願い事ではなく、自分への誓いを立てることにした。

(長年の夢が叶《かな》ってお参りできて、本当に光栄です。日本や世界の素晴らしさを伝える〝地球の広報〟として日々精進させて頂いております。私が私に生まれたことを存分に使い果たし、世の中のお役に立つことができますように)

神様への言葉遣いは、心の中とはいえ、自然と敬語になる。あぁ、神様の前で自分に誓いを立てると、気持ちが引き締まり、心が晴れ晴れするなぁ!

内宮を後にし、近くの「猿田《さるた》彦《ひこ》神社」へ向かう。道路に面した小さな神社なのだが、境内に入った途端、空気が一変したような明るい力強さを感じる。

一般的な神社と同じく、本殿が万人に開かれた社は朗らかな雰囲気だった。もともと奈良にいた天照大神がより良い場所を求めて旅に出た際、案内役を務めたため、〝導きの神〟として親しまれているという猿田彦大神。内宮とはひと味違う晴れやかな佇まいに、伊勢の小さな神社の参拝が楽しみになってくる。

一方おかんは、神社に置いてあるしおり等の資料を懸命に集めている。おかんはしおりを集め終えると、一行も読まずにリュックの中にしまい込み、かといって神社の清々しい気分を味わうワケでもなく、ひたすら所在なさそうにしていて落ち着きがない。

「猿田彦神社は、前にも来たん？」と聞くと、おかんはあっけらかんと言う。

「さぁ～。よう覚えてへんわ～」

覚えてない⁉　こんなに開放的なムードで、内宮と全く雰囲気が違うのに⁉

「じゃあ、伊勢神宮の、他の別宮は？」

「さぁ～。行ったかどうかも分からんなぁ。全部同じに見えるし～」

アチャー。この人とワビサビの利いた会話を期待するのが間違いなのだ。

じっとしていられずエクササイズ

誰にでも話しかけるおかん

“導きの神”猿田彦神社は、明るく清々しい雰囲気

お伊勢参り中、一触即発の危機が!?

参拝後、おかげ横町に戻る。おかんは刺身が食べたいと言うので、漁師料理『海老丸』に入り、またもやビールで乾杯。内宮と猿田彦神社を参拝できた充実感がたまらず、伊勢に来てよかった～！　という思いがこみ上げてくる。

おかんはまぐろのてこね寿司（醬油ベースのタレに漬けた刺身と寿司飯を合わせた郷土料理）、私は海老天丼を注文。セットで付いてくる、海老やカニ、白身魚、ハマグリ等を煮込んだ「漁師汁」は、赤味噌と海鮮ダシの相性バツグンでうまい！

遅めのランチを食べ終えると、午後3時すぎ。持ってきた聖地ガイドブックには「内宮と外宮、この二つをお参りして初めて、伊勢神宮を参拝したことになる」とあり、まだ時間もあったので、外宮を参拝することにした。

バス停に着き、来たバスに乗り込むと、おかんは早速、運転手さんに確認する。

「すみません、このバス、外宮に行きますか？」

（バス停にそう書いてあったがな！）と心の中で舌打ちするが、おかんはバスが発車しても運転手さんに話しかけている。

「外宮に行く人は、やっぱり少ないですよねぇ？」

「外宮《げくう》さんはお参りせんと、内宮《ないくう》さんだけお参りして帰る人も結構いたはりますからねぇ」

「前にも来たんですけどね、内宮は人が多かったけど、外宮はほんま人気ないですよね～」

ったく、地元の人に失礼だろ！　ねちっこさにイラッとした私は、おかんを引っ張った。

「そんなこと聞いてどうすんのよ。座っとき」

おかんは私の隣に座ると、「自分は何でも知ってる！」というドヤ顔で言う。

「内宮は大人気やけど、外宮は人気がないんよ～」

「そんなん関係ないやろ。これから行くとこやのに、もう黙ってて！」

自分は今、とても不愉快だという気持ちを込めて、私はおかんを睨《にら》みつけた。もう本当に、黙っていてほしい。「まだ見ぬ外宮を、私はお参りするのを楽しみにしてるんや！」と心の中で絶叫する。

目的地の外宮でバスを降りると、ちょうど雨も上がり、雲ひとつない日本晴れだ。澄み切った青空に、気持ちまで晴れ晴れとしてくる。

外宮の入口には小さな橋がかかっていて、その奥には緑豊かな森が広がっていた。さりげなくて、なんて感じのいい神社だろう！

神域に足を踏み入れる前に、私が外宮の写真を撮っていると、おかんが得意げに言う。

「な！　人が全然おらんやろ～？　外宮はな、たいしたことないねん。ほんま、外宮はな

〜んもないからな〜」

なーんーもーなーいーだとぉ!? ず〜〜っと我慢していたものの、おかんの「外宮はたいしたことない」発言に加え、さらにその上をいく「外宮はなんもない」発言に、抑えがたい憤りが込み上げ、マグマが噴出する。

「るっさいな!! 『なんもない』って言い出したら、そら、ここには緑と木の建物しかないわ! でもな、それが神社なんや! 『たいしたことない』とか『なんもない』とか、神様にも失礼やろ! これからお参りする神様に対して、なんでそんなこと言うんよ!」

宇宙規模で失礼なおかんに、私はブチ切れていた。

「あんたは来たことあっても、私は初めて来たんや。『なんもない』だの『人気ない』だの、行く前から隣でゴチャゴチャ言われて、どんだけ嫌な気持ちやと思ってんのよ!」

「もう〜、ちょっと言うただけやないの〜」

「ちょっとやないやろ!」

「そんなに言うてへん」

「何回も言うたわ!!」

イエローカードは何度も出した。でも、この人はちっとも人の話を聞いちゃいないのだ。

「なんで今いる場所に興味を持たんのよ! 読まんクセに神社のしおりばっかり集めて、ここに『なんもない』って言うなら、先に宿に帰って、神社で集めたしおり読んでたらええやろ！」

「……もう言わへんから」

おかんはきまり悪そうにそう言ったが、溜《た》まりに溜まったイライラが爆発し、私の怒りは収まらなかった。本気でブチ切れないと、また何遍も繰り返されることになるのが、長年の経験上分かっているからだ。

「やっと伊勢神宮に行けると思って、楽しみにして来たのに……。外宮を『なんもない』なんて言う人とお参りしても、どうせ心の中で『なんもない』と思ってるんやと思ったら、せっかくのお参り気分がシラけるわ！」

「そんなこと言わんと〜」

堂々巡りになる。もうマジで無理。こんな人と一緒に、聖なる外宮を参拝したくない！

「……ごめん、もういらんこと言わへんから」

さすがにおかんもおしゃべりが過ぎたと反省したのか、口をへの字に曲げてうつむいているが、マックスまで頭にきたので、そう簡単には通常モードに戻れなかった。

頭を冷やそうと思い、「ちょっと、コーヒー買ってくる」と私はその場から離れた。

お伊勢参りもしたかったけれど、親孝行もしようと思ってやってきた今回の旅。やっぱりこうなったか……とため息をつくが、そもそも母が失言モンスターであることは、百も承知だったはず。

小学2年のとき、母の日にカーネーションを買ってプレゼントした際、母は「ありがとう」と受け取ったはいいが、「でもな〜、私はカーネーションが大嫌いなんや」と言ったことを思い出す。しかも母は「いったいどこの誰が、母の日にカーネーションを贈るなんて、しょーもないこと決めたんやろ」などと不満をたらたら言い出す有り様。

母のまさかのリアクションに、まだ幼く純真だった私は打ちのめされ、心をズタズタに引き裂かれた。おやつをガマンして貯めたお小遣いの小銭を握りしめ、勇気を出して花屋さんに買いに行ったカーネーションだったのに！

あの日のことを思うと、当時の自分が不憫《ふびん》になる。相手はまだ子どもなのだ、花の好き嫌いなんて、どうでもいいじゃねーか！　と言いたくなる。あれ以来、カーネーションには罪がないものの、カーネーションを見る度にイヤ〜な気持ちになるのだ。

はぁ〜。それにしても、なんで母はこんなにも失言が多いんだろうと思う。

おかんは人一倍、外面《そとづら》がいい。もし人様にカーネーションの花束をもらったら「いや〜、きれいな花やわぁ」と、嘘《うそ》八百でホメちぎるに違いなかった。おかんが「カーネーションが大嫌い」という露骨な本音を言ったのは、親子だからなのだ。「本音」と「建前」がはびこり、本音が言いにくい世にあって、嘘偽りない本当の気持ちが言えるのは、家族と親しい友人ぐらいのものだろう。「切っても切れない」関係だからこそ、家族は言いたいことが言い合えるのだ。

少女時代のピュアなハートを踏みつけるようなおかんだが、そんなおかんに言われて一番嬉しかった言葉がある。

それは、おかんが、末っ子の私が就職した頃に言った「子育ては、人生最大の娯楽やったわ〜」という言葉だった。それを聞いた私は「そうか、私が生きてることがすでに親の娯楽なんだから、私が元気で幸せに生きることが、最大の親孝行なんだな」と思ったのだ。

まわりの友だちはたまに、「自分は全然、親孝行できてない」とか「結婚もせず、親に孫を抱かせてあげられてない」といった内省的なセリフを口にするものの、「自分の人生は、親を喜ばせるためにあるんじゃない、自分のためにあるんだ！」と思うことができた私は、そんな罪悪感を持たずに済んでいる。

病気もせずピンピンしている親は、最大の〝子孝行〟をしてくれていて、幸せに生きている私も、最大の親孝行をしているのだ。そうは言っても親が70過ぎの高齢だからって、失言癖をぐっと堪えて笑顔でいるなんて私にはできない。嫌な気分をガマンしていたら、こっちがストレスで病気になってしまう。病気になったら、元も子もないではないか。

後から小出しにせず、「こうしないでほしい！　それは嫌だ！」と言った私はちっとも間違ってない、と自分に言い聞かせる。長引かせてしこりを残さないためにも、怒りは「一括払い」がいいに決まってるのだ。

缶コーヒーを飲みながら何度も深呼吸し、4つの言葉、「ありがとう、愛しています、ごめんなさい、許してください」を心の中で唱える。

会社を辞めて以来、私はこの、ハワイに伝わる秘法『ホ・オポノポノ』（「ありがとう」「愛しています」「ごめんなさい」「許してください」の4つの言葉を唱え、心を洗浄する方法）が習慣になっている。これは、自分の潜在意識《ウニヒピリ》に繰り返しこれらを伝えることで「本当の自分」を取り戻すことができる、魔法の言葉なのだ。

何も考えず、念仏のように「ありがとう、愛しています、ごめんなさい、許してください」を幾度となく唱え、なんとか気持ちを落ち着かせた私は外宮に戻り、おかんに言った。

「またいらんこと言うたら、次はほんまに帰るからな」

すっかりしおらしくなったおかんが、「ウン、分かった」と神妙に頷く。

気を取り直し、橋を渡って神域の中へ足を踏み入れる。

太古の息吹を感じる大木に覆われた参道を歩くと、キラキラと輝く木漏れ日が美しく、さっきまでのドロドロした気持ちが洗われていくような気がする。内宮よりもこぢんまりしている外宮は、厳かではありながらも親しみやすい雰囲気で、初めて来たとは思えないほど心が安らぐ。雨がやんだことも大きいけれど、混雑していた内宮より、人がまばらな外宮の方が、ゆったり落ち着いた気分で歩くことができたのだ。

（こんなに気持ちのいい神社を、よくぞ『たいしたことない』だの『なんもない』だのぬかしたな～！）と思うが、口に出すとまたケンカになりかねないので、だんまりを決め込む。

参道を進み、正殿前に到着。森の中に佇む外宮の正殿も、参拝が許されるのは板垣に囲まれた御門からなので、背筋を正し、おかんと二拝二拍手一拝をしてお参りする。

外宮に祀られている「豊受大神」は、「生活のすべてを見守る」神様であり、「天照大神の食事のお世話する」神様なので、外宮には、内宮から食事に訪れる天照大神のための食堂があるのだという。朝夕2回、聖なる火をおこして食事が作られているそうで、高野山でお大師さんに運ばれている食膳同様、日本はごはんを大事にする国だなぁと思わずにはいられなかった。一神教の世界では、聖人や預言者に食べ物のお供えをすることがないからだ。

伊勢神宮には、地元で信仰されていた神様にさまざまな役割が与えられていて、内宮、外宮を始めとして神社の数が125もあると、しおりに書かれている。

4世紀、奈良に誕生した大和政権が伊勢を勢力下に治めたとき、伊勢の豪族の神様だった豊受大神を滅ぼさすに外宮に祀り、「天照大神に食事を与える」という役割を与え、〝神々の共存〟を目指したのだ。モンゴル帝国のチンギス・ハンも、「信仰の自由」を認めたことで〝世界一大きな国〟を作り上げたと言うし、大和政権も各地の神様を尊重したからこそ、今の日本の原点を作ることができたんだろう。

「内なるモノ」と「外なるモノ」を見事にミックスさせた伊勢神宮は、日本の〝コラボ文化〟を象徴している神社なのだ。

参拝を終えて宿に帰ると、部屋は広々とした和室で、シンプルで清潔感に満ちた佇まいが、伊勢神宮の雰囲気にピッタリだった。

夕食タイムになったので、ラウンジで食事をとる。メニューは、伊勢名物の「さめたれ(サメ肉の干し物)」の前菜に、刺身、肉&野菜の小鍋、南京饅頭《まんじゆう》(かぼちゃを使った蒸し物)、茶碗蒸し等、ボリューム満点。給仕係のおばちゃんのオススメに従い、ウニの小鍋にごはんを入れると、旨味を濃縮したクリーミーなウニごはんになって絶品だ。

「この宿は、ごはんも部屋も人も、全体的に品がええな〜」と言いつつバクバク食らうおかんと、いまだブスッとしながらもバクバク食べる私。

子どもの頃、親子ゲンカしても、きょうだいゲンカしても、おかんが「ごはんやで〜」と声をかけると、一時休戦し、みなで食卓を囲んだことを思い出さずにはいられなかった。どれだけ大ゲンカを繰り広げようとも、同じ場所で寝食を共にする宿命から逃れられない関係。それが家族という、世にも厄介で濃厚な繋がりなのだ。

今まで何度、口うるさいおかんにマジギレしては、おかんの作るごはんを食べてきたことだろう。ウチのおかんは専業主婦だったから、毎日、家族のために何千何万回とごはんを作ってきたんだよなぁと思う。豊受大神のお役目も「天照大神に食事を与える」ことだったけど、今さらながら「食事を与える係」は、人類にとって最も重要なお役目かもしれないな。

部屋に戻ると、畳の上にふかふかの布団が敷かれ、寝床の準備がバッチリ整っていた。まるで友人の家にお泊まりにきたかの如く、のびのびくつろがせてくれる日本の旅館、スゴすぎる！　部屋を少しでも広く使えるようベッドを置かず、夜になると〝布団メーキング〟をしてくれるというきめ細かさ。しかも、歯磨きセットから浴衣まで揃えてくれていて、まさに至れり尽くせりだ。

海外旅が多く、久しぶりに日本の宿に泊まった私は、（日本の旅館って、良妻賢母なお母さんみたいやなぁ〜）と感心してしまう。海外のどんなホテルでも、客人のパジャマまでは用意してくれないことを思うと、「手ブラでどうぞ」的なおもてなしに満ちた日本の旅館は、世界広しといえど、唯一無二の宿泊施設だなぁと思わずにいられなかった。

おかんは、まだ風呂には行かず「後でちゃちゃっと入る」と言うので、先に大浴場へ向かう。前に「温泉でも連れてったろか？」と聞いたとき、「私は熱い湯に入るとのぼせるから、温泉が大嫌いなんや！」と得意の〝大嫌い宣言〟をしていたから、おかんは相当なカラスの行水であるらしい。

　大浴場の湯船にゆっくり浸《つ》かり、癒されて帰ってくると、今度はおかんが大浴場へ。ビールを呑みつつ、部屋に置いてあった『古事記』をパラパラめくる。

　有名な「天《あま》の岩戸《いわと》」の神話を読むと、須佐之男命《すさのおのみこと》は、馬の皮を剝《は》いで投げつけたり、御殿にウンコをまき散らしたりと、やりたい放題。スサノオの姉である天照大神は、そんな弟をかばっていたものの、あまりの暴れん坊ぶりに堪忍袋《かんにんぶくろ》の緒が切れ、天の岩戸に引きこもってしまったのだ。

　暴れたり怒ったりスネたりと、日本の神様の人間臭いこと！　神様の世界ですら、これだけ家族ゲンカが凄まじいんだから、人間界ならなおさらだ。家族にケンカはつきものだなぁと思っていると、あっという間におかんが大浴場から帰ってきた。

　おかんは初めこそビールを呑みつつテレビのバラエティ番組を見ていたが、さすがに疲れたんだろう、気がつくと布団に横になり、豪快なイビキをかき始めた。

「ンンゥゴォォー‼　プスゥゥー……、ンンゥゴォォー‼」

　始まった‼　おかんと布団を離し、少しでもイビキ音から遠ざかろうとするも、地響きのような爆音には無駄な抵抗。あぁもう、私のバカバカ！　鼻呼吸を促す「口閉じテープ」を持ってくるんだった！　ったく、顔に水タオル掛けて静かにさせたろか!!

あれこれ思うが、この部屋で寝る以外ないのだ。明日も早起きする予定なので、私はビールをかっ食らうと、布団を頭から被《かぶ》った。

おかんの轟音《ごうおん》のようなイビキが鳴り響く部屋にいると、やっと収まった不快指数がまたもや急上昇し、私利私欲を祈らずにはいられなくなる。神様、どうか明日はおかんが失言しませんよう！　そして、私もキレずに済みますよう！

おかん、まさかのパワーアップ!?

翌朝4時半に起き、タクシーで二見浦の海岸そばにある「二見興玉神社《ふたみおきたまじんじゃ》」に向かう。この神社から望む海に、伊勢のシンボルである「夫婦岩《めおといわ》」があり、その背景に昇るという朝日を拝みたいと思ったのだ。

5時すぎに二見興玉神社に着くと、夜明け前で肌寒いにもかかわらず、日の出を見ようとする人がすでに10人ほど集まっている。

参拝を済ませた後、まだ薄暗い防波堤に腰掛け、海から突き出た「夫婦岩」を眺めつつ朝日が昇るのを待つ。大きな男岩と小さな女岩に注連縄《しめなわ》が渡されている夫婦岩は、鳥居の役目を果たしているのだという。

黙っていることができないおかんは私の背後で、大きな望遠カメラでスタンバイしているおじさんに「日の出は何時頃ですかねぇ」と話しかけている。

「5時40分くらいやと思いますわ」

「立派なカメラですねぇ。観光で来てはるんですか？」

「いや、地元のもんです。カメラが趣味なんで、ほぼ毎日、日の出を撮りに来るんですわ」

「へ～、わざわざ日の出を！　ちょっと！　このおじさん、日の出を撮るために毎日通ってはるんやって。あんたもこの立派なカメラで、おじさんに撮ってもらい！」

はぁ～？　まだ朝日も出てない暗闇で、いったい何の記念だよ？　しかも、ノーメイクの寝ぼけ眼《まなこ》で髪もボサボサ状態。後で絶対見返したくない写真を、大層な望遠カメラで撮られるなんて、まっぴらごめんだ。

おじさんの手前、愛想笑いでお茶を濁していると、おかんはしつこく言ってくる。

「ほら、こっち向き！　写真の上手なおじさんに撮ってもらいって！」

るっさいなぁ!!　昨日あれほどギャフンと言わせたのに、一晩寝たらもうこれかよ！

「ほらほら、おじさんも待ってはるよ～」

おじさんが待ってはるんは、不機嫌なスッピン女やなく、日の出やっつーの!!

「せっかくなんやから！　なあって！」

粘着質のおかんは撮られるまで言い続けるので、しぶしぶ振り向いた私は、撮られたくもない氷の微笑を何枚も撮られるハメに。真っ黒な海バックで撮るから、いっそう私のスッピンがフィーチャーされてるし！

しばらくすると、水平線から太陽が顔を出した。空にオレンジ色の朝焼けが広がり、海が黄金色《こがねいろ》に染められていく。太陽が神々しい光を放つにつれ、夫婦岩のくっきりとしたシルエットが浮かび上がる、神秘的な光景。太陽を神として崇《あが》める、古代の信仰が息づいている伊勢の奥深さを感じるなぁ！

日の出後、おかんと話し込んで仲良くなったカメラおじさんが言う。

「車で来てるから、よかったら近くまで送りましょか」

「いや〜助かるわ〜。乗せてもらお！」とおかん。

車が海岸沿いの道を走り始めると、全開の窓から吹きつける海風が気持ちいい！　助手席に乗ったおかんがおじさんとおしゃべりする姿を横目に、私は朝のドライブを満喫。

バス停に着き、おじさんと手を振り合って別れると、車は「ブッブー！」とクラクションを鳴らして去っていく。カメラおじさん、毎朝、日の出を愛でているだけあって、気持ちの

朝日を愛するカメラおじさん＆おかん

いい人だなぁ！

バスが来るのを待っていると、いつでもオープンハートなおかんは、朝の散歩をしているおじさんやおばさんに「私ら大阪から来たんですけど〜」などと声をかけては、くっちゃべっている。朝からピーチクパーク、元気なこって！

バスに乗って別宮の「倭姫宮《やまとひめのみや》」へ。参拝後、別宮の「月讀宮《つきよみのみや》」に向かっていると、道で山菜を摘んでいるおばさんがいたので尋ねてみる。

「すみません、朝熊《あさくま》神社って、バスで行けるかどうか知ってはりますか？」

私はこの後、少し離れた所にある朝熊神社に足を延ばしてみようと思っていたのだ。

「朝熊神社はかなり遠いですよ〜。私、家帰れば車があるから、案内しましょうか？」

「ええ？　そんな、ええんですか⁉」

ジーンズにチェックのシャツを羽織り、若々しい雰囲気のおばさんがニコニコ顔で言う。

「かまへんよ〜。これから月讀さんをお参りしはるんでしょ？　そしたら、20分後に、駐車場のところで待ち合わせましょ」

月讀宮を「つきよみさん」と呼ぶなんて、なんか可愛いなぁ。関西人は親しみをこめて「神様仏様」を「神さん仏さん」と呼ぶから、バスの運転手さんも「内宮《ないくう》さん」「外宮《げくう》さん」と呼んでたっけ。日本最高峰の伊勢神宮は、地元の人にとっては土地の神様でもあるのだ。

月讀宮を参拝後、駐車場に向かうと、さっきのおばさんが車から手を振ってくれる。

「ここよ～！　さぁ乗って」

あぁ、旅の醍醐味《だいごみ》は、やっぱり人との出会いが一番！　江戸時代、参拝客に握り飯がふるまわれたような精神が伊勢には受け継がれてるんだなぁと、胸がグッと熱くなる。

私は助手席に、おかんは後部座席に座って、いざ出発。

「ほんまに助かりますわ～」とお礼を言うと、陽気なおばさんがにっこり笑って言う。

「私もドライブするキッカケができてよかったわ～。長いこと勤めた会社を退職してから、時間はたっぷりあるし」

澄み切った青空の下、伊勢と志摩を結ぶ伊勢志摩スカイラインを走る。

「伊勢神宮の近くに住んではるなんて、ええですね～」

「お伊勢さんは行事も多いし、なんや一年中おめでたい感じやねぇ。でも、ゴールデンウィークと正月は参拝客が多すぎて、家から出られへんようになるんよ～」

「聖地に住んでるなんて、いつでも神様に見守られてる感じがして羨ましいですけど、それはそれで大変なんですねぇ」

おかんとの二人旅はキツいものの、土地の人との出会いがあると一気に旅が楽しくなる。

おばさんが車を止め、「ちょっと道を聞いてきますね～」と車外に出た途端、後部座席からおかんが身を乗り出してくる。

「なぁなぁ、あの人、結婚してはるんやろか？」

またおかんが余計なことを言い出したと思い、内心イラッとする。推定62、63歳でも50代そこそこに見え、自由を謳歌《おうか》している雰囲気のおばさんに、自分と同じ匂いを感じ取った私は言った。

「……してはらへんよ。ていうか、そんなこと、どうでもええやろ」

女はフツー、自分の家族や子どもの話をするのが好きな生き物だ。でも、彼女がそれを言い出さないということは、たぶん独身だろうと私は踏んだのだ。

私はニラミを利かせ、おかんに念を押した。

「余計なこと聞きなや！　私は好きで結婚せえへんけど、人には人の事情があるんやから」

おばさんが車に戻ってくると、おかんは前のめりになり、開口一番に言う。

「こんな、朝からつき合ってもらったりして、家で待ってはるご主人とかお子さんのごはんとか、大丈夫ですか〜？」

釘を刺したにもかかわらず、なぜそれをド直球で聞く!!　しかも、子どものことまで!!

おばさんは一瞬、口をつぐんだものの、明るく答えてくれる。

「いや〜、私はこの年まで独り身なんで、そんなこと気にしてもらわへんで大丈夫ですよ」

「あら〜、そうなんですか〜。そんなふうに見えへんわぁ、私はてっきり」とおかんがウスラペラペラしゃべり続けるのを遮り、「私もなんですけど、独り身は気楽ですよね〜」と言いつつ、おかんを後ろの座席に押し込む。

すっこんでろ!! 「そんなふうに見えない」ってどんな言い草だよ！ みんながみんな、あんたと同じ価値観でも境遇でもないのだ。私の言うことを絶対に聞かず、人の心に土足でドカドカ踏み込むおかんにムシャクシャするが、おばさんの手前、私は笑顔をキープした。

青空と緑が広がる、気持ちのいいドライブウェイを走り、伊勢志摩を代表する霊山である朝熊山《あさまやま》の頂に到着。だが、そこにあったのは朝熊神社ではなく、「朝間岳《あさまだけ》 金剛證寺《こんごうしょうじ》」というお寺だった。

「あら、ここかと思ったんだけど違ったわね。でも、ここもすごく有名なお寺で、伊勢神宮の『奥の院』と呼ばれてるんよ。伊勢音頭でも『♪お伊勢参らば朝熊をかけよ、朝熊かけねば片参り』って歌われてるぐらいで」

境内に入ると、お寺の看板には、弘法大師が真言密教の寺として復活させた寺とあり、空海が掘ったとされる風流な池が広がっていて、テンションが上がる。

「高野山でお参りしたばかりなんで、空海ゆかりのお寺に来られて、ご縁を感じますわ〜」

参拝後、朝熊山の山頂展望台へ。展望台になぜか足湯があったので、膝まで湯に浸かってほっこりしつつ、緑の島々が点在する伊勢湾の雄大なパノラマを一望する。

「朝熊山の日の出」という案内板には、「朝熊山は『あさま山』と読みます。『あさま』はアイヌ語で『日が出てキラキラと光り輝く神』を意味することから、この山頂で日の出を遥拝《ようはい》し、太陽神としての天照大神を崇拝する信仰が生まれました」とある。

マジで〜!? アイヌ民族が住む北海道から、こんなにも遠く離れた三重の霊山の名前が、アイヌ語ルーツ!? すぐには信じられないものの、私の中で空海と伊勢が繋がり、果てはアイヌまで繋がったような気がして、なんとも深遠な気持ちになる。

その後、おばさんの案内で、華やかな遊郭の名残《なごり》を残す「麻吉旅館」を見たり、小さな社をいくつか参拝した後、「おかげ横丁」へ。案内してもらったお礼に、伊勢うどんや串揚げ、コロッケ等をごちそうさせてもらう。

「朝からこんな時間まで案内してもらって、ありがとうございました！」

すでに夕方だったので、ここで別れて駅に向かおうと思っていると、おばさんが言う。

「ここまで案内させてもらったんやから、どうせやし、駅まで送らせてもらうわ」

ご好意に甘えて、荷物を置いてある神宮会館に向かい、荷物をピックアップした後、宇治山田駅まで送ってもらうことになった。

「何から何まで、本当にありがとうございます！　おかげさまでええ旅になりましたわ〜」

おかんとのゴタゴタはあったものの、現地の善き人との出会いで最高の旅になったなぁと思っていると、運転しながらおばさんが聞いてくる。

「高野山や伊勢やら旅して、ふだん、仕事はどうしてはるの？」

「いろんな国を旅して、旅エッセイの本を書いたり、全国で講演したりしてるんです」

「へ〜、スゴ〜い！　私、本が大好きやから、帰りに本屋さんで買わせてもらうわね〜」

おばさんがそう言うと、後部座席からおかんがしゃしゃり出てくる。

「お世話になったんで、帰ったら、こちらから送らせてもらいますわ〜」

「こちらこそお昼もごちそうになったし、私もほんまに楽しかったですから、自分で買わせてもらいますよ」

おばさんがニコニコ顔でそう言うと、おかんが身を乗り出して言う。

「そうおっしゃらずに、こちらから送らせてもらいますって！　この子が書いてんのは、ガンジス河でバタフライした本とか、ダライ・ラマに会った本とかなんですけどね。まぁ言うても、しょうもない、鼻クソみたいな本ですから〜」

はぁ〜!?　鼻クソみたいな本って何だよ!!　私はおかんの言葉に、一瞬にしてはらわたが煮えくり返ったが、おばさんの手前、凍った笑顔をキープした。

宇治山田駅に着き、おばさんにお礼を言い、手を振り合う。

「ほんまええ人やったな〜」とのんきに言うおかんに、私はブチ切れた。

「私の本を、まだ読んでもない人に、なんであんなこと言うのよ！」

「なんの話よ〜」

「しょうもないだの、鼻クソみたいな本って言うたやろ！」

私は、旅先で出会った善き人たちやダライ・ラマのことまで鼻クソ扱いされたような気がして、脳天に電流が走るほど激怒した。本は私の子どものような存在だから、母は自分の孫のように思っているのかもしらんが、私の大事な子どもを勝手に鼻クソ呼ばわりするなんて言語道断だ!!

「ちょっと言うただけやんか〜。ただのジョーダンや、ジョーダン」

「ジョーダン!?　そんなジョーダン、全然おもろないわ！　そんなふうに言われて、私がどんな嫌な気持ちになるかも分からんの!?」

切符売り場へ向かうと、おかんが言い訳がましく言う。

「そんなつもりで言うたんやないし……」

「どんなつもりなら、『しょうもない』だの『鼻クソみたい』って言えるんよ！　あんたがいつも一言多いから、昔からお兄ちゃんたちもお父さんも、みんなキレるんやろ！　なんで人の気持ちが考えられへんのよ！」

「……ごめん」

謝られたところで、謝られた気がしない。この人は、「悪かった」と、これっぽっちも思っていないからだ。だからまた、同じことを繰り返す。

私の凄まじい怒りに、さすがのおかんもすっかりダウナーになっていたが、これ以上話したくなかったので、母が帰る大阪方面とは違う、名古屋方面のホームへ向かう。

「じゃあ」

ちょうど名古屋行きの特急が来たので、列車に飛び乗る。座席に座ってビールを呑み、気を落ち着けようとしても、怒りはなかなか収まらなかった。

深～く深呼吸しながら、この旅で何度繰り返したか分からない4つの言葉「ありがとう、愛しています、ごめんなさい、許してください」を心の中で唱え、精神の安定に努める。

車窓から見える緑に満ちた田園風景を眺めつつ、何も考えずに心を空っぽにし、ひたすら念仏のように「ありがとう、愛しています、ごめんなさい、許してください」を100回くらい唱えると、ようやく気持ちが少しずつ収まってきた。

今回の旅を、冷静に思い返してみる。だが、どれだけ考えたところで、私の答えは同じだった。どの場面にタイムマシーンで帰っても、私はやっぱり同じシチュエーションでおかんにイラだち、最後にブチ切れるだろう。悪気がないことは分かっていても、おかんはいつだって一言多いのだ。

にしても、なんで最後の最後に、鼻クソなんて言い出すんだよ！

と、そのとき、ハタと思い当たった。単細胞なおかんは、萬金丹の「♪鼻クソ丸めて〜」の歌が、頭にこびりついていたのに違いない。でもって、元々ログセの「しょーもない」に加えて、口をついて出たのが、「鼻クソ」というキャッチなフレーズだったのだ。

今思えば、「外宮たいしたことない」発言も、伊勢神宮を参拝したことがあるクセ、その歴史や中身にまるで興味がないおかんにとって、唯一思い出せたことが「内宮は外宮よりも人気」というバカの一つ覚えだったんだろう。

おかん、ほんまにアホや！　粗忽でマヌケな大阿呆《あほう》や!!

やれやれ。母は昔からあの調子だし、いくら注意したところで、人はそう簡単には変われない。親にしても、子にしても、どちらも学びの途中にある、〃発展途上人間〃なのだ。相手を変えられないなら、自分が変わるしかない。ああいうことを言ってしまう母に、果敢に言い返しながらも、「おかんの言動をいちいち気にしない自分」になるしかないのだ。

それにしても、おかんからの失言被害件数はひとり娘の私がダントツで多いにもかかわらず、そんなおかんにだんだん似てきた自分がイヤになる。おかんにも「掃除好き」とか「ガサツなわりにマメ」とか、いい所はあるのに、年を重ねれば重ねるほど、いい所は似ず、イヤな所ばかりが似てきたような気がしてならない。私はおかんのしつこい所が一番イヤなのだが、そういう自分にもしつこい所があるからだ。結局、似ている所があるからこそ、近親憎悪でよけいに腹が立つんだろう。あぁもう、めんどくせ〜!!

なんのかんの言っても、家族は「いくらブチ切れても、切れない関係」なので、正月が来る度に、関西で仕事がある度に、私はまた実家に帰ることになる。

いつまでこんなケンカが続くんだろうと思うが、間違いなく、おかんは私より先に死ぬ。というか、産んでもらったからには、自分の方が親を看取らなければ、と私は心に誓っている。以前、知人のお葬式で遺影を抱いたご両親が泣き崩れる姿を見たとき、世界でこれほど辛《つら》い光景はないと思って以来、私は親にこれだけはさせまいと、日々健康に気をつけ、車にも轢《ひ》かれないよう心掛けているのだ。

私の人生のモットーは4つ。「毎日楽しく生きる」「自分を殺さない」「人を殺さない」に加えて、「親より先に死なない」。これ以外は全てオプションだと思っているし、この4つを守れば、人としての務めも果たせた上、何よりの親孝行になると信じているからだ。

世の中でおかんに対してだけあまのじゃくな私は、いまだに「産んでくれてありがとう」と言えずにいるけれど、おかんが私を産んでいなければ、そもそも私はこの世に存在しないワケで、どんなに激しい親子ゲンカもどんなに楽しい出来事も、すべては産んでくれたゆえの賜物《たまもの》なのだ。

あの、おかんとのいまいましいケンカも、おかんが死んだら、きっと懐かしく思い出すことになるんだろう。そして、美味そうにコロッケをほおばりビールをぐびぐび呑んでいた姿や、好奇心いっぱいで地元の人に人なつっこく話しかけていた姿や、「♪鼻クソ丸めて萬金丹〜」とゴキゲンに口ずさんでいた姿や、ガーガーいびきがうるさくて眠れなかった夜のことが、たまらなく恋しくなるんだろう。

おかんはまだまだ元気だから、私はこれから、まだまだおかんとケンカするに違いない。デリカシーのないおかんの言動にはほとほとウンザリするものの、ピーチクパーチクうるさいおかんが減らず口を叩かなくなり、もう二度と失言しなくなるのは、どれだけ揺さぶってもおかんが目覚めず、動かなくなる日なのだ。

＊

伊勢参りから4ヵ月後、海外旅から戻った私は翌日の大阪での講演に備え、関西国際空港から実家に直行した。

「ただいま〜。って、アンタ、まだ止めてへんのかソレ！」

ドアを開けたおかんの、肌色のブラ丸出し姿を見た途端、ズッコケてしまう。４ヵ月前との違いと言えば、ブラの下に着ていたババシャツが夏仕様のランニングになり、下がデカパンになったことぐらいか。

おかんはいけしゃあしゃあと言う。

「おかえり〜。これはな、ほんまにナイスアイデアやから、あんたもやるとええで〜」

だから、人にススメてくんなっつってんだろ！　とイラだたしく思っていると、おかんが矢継ぎ早に言う。

「いやっ、あんた、そんなに日ぃに焼けてもうて！　しかも、ファンデーションの色が顔に全然合《お》うてないやないの〜」

「海外で化粧ポーチ落としたんや。間に合わせしかなかったから、しゃーないやろ」

「口紅の色も暗くて、顔色が悪く見えるし、全く冴えへんわ〜」

オイオイ、まさかのファッションリーダー気取りか⁉　そんなキテレツなデカパンはいて、ブラ丸出しのアンタにだけは言われたないわ！　あぁもう、クソ腹立つ〜‼

おかんの言いたい放題は絶好調で、親子ゲンカのループはちっとも終わりそうにない。

GO!
Japan
spiritual
travel

3rd TRAVEL
北海道・二風谷

アイヌの
シャーマンの家で
ホームステイ

アイヌのシャーマンに会いに北海道へ！

「アイヌのシャーマンに会いたい！」

札幌での講演話が舞い込み、真っ先に頭に思い浮かんだのは、日本の先住民族、アイヌのことだった。神秘に満ちたアイヌ民族は、ず〜っと気になる存在だったのだ。

思えば学生の頃。正月、京都にある父方の実家を訪ねたとき、ばあちゃんが北海道に行ったときの話をしてくれたことがあった。京都で生まれ育ったばあちゃんは、札幌で染物工場を営む家の六男坊で、京都で染物職人をしていたじいちゃんとお見合い結婚したのだ。

「正月にじいちゃんの実家でおせちを食べてたら、染物工場で働いてはるアイヌの人が、1メートルぐらいある鮭をドーンと持ってきてくれはったんよ。ばあちゃん、そんな大きな鮭を見たことなかったから、たまげてねぇ」

私はばあちゃんの話を聞いて、彫りが深く、〝狩猟の民〟という感じのアイヌの人が、巨大な鮭を掲げて現れた姿を想像した。ウチの雑煮には、大根、人参《にんじん》、鶏肉に加え、関西では珍しく鮭が入っているのだが、おかんが父方のルーツに敬意を払って、北海道の代名詞である鮭を入れていたのだ。

そんなこともあってアイヌに憧れと親近感を抱いていた私は、口伝えに謡《うた》い継がれてきた

『アイヌ神謡集』(知里幸恵《ちりゆきえ》著/岩波文庫)を読んで以来、その豊かな精神文化に魅せられていた。中でも、アイヌのシャーマン(呪術師)に関心があったので、ネットで検索してみると、アシリレラさんという人のサイトを見つけた。

アイヌ文化の継承者として活動しつつ、アイヌの〝ビッグマザー〟と慕われているというアシリレラさん。彼女は、北海道で最もアイヌ人口の高い二風谷《にぶたに》に住んでいて、調べると、札幌からバスで行ける距離ではないか!

この機会を逃すと一生アイヌの人に会えないような気がした私は、ありったけの思いを込めて手紙を書き、ようやく電話でご本人と話すことができた。

「その、二風谷に行けば、レラさんにお会いすることはできますでしょうか」

おそるおそる私が言うと、肝がドーンとすわった感じのレラさんが快活に言う。

「あぁ、おいでおいで! 泊まる所も、心配しなくていいからね~」

泊まる所? それって、家に泊めてもらえるってこと⁇ 電話口の声からも豪快な人柄が伝わってくるものの、レラさんは地方講演から帰ったばかりで忙しいらしく、それ以上、突っ込んで聞くことはできなかった。アイヌのシャーマンがどんな暮らしをしているのか見当もつかず、謎は深まるばかりだったが、北海道行きが楽しみになってくる。

講演の前日、新千歳空港に着くと、エコツアーコーディネーターの宮川さんと、その友人の大町さんが車で迎えにきてくれた。札幌に住んでいる友だちの八木さんが、「北海道は、日本の5分の1の面積を占めてて超デカいから、車で回らないと魅力が分からないよ」と友人を紹介してくれたのだ。

「ようこそ、北海道へ～！」

ニコニコ顔の〝リトル朝青龍《あさしょうりゅう》〟という感じの宮川さんは、道産子《どさんこ》と思いきや、八木さんと同じ金沢出身なのだという。

「北海道は食べ物も安くておいしいし、人も大らかで住みやすいんですよねぇ。今、北海道に住んでる人は、開拓民から数えて4、5代目くらいの人が多いんですけど、開拓民は全国から集められたから、誰でもウエルカムな土地柄なんですよ～」

「北海道の人、訛《なま》りが殆どないですもんねぇ。私、アイヌ民族に興味があるんで、アイヌの聖地に行きたいと思ってるんですが」

「言ってみれば、北海道は全部、アイヌの聖地ですからね。じゃあ、まずは白老町《しらおい》のアイヌ民族博物館に行きましょうか。白老はアイヌコタン（アイヌの集落）だった地域で、今もアイヌの人が多く住んでる町なんですよ」

北海道は全部、アイヌの聖地……。アイヌのことを知りたいものの、興味本位で近づいてはいけない感じ。この、どこか後ろめたい気持ちが、私が今までアイヌに触れてよいものやら、考えあぐねていた理由だったのだ。

空港から車で1時間、着いた「アイヌ民族博物館」は大きなポロト湖に面していた。青空の下、広々とした湖畔には、かつてのアイヌの住居「チセ」（藁葺《わらぶ》きの家）が幾つも並んで建っている。

博物館内のパネルで、アイヌはこう説明されていた。

「アイヌ民族は、北海道を中心に、樺太（現在のサハリン）南部、千島列島から東北地方の北部にかけて、古くから暮らしてきた先住民族です。豊かな自然の中で、狩猟・漁を中心とした生活を営み、カムイ（神）の儀式や口伝えの物語など、独自の文化を持っていました。

明治時代に入ると、アイヌ民族の住んでいた土地は一方的に日本の領土に組み込まれ、和《わ》人《じん》が大挙して入植し、アイヌ民族は土地を失い、アイヌ語や伝統文化は否定されました。しかし近年、アイヌ民族の伝統と誇りを回復しようとする動きが高まっています」

胸の奥がつーんと痛む。「和人」というのは、「アイヌの人たちから見た、アイヌ以外の日本人」のことで、つまり、私のことなのだ。

アイヌ古式舞踊が行われるというチセの中に入ると、渦巻き文様のアイヌ民族衣装を着たおじさんが、マイク片手に登場。おじさんを見て、私は目がテンになってしまった。目の細いおじさんは、私の次兄に瓜《うり》二つだったからだ。アイヌに、こんな〝ザ・しょうゆ顔〟の人がいるとは！

「私たちアイヌの文化についてお話ししますね。北海道の地名の8割、札幌、小樽、釧路、稚内《わっかない》、知床《しれとこ》、登別《のぼりべつ》、洞爺《とうや》湖《こ》など、全てアイヌ語が語源です。また、シシャモ、トナカイ、ラッコもアイヌ語ですし、女性誌の『ノンノ』もアイヌ語で『花』という意味なんですよ〜」

シシャモやトナカイがアイヌ語だったとは。自分が知らず知らずのうちに、日常生活の中でアイヌ語を使っていたとは思いもしなかった。

その後、伝統的な古式舞踊を見たり、竹製のムックリ（口琴）の「ボヨ〜ン、ボヨヨ〜〜ン」というトランス系の不思議な音色を堪能する。

ショーのあと、ムックリを演奏していたおばさんに話しかけてみる。

「ムックリは、ご家族とかに教わったんですか？」

「ムックリが吹けるようになったのは、ここで働くようになってからなんですよ。私の両親がルーツを隠してたので、自分がアイヌだと知ったのは30歳を過ぎてからでねぇ」

「そうだったんですか。あまりにもお上手なので、子どもの頃から吹いてはったのかと」

広い敷地を見て回っていると、巨大な白ヒゲを生やした〝アイヌの長老〟のような格好い

とってもお茶目な白ヒゲの長老

次兄に瓜二つのアイヌのおじさん

アイヌ古式舞踊ショーは、海外からの観光客で超満員

いおじさんがいた。色鮮やかなブルーの民族衣装をパリッと着こなし、ふっさふさの白ヒゲを蓄えたおじさんは、海外からの観光客や日本の修学旅行生からひっきりなしに「一緒に写真撮って！」と声をかけられ、フレンドリーに応じている。

まるで、ディズニーランドにおけるミッキーマウス状態になっている白ヒゲおじさんに声をかけ、私たちも一緒に写真を撮ってもらう。白ヒゲおじさんはその古風な出立《いでた》ちとは真逆のキャラで、陽気にピースサインを決めてくれる。

「そのお姿、アイヌの長老のイメージそのものですね！」

「ハハハ、長老は長老ですが、私はアイヌ古式舞踊の伝承者なんですよ」

白ヒゲおじさんは、民族衣装の渦巻きの文様が、川の流れの渦や、木にからまる蔓《つる》からあみ出されたことを教えてくれる。アイヌの幾何学的なデザインは、力強くて大胆で躍動感に満ち、じつに格好いいのだ。

「それにしても、立派なおヒゲですねぇ」と感心すると、長老はニコニコ顔で言う。

「よく出来てるでしょう。これ、付けヒゲなんですよ。取りましょうか？」

「え、マジですか!?」

「いきますよ〜、ほいっ！」と長老が白ヒゲを引っ張るも、ヒゲは微動だにしなかった。

「ハッハッハ！　冗談、冗談！　ちゃんと本物ですよ〜」

「も～、ビックリした～！」

冗談好きな、なんとも陽気な長老と笑い合う。

正直、「自分がアイヌだ」というアイデンティティを持っている人と、普通に話したり笑い合えたことに、心のどこかでホッとしている自分がいた。博物館のパネルには「アイヌ民族は、分かっているだけでも、北海道に約2万4000人、東京に約2700人います」と書いてあったものの、出自を隠して生きている人がいることを思うと、その数はもっと多いに違いない。そして、アイヌを親に持って生まれても、アイヌとして育てられなければ、一生、そのアイデンティティを持つことはできないのだ。

米俳優のジョニー・デップが、アメリカの先住民、インディアンの血を引くルーツを誇りに思って公言しているように、日本も、自分の先住民ルーツをポジティブに公言する人が増える時代になることを願わずにはいられない気分になる。

札幌での講演を終え、いよいよアシリレラさんと会う日がやってきた。レラさんから「ちょうど札幌で私の講演があるから、見においで。講演後、一緒に車で二風谷にくればいいよ」と言われていたのだ。

会場に着くと、ホールには「アイヌのビッグマザー　いのちと自然を語る」と題されたポスターが掲げてあり、中に入ると300席が満席の大盛況だ。

開始時間になり、場内が暗くなると、頭にアイヌ刺繍《ししゅう》を施《ほどこ》したハチマキを巻き、あずき色の民族衣装をまとったレラさんが、スポットライトに浮かび上がった。彼女は木台を拍子棒で叩きつつ、アイヌに伝わる神謡、カムイユーカラを、独特の節まわしで語り始める。

レラさんは想像以上に小柄だったものの恰幅《かっぷく》がよく、「頼もしい女傑！」という言葉がピッタリの人だった。どっしり力強く根を張った大木のようで、てっぺんからみなを見守っているような存在感なのだ。

レラさんの紡ぐカムイユーカラには、梟《ふくろう》の神や火の神など、いろんな神様《カムイ》が登場する。神々と人間が当たり前のように共存し、ときに真摯でときにユーモラスな物語は、今まで聞いたことがない不思議さに満ちているのに、どこかノスタルジックな気持ちになる。

カムイユーカラを語り終えたレラさんが言う。

「私たちアイヌは、豊かな自然の中で、鮭も鹿も山菜も、食べるのに必要な分だけをとって生きてきました。そして、自分たちの命を繋ぐために狩りをするので、動物や植物の生きている森や川を、大事にするように教えられてきました。

たとえば、木を切ったら、切った数よりもたくさんの木を植える。自然から頂いた恵みは、独り占めせず、みんなで分かち合う。大地のものは、命ある全てのもののためにある。人間だけのもの、国のものではない、これがアイヌの考え方です」

レラさんの話を聞いていると、囲炉裏《いろり》でおばあちゃんに生きる知恵を教わっているような優しい気持ちになる。

ムーディな照明の中、レラさんがまた違うカムイユーカラを語り始めた。よく通る低い声、拍子棒のリズム、アイヌ語独特の素朴なぬくもりに満ちた響き……。なんだか子守歌を聞いているような気持ちになり、半分トランス状態になってしまう。

ハッと目覚めると、場内が明るくなっていた。し、しまった!! レラさんの語りを聞いているうちに、気持ちよ〜くなってきて、いつのまにか爆睡してしまっていたらしい。ヨダレを拭きつつまわりを見回すと、感動のあまり涙をぬぐっている人たちの姿があった。

「胸にジーンと染みて、泣けてきちゃった……」「私も〜。なんだか夢の世界に引き込まれてた感じよね」なんて言いつつ、ハンカチで目頭を押さえている女性たちに引き替え、私ときたらヨダレをぬぐっているのだ。あぁ、ぬぐってるモノが違いすぎる！ んも〜、本当に夢の世界に行っちゃうアホがいるか！ 私のバカバカ、大バカ者めが〜!!

講演後、レラさんの暮らしを追った写文集『アイヌ、風の肖像』に、レラさんのサインを求める長い列ができる。気さくにサインや写真撮影に応じる彼女を遠目に見ながら、私の胸は不安でいっぱいだった。シャーマンのレラさんに「神聖なカムイユーカラの最中に、アン

タ、寝てたね？」なんて見抜かれたら、ど、どうしよう⁉

サイン会が終わったのを見計らって、私は勇気を出してレラさんに声をかけた。

「あの、お電話させてもらった、たかのと申しますが……」

「ああ、あんたかい！　この後の打ち上げにおいでよ。今日は札幌に泊まって、明日、私と一緒に二風谷に帰ればいいからね〜」

よかった、寝てたのバレなかった！　考えてみれば〝ビッグマザー〟と慕われているような人が、そんなしょーもないことに能力を使うワケがなかったのだ。

レストランでの打ち上げに参加させてもらったものの、レラさんは絶えず大勢の人に囲まれていて、殆ど話すことはできなかった。講演を手伝ったボランティアスタッフの人たちが次々にレラさんに挨拶しにくる様《さま》を見ていると、レラさんはまるで、大御所のスター俳優か教祖様みたいだった。こんなにたくさんの人にこんなにも慕われているだなんて、一体、どんな人生を歩んできた人なんだろう？　レラさんへの興味と謎は深まるばかりだった。

打ち上げに参加した流れで、イベントを主催したワコちゃんの家に泊めてもらった私は、翌朝、彼女の運転する車で、レラさんと一緒に札幌から二風谷へ向かった。

「今までカムイユーカラは聞いたことあった？」とレラさんが聞いてくる。

「初めてだったんですけど、レラさんのユーカラ聞いてたら、なんかメチャメチャ気持ちよくなってきて、うつらうつらしちゃいまして」

思い切って告白すると、大らかなレラさんはちっとも怒らず、笑いながら言う。

「ユーカラを聞くと気持ちがリラックスするから、それでいいんだよ～」

「いや、でも、遠くから聞こえてくるレラさんの声があんまり心地よくて、この非日常の空間から覚めたくない！　って感じで、まどろみながら癒されてたんですよ！」

「ハハハ！　てるちゃんには、さぞやいい子守歌になったろうねぇ」

道すがら、今65歳だというレラさんの、波瀾万丈《はらんばんじょう》な人生をダイジェストで聞く。

9人兄妹の6番目として生まれたレラさんは、20歳のとき、駆け落ち同然で10歳年上の韓国人男性と結婚。2人の息子に恵まれるも、26歳のときに夫を交通事故で亡くし、民芸店を始めたのだという。お店は繁盛したものの、お金を稼いで裕福に暮らす生活に疑問を抱いて店を畳み、アイヌの長老たちの元でカムイユーカラを習うようになったというのだ。

「農家の手伝いをしつつ、自分でも畑を借りて耕したり山菜を採ったりして、昔ながらの生活を始めたんだよ。アイヌの文化を教えるフリースクールを作って、自分でも教え始めて」

「母子家庭で大変なのに、学校まで作っちゃったんですか！」

キッカケは、35年ほど前。レラさんがアイヌ文化の伝承者として参加した大阪の会議があり、その会場の近くで、中学生の女の子の飛び降り自殺に遭遇したのだという。その少女が在日韓国人で、学校でいじめられていたことを知ったレラさんは、心を強く揺り動かされたのだと話してくれる。

「私も学校でアイヌといじめられて登校拒否になったから、死んだ子の気持ちも、いじめた子の気持ちも、両方の思いが伝わってきてねぇ。居場所のない子どもたちを助けないと！ そうだ、子どもたちに生きる術《すべ》を教えるような学校を作ろうって、思いついたんだよ」

聞くと、レラさんは実の息子以外にも、子ども10人を養子にし、40人以上の里子を育ててきたというからたまげてしまう。

「お子さんがいるのに、養子や里子まで引き取るなんて……」

「親の病気とか離婚とか理由はそれぞれだけど、施設に入れられるとか、たらい回しにされるなんて嫌だったから、私が引き受けたんだ。でも、たくさんの子どもを育てられて、本当によかったと思ってるよ。今も実の子以上に、お母さん、お母さんって慕ってくれてるし、めんこい子たちばかりだよ〜」

「レラさんは、人の何倍も濃ゆ〜い人生を送ってる感じですねぇ」

私が言うと、ユーカラを語るときとは打って変わって普段は早口なレラさんが、さらにマシンガンのような勢いで言う。

「5年前もさ、山菜採りに行って20メートルの崖《がけ》から転がり落ちたんだよ〜。目玉が飛び出すような顔になるわ、目も見えなくなるわでさ。生死をさまよって、さすがに死ぬかと思ったけど、『まだ早い！』って送り返されちゃったんだわ。ハッハッハ！」

「はぁ〜。山菜採りで、そんな目に……」

「山の神様への捧げ物も忘れてたし、泥で地面が滑りやすくなってたのにも気づかなくてね。って、いいワケばっかりして、いいワケ〜？」

「ハハッ、この期に及んでダジャレすか！　とにかくレラさんは不死身ってことですね！」

なんだか聞くこと全てが壮絶で、感嘆のため息しか出てこない。そんな私をよそに、レラさんはハードな身の上話も豪快に笑い飛ばす。レラさんは一緒にいるだけで、なんとも楽しい気分になる人なのだ。

藁葺きのチセに、初めてのお泊まり

車に乗ること1時間半、周囲を山に囲まれた、のどかな田舎町という風情の二風谷に着いた。道行く人はみなフツーの格好で、アイヌの民族衣装を着ている人は誰もいない。私がもう着物を着ていないのと同じで、アイヌの人たちも普段は民族衣装を着ていないのだ。ああ、あの繊細でダイナミックな民族衣装は、特別なときにしか見れないんだなぁ！

　緑の生い茂る坂をのぼると、山のふもとに、レラさんの平屋の家があった。家の手前には、かつてアイヌの住居だった藁葺きの家、チセがデーンと建っている。

「家の敷地に、こんなドデカいチセが⁉」

　口がポカーンとなっている私に、レラさんがサバサバと言う。

「てるちゃん、あんた、このチセに泊まればいいよ。何日でも泊まっていきな～」

「このチセ、今も現役なんですか！」

　民族博物館で復元されたチセは見たものの、今も使われているチセを見るのは初めてだった。中に入ると、風情たっぷりの囲炉裏があり、太古の昔にタイムスリップしたような気分になる。チセの端には布団が山積みになっていて、20人くらい余裕で雑魚寝《ざこね》できる広さだ。

　大きなチセに比べ、レラさんが住んでいる母屋《おもや》は、素朴でこぢんまりとした平屋だった。玄関には、レラさんの日本語名である「山道《やまみち》康子」という表札が掛かっている。今では、アイヌの人はみな日本語名を付けるのだが、レラさんは自分のアイデンティティを大事にして、「アシリレラ」（アイヌ語で「新しい風」の意）というアイヌ名で活動しているのだという。

　母屋のさらに奥には、木造の2階建ての家が建っていて、「山道アイヌ語学校」という手作りのかわいい看板が掲げてあった。中をのぞくと、薪《まき》ストーブを囲むように、部屋中に色とりどりのアイヌの刺繡や彫り物が飾られていて、山小屋のようなあったかい雰囲気だ。

部屋の壁には、大勢の子どもたちやアイヌの長老の写真がいくつも飾られていた。さっきレラさんが言っていたのは、この学校のことだったのだ。まさか、家の敷地内に学校を作っていたとは……。二風谷は一見、ごくフツーの田舎町なのに、レラさんの家のまわりだけは別世界のようだった。

小さな学校の先には、手入れの行き届いた畑が広がっていた。見ると、アイヌの民族衣装で畑仕事をしてる人がいるではないか！

「あの、ここに住んでいる方ですか？」「あ、はい」

聞くと、名前はモシリマギー。アイヌ語で「大地の草の影」という意味で、レラさんが名付け親なのだという。マギーちゃんは、黄色とオレンジ色の鮮やかな民族衣装を身につけ、頭にもアイヌの刺繡入りハチマキを巻いていた。

「ここには、どのくらい住んではるんです？」

「もう15年くらいかな。もともとは九州出身なんですけど、いろんなところで農作業のバイトとかしながら日本中を回ってるうちに、ここにたどり着いて、アイヌの文化に魅せられたんです。どこよりもここが一番落ち着けたというか」

落ち着けたからって、住み着いちゃうとは！　九州で生まれた人が自分の居場所を求めて旅をし、「ここだ！」と思った北海道のアイヌコタンに住むなんてことがあるんだなぁ。

「その民族衣装、めっちゃ似合ってますねぇ」

「レラさんに教わったアイヌ刺繡で作ったんですよ〜。自分の服は、全部手作りしてて」

ふだんもアイヌの民族衣装を着ているというマギーちゃんが、畑を案内しながらアイヌの伝統的な薬草について説明してくれる。

「こんなに馴染んじゃうなんて、マギーちゃんは前世でアイヌだったのかもねぇ」

私が何の気なしに言うと、マギーちゃんはにっこり微笑《ほほえ》んで言う。

「はい、そうだと思います。ここでの暮らしが、自分にはすごくしっくりくるんで」

あ、認めちゃうんだ⁉ す、すごい。故郷からかなり離れた土地に住むことになる人は、そこが前世で縁のあった場所だから、なんて話を聞いたことがあるけど、あながち間違いではないらしい。

マギーちゃんと話していると、30代半ばくらいの男性が畑の方に歩いてきた。

「えと、ここに住んでる方ですか？」

「いや、実は少し前に体を壊して会社を辞めたんですが、手術しても治らなかったのが、前にレラさんにみてもらってから体調がよくなってきたので、またみてもらおうと思って何日か滞在してたんです」

　ここって、療養所⁉　合宿所⁉　生涯学校⁉　全体像がまだよく分からないものの、レラさんを拠《よ》り所にしている人が、レラさんのまわりには大勢いるようなのだ。

　母屋に戻ると、レラさんが薪ストーブの上で温められたヤカンのお茶をいれてくれる。

「キハダっていう木の樹皮で作った薬草茶だよ。整腸作用があって、万病に効くんだ」

「お〜、ちょっと苦いけど、体によさそうな味！」

　軒先には、洗濯ハンガーのピンチにネットが吊《つ》られ、いろんな薬草が干されている。レラさんの家は、あっちこっちに干しトウモロコシや干した鮭の頭がぶら下がっていて、保存食の宝庫だった。

「これはオオバコ。乾燥させてお茶にすると、風邪に効くし、二日酔いにもいいんだよ」

　居間にあった分厚い薬草図鑑をパラパラめくると、今まで雑草だと思っていた植物にもちゃんと薬効があったりして、自然は宝の山だと思えてくる。

「東京に帰ったら、薬草採ったり、野菜を育ててみようかな〜」

「作んな作んな！　知識を身につければ、至る所に薬草があって食べられるって分かるよ」

　コゴミという山菜の胡麻和えをお茶請《う》けに薬草茶を飲んでいると、レラさんと中学時代の同級生で、近所に住んでいるという静子さんがふらっと遊びに来た。

「てるこちゃん、北海道来て、いろんなもの食べて、こんないいことないでしょ〜」

「はい、北海道の食べ物はホントおいしくて！」

さっき山で採ってきたというフキの皮を剝《む》きつつ、ニコニコ顔の静子さんが言う。

「食べられるってことはね、ほんとうに幸せなことなんだよ～。山菜もね、欲張って採りすぎないで、根っこを残しておくの。来年もまた採れるよう、同じ場所からばかり採らないで、必要な分だけ採るのよ～」

優しい口調の静子さんが言うと、言葉がストーンと胸に染みる。

フキ独特のつーんとした香りが広がると、春の匂いに包まれたような幸せな気分になる。野生のフキは、スーパーで買うフキよりもずっと青臭くて、生命力が強いんだなぁ。

私も台所の床に座り、フキの皮剝きのお手伝いをしつつ静子さんに聞いてみる。

「その、静子さんは子どもの頃、差別されたこととか、あったんですか？」

「そりゃあったわよ～。アイヌだってからかわれて、いじめられたりもしたし」

そばで民芸品を編んでいたレラさんが、顔を上げて言う。

「私なんかアイスの看板を見かけると、『え、アイヌ!?』と思って、いまだにドキッとするよ。昔見たアイヌ差別のビラを思い出すんだ。私はアイヌをやって50年経つけど、初めは親戚に『なんで今さら！　頼むからカミングアウトしないでくれ』って反対されたもんだよ」

レラさんの「アイヌをやる」という表現に、生まれたときから当たり前のように日本人で

〝アイヌのビッグマザー〟レラさん

山菜を摘む静子さん

のどかな山のふもとに、ドドーンと建っているチセ

いられている私は、胸がギュッと締めつけられてしまう。

民族博物館で見た、口のまわりに入墨を入れたアイヌ女性のモノクロ写真を思い出し、聞いてみた。

「昔のアイヌの女性は、口のまわりに入墨を入れてたんですよね」

「あれはさ、和人に連れ去られないように入れてたって、村の年寄りから聞いたよ。特に、きれいな女の子は初潮が始まる頃になると、わざと醜くするために入れたんだって」

胸が張り裂けそうになり、言葉に詰まってしまう。入墨を入れるには激痛が伴い、1週間は食べることもできなくなるくらい口が腫《は》れたのだという。

前にテレビで見た、唇に大きな皿をはめるエチオピアのムルシ族と同じだ……。今では〝美の象徴〟になっているムルシ族女性の大きな唇も、元々はわざと醜くすることで、女性たちが奴隷として白人に連れ去られないようにしたことが始まりだと説明されていたのだ。

「私たち、美人に生まれなかったおかげで、入墨入れられなくて、ラッキーだったね〜」

「アッハッハ！　や〜だ、レラさん、ホントねぇ〜」

レラさんは持ち前のユーモアで、何でも笑い飛ばしてしまう。

「静子さんには、レラさんみたいなアイヌ名はないの？」と聞いてみる。

「前にレラさんが名付けてくれたんだけど……、ええっと、私の名前、なんだっけ？」

「んも〜、失礼ぶっこくなぁ！　なんでアンタは、なんでもかんでも忘れちゃうんだよ〜。バタバタうるさいから、『音』って意味の〝フミ〟って名付けたろ〜」

「ああそう、フミ、フミ！」

中学生女子のようなふたりのやりとりは、見ているだけでおかしかった。

フキを剝いていると、玄関のドアに鍵が掛かっていないので、ひっきりなしに人がやって来る。「野菜、持ってきたよ〜」と畑で採れた野菜を持ってくる人がいると思ったら、何やら深刻な相談に来る人に、食べ物をもらいに来る人までいて、入れ替わり立ち替わりさまざまな人が現れるのだ。

「はーい、ご苦労様〜」と玄関で郵便物を受け取ったレラさんが、封筒の束を抱えて言う。

「まったく、ウチに来るのは、面倒な相談事か、請求書のラブレターばっかだよ〜」

レラさんはそう言うと、茶目っ気たっぷりで即興の歌を歌い出した。

「♪ああ〜、請求書のラブレター！　ガス会社の男〜！　新聞会社の男〜！　携帯会社の男〜！」

レラさんが腰を振ってノリノリで歌うので、静子さんとゲラゲラ笑ってしまう。

それにしても、レラさんを必要としている人の多いこと。昨日の講演でレラさんは大勢のファンに囲まれ、アイヌ文化の継承者としてのオーラをビンビン放っていたけれど、家に戻ったら戻ったで、みんなの〝肝っ玉母さん〟として、これまた引っ張りだこなのだ。

「レラさん、人気者すぎて、みんなでレラさんを取り合いっこしてる感じだねぇ」

私がずっと思っていたことを口にすると、レラさんが笑いながら言う。

「何が人気だよ〜。〝呑んべえ〟がどうしたら働くかとか、もつれた別れ話の相談だとか、ったく、世話がかかるのばっか寄ってくるんだから」

「表にさ、『アシリレラは公共物です。独り占めはできません！』って貼っといたら？」

「そりゃいいね〜。『アシリレラの独り占め、お断り！』って、バーンと貼っとこうか」

まぁ確かに、頼りたくなる気持ちも分からんではない。たとえば、おっちょこちょいの私が、湯のみをひっくり返してお茶をダーッとこぼしても、「そこに、お茶を飲みたい神《カムイ》がいたんだねぇ〜」なんて言葉が返ってきて、フォローの言葉にまで神様が出てくる大らかさ。大地にどっしり根を張る大木のようなレラさんは、「この人は信じられる！」という、絶対的な安心感を与えてくれる人なのだ。

気がつくと居間に、迷彩柄のつなぎを着た、超イケメンの若い兄ちゃんが立っていた。今すぐにでもEXILE《エグザイル》に入れそうなキリッとした顔立ちの兄ちゃんが、レラさんと親しげに話し込んでいる。

「この子は、息子の陽輪《ようまる》だよ」「このイケメン、レラさんの息子さんなの⁉」

エグザイルっぽい兄ちゃんは、凜々しい外見とは裏腹にシャイであるらしく、私があんまりイケメン呼ばわりするので、照れまくっている。

23歳だという山道陽輪くんは、レラさんの養子で四男坊なのだという。養子がたくさんいるとは聞いていたものの、実際にこうやって立派に成人している息子さんに会うと、レラさんは本当に人を育ててきたんだなぁと思わずにはいられなかった。実の息子もいるのに、引き取った子を籍に入れて家族として迎えるだなんて、並大抵のことじゃない。そして、夫を亡くしてこの40年、レラさんはビッグファミリーの大黒柱であり続けているのだ。

いろいろ話してみたかったものの、陽輪くんは「アイヌ民族博物館」の研修生として3年間、アイヌ文化伝承者になるためのカリキュラムを受けているので、すぐに帰らなければならないのだという。

「よかったら、今度ぜひ、8月の『アイヌモシリ』に遊びに来てくださいね〜」

レラさんたちは毎年お盆の時期に、供養祭も兼ねて、「アイヌモシリ一万年祭」という手作りの野外イベントを開催しているのだという。飛び入り歓迎のライブや、巨大なたき火を囲むファイヤーダンス等、参加者みんなで盛り上がるお祭りに、全国や海外からテントや寝袋を抱えた旅人が1000人以上集まるというのだ。

「じゃあ、今度、アイヌモシリのときに！」と陽輪くんが爽やかな笑顔で去っていく。

精悍で凛々しい陽輪くん

優しいぬくもりに満ちた学校

ノリノリで歌うレラさん＆大ウケする静子さん

マギーちゃんが畑から戻ると、レラさんが引き取って育てている19歳のまさみちゃんと一緒に、夕食の準備を始めた。家の中には、静子さんに、ワコちゃん、さっき畑で会った男性に、犬2匹に黒猫4匹がいて大所帯だ。

「こら！　なんでそんな風に蹴《け》るんだよ‼」

突然、レラさんが大声を上げた。どうやら、まさみちゃんが犬にエサをあげようとしたところ、犬が刃向かったかして、イラッとしたまさみちゃんが犬を蹴ったらしかった。

「……だって、全然言うこと聞かないから……」

「動物を飼うのは人間のエゴだから、優しくしなきゃダメって、いつも言ってるだろ‼」

私は大声に縮み上がりながらも、胸がきゅんとなっていた。感情をあらわにして「怒る」のは〈自分が今スッキリするための行為〉だけど、「叱る」というのは〈相手の未来のための行為〉だから、もの凄くパワーがいる。レラさんの大声は、まさみちゃんを実の子同然に愛しているからこそのものだということが、ありありと伝わってきたからだ。

私はレラさんの叱り方に、今までレラさんに育てられて大きくなった人たちの歴史を見たような気がしていた。レラさんはこうやって、どの子も分け隔てなく、ありったけの愛を注いで育ててきたんだろう。レラさんは、子どもが間違った生き方を身につけないよう、いつでも手を抜かず見守ってきたのに違いなかった。

ふたりの姿を見て、遠い昔の記憶が蘇る。私も子どもの頃、食べ物を粗末にしたりすると、おかんにこっぴどく怒られたものだった。ただ可愛がるのではなく、ここぞのときには厳しく叱ることこそ、本当の愛情なんだよなぁと思う。いい年こいても自立できない人がいることを考えると、親の務めは、自分がいなくなっても生きていけるよう、子どもを自立した人間に育てることなのだ。

7時を過ぎて夕食タイムになると、各自、茶碗と箸を取り、炊飯器からごはんをよそって食べ始める。

「てるちゃん、お腹すいたろ？　お腹いっぱい食べなよ～」

「あの、食事代とかって……」と言いかけると、レラさんがたたみかけるように言う。

「そんなの心配しなくていいから！　ほれ、食べな！」

「えと、イヤイライケレ！（アイヌ語の「ありがとう」）」

覚えたてのアイヌ語でお礼を言うと、レラさんが「お、早速、覚えたね！」と笑う。

自家製のおかずをごはんに載せて食べると、味噌と山菜のコクが相まってうまい！

「これはね、山で採れたフキで作ったフキ味噌だよ～」

生命力あふれる春の甘い苦みが、口の中いっぱいに広がる。

「うっま～！　ごはんにめっちゃ合う～。この青菜も、めっちゃクセになる味！」

「それは、行者《ぎょうじゃ》ニンニクの醤油漬け。アイヌがよく食べるから『アイヌネギ』とも言うんだよ。春の山菜狩りは、アイヌにとって一大イベントだから、いい季節に来たねぇ」

ヤバい、ごはんがいくらでも進む！　行者ニンニクは、ニンニクにニラを足して、さらにパワーアップさせたような山菜で、食べ始めると止まらなくなる美味さなのだ。

バクバクごはんを食べていると、玄関のドアがガラッと開いた。

「すみませ〜ん、今晩泊まれますか？」

この時間に、いきなり泊めて⁉　見ると、幼い女の子を抱いた若いお母さんではないか。

レラさんが「てるちゃん。チセへ案内してあげて」と言うと、彼女はにっこり笑って言う。

「前にも泊めてもらったことあって、場所分かるんで大丈夫です〜」

それにしても、いきなり訪ねてきた旅人を、なんの戸惑いも疑いもなく、大らかに受け入れるレラさんの度量に、ただただ感服してしまう。彼女にしても、あんな幼い子連れで、レラさんちに泊まれなかったら、今夜どうするつもりだったんだろう。いや、彼女は、レラさんの所なら絶対泊まれると思っていたに違いない。そうでなければ、こんな夜遅くにやって来ないはずだ。

「すごいなぁ、こんな夜に急に来ても、泊めてあげるなんて！」

私が感心して言うと、レラさんは平然と言う。

「ウチには、泊まる場所と食べるものだけはあるからね。食べ物は、み〜んなで分かち合うもんだよ」

レラさんの家では、春には山菜が採れるし、畑で野菜も作ってるし、作ってない野菜を分けてくれる人もいるし、確かに食べ物には困らなそうだった。レラさんは講演や執筆や民芸品作りでなんのかんの忙しくしているし、まさみちゃんやマギーちゃんも、まわりの農家から頼まれれば収穫の手伝いのバイトをしているというから、生活費を賄《まかな》うことはできているんだろう。

それでも、家のトイレは水洗ではなくボットンだったりと、レラさん一家が決して裕福に暮らしているワケではないのは明らかで、どうしてここまで人を受け入れることができるんだろうと思ってしまう。レラさんの家はいつでもドアが開きっぱなしで、「悪い人は来ない」という性善説をモットーにしているような暮らしぶりなのだ。

チセに荷物を置いた親子が戻ってくると、レラさんは当たり前のように夕食を勧める。

「お腹、減ってるだろ？　ほら、ここ座って、ごはん食べなさい」

あぁ、この、人を一切分け隔てしない、開けっぴろげな母性。これじゃあみんな、引き寄せられないワケがないよなぁ！

包容力の塊《かたまり》のようなレラさんが、彼女の子どもを愛でながら言う。

「ほんにめんこい子だねぇ。うちの孫にも、このぐらいの年の子が何人もいるよ」

「レラさん、子どもが多いから、お孫さんもたくさんいそう」

「子どもたちが孫を連れて会いに来るんだけど、孫ほどめんこいもんはないよ～。入学式にランドセルを買ってあげるんだけど、その数が大変でさ～。孫は全部で21人いるからね」

「に、21人⁉　てことは、ランドセルも21個ぉ⁉」

そんな話をしていると、レラさんが突然、声をあげた。

「思い出した！　あんた、外国の人と結婚したって言ってた子だね」

「はい、この子の父親と。でも今、別居してまして。今日は、明日のカムイノミの儀式に参加したくて寄らせてもらったんです」

「ま、心配しなさんな。必要ならうまくいくし、うまくいかなかったら必要ないってことだからね」

ウーム、確かに。人生の修羅場をいくつも乗り越えてきたレラさんの名言は心に染みる。

「明日、神様の儀式があるの？」と聞くと、レラさんが教えてくれる。

「てるちゃん、ラッキーだね。明日11時から、チセで儀式をするんだよ」

シャーマンでもあるレラさんは、毎月2回、1日と15日に、先祖供養を兼ねて、アイヌの神《カムイ》に祈りを捧げる儀式、カムイノミを行っているのだという。

あらゆるものが神の化身であり、森羅万象に魂が宿ると考えるアイヌの世界観。かつては、ことあるごとに儀式が行われていたというけれど、今もレラさんのように、昔ながらの儀式を続けている人がいたのだ。いったいどんな儀式なんだろう？　いよいよシャーマンとしてのレラさんが見られるのだと思うと、明日が楽しみになってくる。

食後、薬草茶を頂きながらまったりしていると、まさみちゃんがレラさんの背中をマッサージし始めた。そういえば、さっきレラさんは畑で会った男性の体を調整してたっけ。これだけたくさんの人に頼られていると、そりゃ疲れるよなぁと思っていると、まさみちゃんがレラさんに言う。

「また～、無理するからだよ。どこもかしこもコッチコチ！」

「今日、札幌から帰ってきたばっかなんだからさ、そりゃ疲れるよぉ」

仲睦《なかむつ》まじい姿を見ていると、思春期のまさみちゃんは、さっきレラさんに怒られても謝ることはなかったけれど、レラさんの思いを心の深いところで受け止めていたんだなぁと思う。

血の繫がりなんて、関係ないんだな。なろうと本気で思えば、人と人は家族になれるんだな。詳しくは聞かなかったものの、まさみちゃんは両親が病気で亡くなってしまい、13歳のときにレラさんに引き取られたのだという。

だからといってレラさんは、腫れ物に触るような感じで接することはない。親が子を叱るとき遠慮なんてしないように、叱るときはビシャッと叱る。同じ屋根の下で同じごはんを食べ、互いを気にかけながら寄り添って生きるふたりの姿は、本物の親子だった。

夜、チセに入ると、畑で会った男性はすでに横になり爆睡中。囲炉裏に小さな炎がゆらめく中、私と子連れの若いお母さんも布団を敷いて横になり、旅好きな彼女と小声で今まで旅した国の話をする。

「もしかして、たかのてるこさんですか？　私、本、読んでます！」「わ、マジで〜!?」

小声で大盛り上がりし、世界の旅話はさらにヒートアップ。

プチ女子会で盛り上がりつつ、若いお母さんは聖母マリアのように優しいまなざしで、我が子を愛おしそうに寝かしつけている。

「いろいろあっても、こんなに可愛いお子さんを授かれて、本当によかったねぇ」

「ホント、それは感謝してます〜」

11時を過ぎ、「おやすみなさい」を言い合って灯りを消すと、囲炉裏でちろちろ燃える小さな炎以外は、真っ暗闇になった。

漆黒《しっこく》の闇に包まれ、しんとした静けさに満ちた夜だった。薪が燃え落ちるとき、灰がかすかな音を立てると、静けさがいっそう際立つ。アイヌのシャーマンを訪ねて、ごはんをごちそうになって、昔ながらの藁葺きの家で横になっているなんて、なんとも不思議な気分だっ

チセで一緒に寝た、愛くるしい娘さんとお母さん

た。いつもと違う藁葺きの天井をぼんやり眺めつつ、心地よい眠りに引き込まれていく。

アイヌの儀式〝カムイノミ〟に参加

「コーケコッコー！」

朝6時、ニワトリの鳴き声で自然と目が覚めた。チセ独特のぬくもり、太古の昔からの安らぎに包まれて寝たせいか、ものすごく深く眠れたような気がする。

外に出ると、山の中の澄み切った空気がおいしい！

「チュン、チュン」「チュチュチューン」

どこからか聞こえてくる小鳥のさえずり。夜露を含んだ緑の木々。チセの前に流れる川のせせらぎ。川の水で顔をジャブジャブ洗うと、水がひやっこくて気持ちいい。

なんだか、子どもの頃、思いきり遊んだ次の日みたいな、すっきりした気分だった。目覚めのいい朝は、どうしてこうも生まれ変わったような気分になれるんだろう。朝の始まりと共に、人生がもう一度、新しく始まるような気持ちになる。

しばらく辺りを散策して母屋をのぞくと、レラさんたちはすでに起きていた。

「おはようございます～」「おはよ～」

居間では、起きた人から朝食を食べる感じになっていたので、私もお碗と箸を取り、山菜づくしの朝食を頂く。「いただきまーす」と手を合わせ、フキ味噌を白ごはんに載せて食べると、甘くホロ苦いフキ味噌は、毎日、毎食、食べ続けたいくらい、べらぼうにウマい！

まさみちゃんが冷蔵庫をのぞいて言う。

「ね、納豆、食べてもいい？　てるこさんも食べる？」

「うん！　行者ニンニクの醬油漬けも、食べていいかな？」

「ああ、食べな食べな〜」とレラさん。

昨日着いたばかりなのに、初めての朝食がすでに日常になっている、この感じ。まさみちゃんやマギーちゃんにしても、昨日会ったばかりの旅人と、なんの緊張もなく、ごく当たり前に朝食を囲めてしまうなんてすごいなぁと思ってしまう。そして、みんながあまりにも普段通りなので、こちらもヘンにりきむことなく、この雰囲気に馴染めてしまえるのだ。

私は山道アイヌ語学校に飾ってあった、子どもたちの写真を思い出していた。レラさんちの人間らしいぬくもりは、一朝一夕で作られたものではない。ここにいるまさみちゃんもマギーちゃんも、この家で迎えた初めての朝があったはずなのだ。きっと、そのときレラさんと一緒にここで暮らしていた人たちに、ごく当たり前のように迎えられたんだろう。私が今、こうやってごはんを食べているように。

縁あってここに辿り着いた者同士、同じごはんを分かち合うという営みが、レラさんの家では何十年と続いているのだ。家の中に知らない人間がいてごはんを食べていたら、それだけでストレスになりそうなものを、誰もそんなこと気にしちゃいないという家風。

人間なんだから、生きていれば腹が減る。ウチに来た人には、お腹いっぱい食べさせる。レラさんにとっては、アイヌだろうと和人だろうと、み〜んな同じく「ごはん食べてけ！」なのだ。私には、レラさんが〝全人類のおっかさん〟のような存在に思えてならなかった。

朝食を食べ、皿を洗い終えると、神様に捧げる食事作りが始まった。

「カムイに捧げた後、みなで分け合って食べるからね。『作らざるもの食うべからず』だよ」

おしゃべりしながら、トウモロコシの粉を練り「シト」という団子を作ったり、フキの味噌炒めを作ったりと、和気あいあい。なんだか文化祭の準備みたいな雰囲気だ。

「レラさんは、もうずっと、このカムイノミを続けてるんですよね」

「そうだよ。でもさ、始めた当初は、おかしな宗教を始めたとか言われて警察まで来たりして、大変だったんだ。だから、言ってやったよ。ウチには教祖なんかいませんって」

「こんなにのどかで、音っていったら外でニワトリが鳴いてるくらいで、怪しくなりようがないのにねぇ。まさか、ニワトリが教祖とでも？」

私が笑いながら言うと、レラさんもゲラゲラ笑う。

「ハッハッハ！　笑える〜ウケる〜！　そうだよ、ウチの教祖はニワトリ様だよ！」

それにしても、お仏壇にごはんをよそったことはあっても、祖先供養の儀式のために食事を準備するのは初めてのことで、なんとも新鮮な気分だった。

「こうやってお団子をこねてると、全ての祖先を供養するような、優しい気持ちになりますね」

「そうだよ〜。和人にもアイヌと同じ血が流れてるからね」

「和人もアイヌも、ルーツは縄文人だって、国立の博物館にも書いてあったなぁ」

日本人の成り立ちについて、上野にある国立科学博物館ではこう説明されていたのだ。

「アジア大陸の人々が主に朝鮮半島経由で渡来し、縄文人と混血しながら拡散していったのが〝渡来系弥生《やよい》人〟で、これが〝本土日本人〟になった。この渡来系弥生人が南西にも広がり、縄文人と混血して〝琉球《りゅうきゅう》人〟となり、一方、北海道では、縄文人がほぼそのままアイヌになった」

レラさんは一昨日初めて会ったのに、どこか懐かしい感じのする人なのだが、私がレラさんに郷愁に似た気持ちを抱くのは、私たちのルーツが同じだからなんだろうか。

料理を作り終えた後、みんなで手分けして、石狩鍋の起源とされる絶品のオハウ（鮭や大根、人参等が入った具沢山の煮込み汁）、山菜の和え物、昆布を和えた餅団子、雑穀を混ぜたごはん、果物、お菓子等の供物をチセに運ぶ。

チセの中には、柳の上部を削って作られた「イナウ」という、神社で使う御幣《ごへい》にも似た独特の供物が、窓際や囲炉裏に供《そな》えられていた。

民族衣装を身につけ、ビシッと決めたレラさんが、昔話に出てくるようなつづらを持ってきてくれる。つづらの中には、アイヌの民族衣装が幾つも入っていた。

「好きなのを着ていいからね〜。アイヌの刺繍は、自然界の強いモノを身につけて、いち早く神様の目に留まるようにって、女たちが一針一針、祈りを込めて縫ったものなんだよ」

鮮やかなブルーの着物を羽織り、頭にギュッとハチマキを巻く。緻密でありながら大胆なアイヌ文様は生命力に満ちていて、身につけると気分がきりっとする。

11時前になると、近所の人を始め、岩手から車で来たアイヌ&和人のラブラブ夫婦や、ハワイやアメリカ本土から来たアーティスト御一行など、いろんな人たちが次々と供物を手にやって来て、囲炉裏のまわりには20人以上が集まっている。

囲炉裏に火が点《つ》けられ、レラさんが神妙な顔で何やら唱え始めた途端、空気が一変する。チセに緊張感が漂う中、レラさんが参加者の名前、生年月日、両親の名前を詠《よ》み上げつつ、火の神に供物をくべていく。名前を告げたときに燃え上がった炎の形で、神様からのお告げが分かるのだという。

「たくさんの行列が見えました。おばあさんが来てたね。最近、夢に出てきましたか？」

レラさんが聞くと、遠方から来たという女性が答える。

「はい、今朝ちょうど、夢に祖母が出てきたところで……」

「ご先祖様のことは、心配しなくて大丈夫。おばあさんは、あなたを見守っていることを伝えたかっただけだよ」

他にも「虹色が出た。内臓がかなり弱ってるね」等、人によってさまざまなご神託があり、私の名前も詠み上げられるが、特にお告げはなかったらしくスルー。ま、切羽詰まった悩み事もないので、当然ちゃ当然か。

伝統的な漆器の椀に入ったお酒が回ってきたので、私も見よう見まねで、儀礼用のヘラで火の神に捧げてから頂く。

儀式が終わると、大皿に載ったごちそうがじゃんじゃん回ってくる。さっきまでの神妙な顔はどこへやら、いつもの陽気な顔に戻ったレラさんは、回ってきたつやつやのよもぎ餅を見て、「しょうがない、ダイエットのために食べるか。ハッハッハ！」なんて言いつつ、おいしそうにほおばっている。

右隣から大皿が回ってきて、自分の分を取り分けた後、左隣の人に回していくので、まるで、座ったまま参加するビュッフェのようだ。

「カムイノミは、胃袋のない先祖に、胃袋を貸すための儀式でもあるからね。一緒に食べることが供養になるから、たくさん食べるんだよ～」とレラさんがみんなに言う。

次に回ってきたのは、大きなタジン鍋（三角帽子のようなフタが特徴の土鍋）だった。

「あ！　昨日言ってた、モロッコのタジン（肉と野菜をスパイスで煮込む鍋料理）だよ！」

私が言うと、子連れの若いお母さんが目を丸くする。

「え～？　スゴい！　なんでここに⁉」

じつは昨夜、旅好きな彼女から「世界を旅して一番おいしかった料理は？」と聞かれ、「最後の晩餐《ばんさん》に食べたいぐらい大好物なのは、『モロッコで断食《ラマダーン》』に出てくる、仲良くなったベルベル人の兄ちゃんちで食べたタジンだなぁ」という話をしたところだったのだ。

まわりを見渡すと、奥の方に座っている兄ちゃんがニコニコ顔で言う。

「それ、オレが家で作って持ってきたタジンだよ！」

食べてみると、長時間煮込まれたじゃが芋や玉ねぎが甘くスパイシーで美味い！　日本でもモロッコでも、レストランで食べるタジンにはパンチがなく、ガッカリすることが多いのだが、本格的なモロッコ家庭料理の味だったので小躍りしてしまう。

「昨夜、タジンが食べたいって話をしてたところだったんですよ。スゴい偶然！」

「いや、偶然じゃないよ。レラさんといると、不思議なことがいろいろあるからね。タジン

「カムイノミ」で神に祈りを捧げるレラさん

チセの前で、儀式に参加した面々と記念写真♪

が食べたいっていう思いがシンクロして、オレに届いたんだと思うよ〜」

そんな念を届けちゃうなんて、どんだけ食いしん坊だよ！　私の念が凄まじいのか、そんな念をキャッチしちゃう兄ちゃんがスゴいのか？　なんにしても、こんなことが起きるなんて信じられない気分だった。心に思い浮かんだことと現実の出来事が一致するという、ユングが提唱した「共時性《シンクロニシティ》」を感じずにはいられなくなる。アイヌの儀式の最中に、ちょうど食べたいと思っていたタジンが回ってくるなんて、それこそ天文学的な確率なのだ。

アメリカからやって来たアーティストのおっちゃんが言う。

「火を使って神に祈るのは、アメリカの先住民、インディアンにとっても重要な儀式です。アイヌとインディアンに共通する文化を感じる、素晴らしい儀式に参加できて光栄です」

レラさんはウンウン頷いて言う。

「私たちアイヌは、この世のあらゆるものに、カムイが宿ると信じています。天も地も太陽も月も宇宙も自然も人も、全ての命はみ〜んな繋がってる。未来の子どもたちのためにも、きれいな地球をカムイに返さないと、カムイから恩恵を受けることもできません」

インディアンにも「地球は、祖先からの贈り物ではなく、子孫からの預《あず》かり物だ」という考え方があるけれど、アイヌも同じだったのだ。自然や先祖に感謝しながら生きることの大切さを、私は改めて教えられた気分だった。（ばあちゃん、アイヌとの縁を繋いでくれてありがとう！）と心の中で感謝する。ばあちゃんからアイヌの話を聞かなかったら、私はここに来ることもなかったような気がしたからだ。

いい感じに酔っぱらってきた面々が、アイヌに伝わる歌を歌い始めた。

「いいね〜！　昔は儀式が終わった後、カムイに歌や踊りを捧げたもんだよ」とレラさん。

アイヌの歌に合わせて、ハワイから来た兄ちゃんが即興のダンスを踊り始め、みなが拍手でリズムを取る。儀式が終わった後も、呑めや歌えやのにぎやかな宴が続く。

翌日、静子さんも行ったことがないというので近くにある「アイヌ文化博物館」を見て回ったり、山菜を採りに行ったりしているうちに、あっという間に夕方になっていた。

列車の時間が近づき、そろそろおいとましなければと思っていると、レラさんが言う。

「てるちゃん、これ、持って帰んな！」

レラさんが、野生のフキの束と、大好物になったフキ味噌の瓶詰めを、アイヌ刺繍のリュックに入れて持たせてくれる。昨日カムイノミに集った人たちに対してもそうだったけど、レラさんは「餅もおかずもタッパに入れて持って帰んな」「アイヌのブレスレットだよ」と、人にどんどん分け与えていくのだ。

「あとこれは、どんなことからも身を守ってくれる、アイヌのお守りだよ」

レラさんが小さな筒を手渡してくれる。ヒモを引っ張ると針と糸が出てくる、簡易ソーイングセットも兼ねたお守りは、手作りの優しさに満ちていた。

「レラさん、何から何まで本当に、イヤイライケレ！」

「またいつでも遊びにおいで。夏のアイヌモシリにもおいで」

「いつかぜひ！　また来るから、レラさん、あと百年は生きてね！」

半分冗談で、でも半分本気で言うと、レラさんはゲラゲラ笑って言う。

「さすがに百年は無理だろ〜。ま、てるちゃんが生きてる間は生きててあげるよ」

ノーとは言わなかったレラさんの言葉でホクホク気分になり、つい念押ししてしまう。

「私、結構長生きしそうだから、レラさん、とにかく元気で長生きしてね！」

この4日間を一緒に過ごして、私はレラさんの愛の大きさに頭が下がりっぱなしだった。

誰にだって、どれだけ頑張っても、人生がうまくいかないときがある。生きている間、一度も落ち込むこともなく、一生勝ち続けられる人なんて、この世にいない。だから、どんな人にも、こんな精神的な駆け込み寺のような場所が、なんの見返りも求めない無償の愛で迎え入れてくれる人が、必要なのだ。

レラさんは、自分自身が人生で悩んだとき、そばにいてくれたような大人になっているんだなぁと思う。いくら身近な存在でも、家族や友だちには話せないこともある。まわりとは違う価値観の人に、話を聞いてもらったり、アドバイスしてもらいたいときがあるものだ。レラさんが自分の生き方に疑問を感じて民芸店をたたみ、アイヌの長老の元に通うようになったときのように。

レラさんがいなくなったら、心の拠り所を失う人がどれだけいるだろう。私もここを知ってしまった今、「いつか、自分が本当に困って行く所がなくなったら、レラさんの所に転がり込みたい！」と思ってしまいそうになる。なるべくそんなことにならないよう頑張るつもりではいるけれど、〝大地のおっかさん〟のようなレラさんには、素直に甘えたくなってしまうのだ。

レラさんは人一倍、使命感も責任感も強いから、今までずっと、自分の幸せよりも人の心配ばかりしてきたような気がする。それでもレラさんには、これみよがしな「やってあげている」感がない。人助けばかりしているレラさんだけど、レラさんの全ての行動は「やってあげている」のではなく、「やりたくてやっている」という信念が感じられて、そこにみんな惹かれるんだろう。

自分のことを思うと、私だって、人を感動させるために旅をしてるんじゃない。私自身がドキドキワクワクしたいから、旅に出るのだ。そして、旅した後に、自分の体験を書いたり話したりシェアすることで、そのエリアの人や文化に興味を持ってもらえたら、これ以上うれしいことはないと思っている。レラさんのように、自分のためにしていることが、人のためにもなったら最高だなぁ！

ここに来るまで、アイヌは消えゆく民族なんだろうか、と考えたりしていた。でも、レラさんと出会って、はっきり分かったことがある。レラさんは、全ての自然とカムイに日々感謝しながら生きていて、そんなアイヌの精神は脈々と生き続けているのだということ。

今はまだそんな余裕がなくて、毎日、目の前のことでいっぱいいっぱいだけど、私もこんな風に、人に安らぎをあげられる人になりたいな。そして、いつかレラさんみたく、いつでも誰でも迎え入れられるような、愛に満ちた人になれればな。人生の中の、たった4日間のつき合いでも、レラチルドレンを継承したくなるほど、私も影響を受けたひとり。レラさんの生き方は、今や未来への希望であり憧れでもあった。

どんな人も大らかに受け入れるレラさんのようなビッグマザーがいて、彼女の育てた子どもたちやレラさんから影響を受けた人たちが、そのまた子どもたちにアイヌ・スピリッツを語り継いでいく限り、これからもその豊かな精神は受け継がれていくのだ。

GO! Japan spiritual travel

4th TRAVEL

佐賀・三瀬村

癒し系「農家民宿」で収穫ヒーリング！

佐賀で〝ザ・日本の原風景〟に出会う！

あぁ、自然が恋しい！

北海道を旅して以来、この思いに火が付き、「緑に囲まれて生きたい！」「野菜を作ってみたい！」と、自然を欲する気持ちが募る。

東京でひとり暮らしを始めるまで、八百屋さんや魚屋さんのような個人商店を見たことがなく、スーパーしかない大阪の新興住宅街に生まれ育ち、両親の里も京都の街中だった私は、生まれながらに田舎というものに餓《う》えていたんだろう。

そんな私にピッタリの「農家民宿」なるモノが存在すると知って、ずっと気になっていたのだ。調べてみると、ヨーロッパで始まった〝グリーン・ツーリズム〟は「都会の人々が農村で余暇を過ごす」バカンス的な存在であったのが、日本では「農村での滞在・体験・交流」がメインになっているらしい。何でもレンタルできる現代にあって、このシステムは、レンタル家族ならぬ、〝レンタル農家〟なのか!?

せっかく農業を体験するなら、農家の人と食事を共にできるディープな民宿に泊まりたいと思い、ネット検索すると、佐賀で初めて農家民宿を開業した「具座《ぐざ》」という宿がヒットした。宿のブログを読むと、民宿のご夫婦とお客が、楽しく酒を酌み交わしているではないか。

これだよ、これ!!

九州一、地味な県と言っても過言ではなく、「有田焼」と「がばいばあちゃん」しか思い浮かばない佐賀だが、食料自給率100％超という〝農漁業エリート県〟だというのだ。

よーし、次の旅先は佐賀に決定。実りの秋、田舎を満喫するぞ〜！

朝、福岡空港に着き、佐賀駅行きのバスに乗ること約1時間。指定されたバス停で降りると、農家民宿の奥さん、藤瀬《ふじせ》みどりさんが「いらっしゃ〜い！」と車で迎えに来てくれた。カラフルな縞《しま》模様の手作り作務衣《さむえ》が似合うみどりさんは、明るくチャーミングな人だったのでホッとする。

緑の大自然の中を走ると、民宿のある三瀬《みつせ》村まではものの30分だった。

「あの、家には、どなたがいらっしゃるんです？」

「私たち夫婦に、ばあちゃん、長男の大喜《たいき》よ。次男と三男は県外に住んどっけんね。あと、犬のシロと、猫のクロスケもおるとよ〜」

大学で工芸を学んだ長男の大喜さんは、繁忙期は農業を手伝いつつ、造形作家として活動しているのだという。〝兼業農家アーティスト〟なんていう生き方もアリなんだなぁ。

「三瀬は人口1500人の山村なの。ほら、あそこは『やまびこの湯』ちゅう温泉たいね。

露天風呂があって、眺めのよかよ〜」

ガラス張りのモダンな温泉施設は、駐車場も広々としていて、東京のファミレスが30店舗くらい余裕で入りそうな面積だ。

「で、ここが三瀬のメインストリートたいね。まぁそがん言《ゆ》うたっちゃ、郵便局に、村で唯一のスーパーに、そば屋さんぐらいばってんね〜」

「はぁ〜、これがメインストリートですかぁ」

ああ、空も、山も、何もかもでっかいなぁ！　都会のように建物がキチキチしてなくて、すべてがドドーンと太っ腹で、雄大な自然を眺めているだけで気持ちがのびのびしてくる。

海抜450メートルの高地にある三瀬村は、長野と似た気候なのだという。佐賀市と合併した後も村の名は残り、今は「佐賀市三瀬村」だというから、なんとも不思議な響きだ。

「さぁ着いた。ここがウチたいね〜」

車を降りると、昔ながらの大きな農家の一軒家には、ゆったりとした縁側があり、目の前にはでっかい畑が広がっている。辺り一面、山や緑に囲まれていて、空気がおいしい！

「この母屋の隣が、築百年の納屋を改築して造った民宿よ。五右衛門《ごえもん》風呂もあるとよ〜」

古民家風の民宿の軒下には玉ネギが吊られ、収穫用の竹カゴが積み重ねられ、玄関にはホオズキやヒマワリ等の花々が生けられている。みどりさんの作務衣にしても民宿の造りにしても、田舎らしい趣がアカ抜けていてセンスを感じるなぁ。

引き戸を開けると、中心には昔ながらの囲炉裏があった。黒光りする梁《はり》や柱、レトロな薪ストーブが落ち着いた風情を醸し出し、居心地のいい和風居酒屋のような空間だ。

2階に上がると、客室は8畳と14畳の2部屋。窓を開けてみると、緑豊かな山々が連なり、青々とした畑がどこまでも広がっている。畑前の犬小屋には、凜とした白犬の姿もあった。

うわ〜、なんて気持ちがほっこりする里山風景なんだろう。青空の下、見渡す限り、大パノラマで広がる「ザ・日本の原風景」にほれぼれしてしまう。初めて来たというのに、古き良き日本の佇まいを、体が遺伝子レベルで懐かしがっている感じがするではないか。よく、海の見える眺めをオーシャンビューと言って有難がるけれど、この世に〝カントリービュー〟なる客室があったとは！

「そんじゃ、農作業用の服に着替えて、畑のばあちゃんの手伝いばしてくれんね。ばあちゃんは農業も作物の加工も知り尽くしとるけん、私もまだまだ学ぶことがあったいね〜」

農作業は強制ではないものの、私は田舎暮らしを体験したくて、はるばるやって来た身。みどりさんお手製のキュートなつぎはぎモンペに着替え、いざ畑にいるばあちゃんの元へ。

「東京から来んしゃったねー」と笑顔で迎えてくれたモンペ姿のばあちゃんは、みどりさんの義母のチトエさん、81歳。ばあちゃんに「里芋ば一緒に採ってくれんね」と言われ、まず

この道70年！ ほっこり佐賀弁のキュートなばあちゃん

は里芋の収穫。三本鍬《ぐわ》で土の中を掘り進めると、どデカい里芋の株にブチ当たった。

「こいが種芋で、その上にできるのが親芋たいね。で、こいがその子どもたい」

なんせ、芋掘りなんて幼稚園以来。親芋に寄り添うように、子芋が20個ほどくっついている姿の、まぁ新鮮なこと！　自ら志願して来たとはいえ、農家の畑に入り込んで収穫を手伝う行為がレジャーになるなんて、大昔の人が知ったら腰を抜かすアイデアだなぁと思ってしまう。

聞くと、農家に生まれ11人兄妹だったばあちゃんは、22歳で見合い結婚したのだという。

「お見合いって言っても、じいちゃんのことが気に入ったから、結婚したんでしょ？」

「いや〜、なんも知んもんね。ばあちゃん、じいちゃんとは結婚式で初めて会《お》うたとよ」

まさに、「女の結婚」イコール「永久就職」だった時代だ。そのじいちゃんは20年前、台風の後処理で山に入った際、大きな切り株が落ちてきて、60歳のときに亡くなってしまったのだという。

「4人の息子もみな結婚して、ようやく独立した頃やったよ。じいちゃん死なしたときは、ほんに地獄やった。毎日泣いてばかりおって、じいちゃん死なした3年は、顔が上がらんやったよ」

「ばあちゃんが『じいちゃん死なした』って言うと、標準語だと『ばあちゃんが殺した』みたいなニュアンスに聞こえるから、いちいちドキッとするわ〜」

「ハッハッハ！　そげんかねぇ。佐賀やと、『亡くなった』ことを『死なした』って言うとよ〜」

　ばあちゃんは口を動かしながらも手は休めず言う。

「今も毎日、仏壇の前に座って、じいちゃんとしゃべっとるよ。こんな野菜が採れたよ〜とか、誰に会ったよ〜とか、全部報告するとよ。夜、じいちゃんとたいそ（たくさん）しゃべって寝ると、じいちゃんが夢見せらす（夢に出てくる）。『どこさ行っとったと？』って聞いても、なーんも言わんで消えるとよ〜」

　仏壇の前で手を合わせ、あの世にいるじいちゃんばあちゃんに話しかける。私も実家に帰ると当たり前のようにやっているものの、祖先を祀る祖先崇拝の仏壇は、他の仏教国には存在せず、日本独自の文化なのだ（文庫『ダライ・ラマに恋して』参照）。

　よくよく考えると、「仏壇というツールを介して、あの世と交信し、亡くなった人と話す」なんて、他の国の人たちからすればアンビリーバボーな文化。ばあちゃんの日課は、なにげに相当スピリチュアルだなぁと思わずにはいられなかった。

　だが、「じいちゃんに会いたいんだねぇ」と言うと、ばあちゃんは首をぶるんぶるん振る。

「いや、まだまだ会いたくなか！　ばあちゃんは、まだまだ生きてたかけんね！」

いやいや、そういう意味ではと思いつつ、ばあちゃんの生への執着に噴き出してしまう。

里芋に続き、今度は人参を引っこ抜いていると、ばあちゃんが言う。

「どっさい収穫したけん、夕食が楽しみね〜。みどりさんは野菜料理もなんでもしなっよ」

「え？　みどりさんって、何もしないの⁉」

「いや、みどりさんは、なんでもさすよ」

「え、ばあちゃんになんでも命令すんの⁉」

「ハハハ！　そがんじゃなか！」

「なになに？　どういう意味〜⁇」

佐賀訛りの強いばあちゃんと話が噛《か》み合わず、大笑いしてしまう。聞くと、「なんでもしなっよ」は「なんでもできるよ」、「なんでもさすよ」は「なんでもされますよ」という意味だというのだ。

「な〜んだ、ばあちゃんとみどりさん、嫁姑の権力争いしてるのかと！」

「アーハッハ！　てるこちゃんは、おもしろかねぇ。ばあちゃん、久しぶりにこがん笑《わ》るーた〜」

ばあちゃんと話していると、楽しくて話が尽きない。自分の祖母が生きていたときに聞けなかった昔話を聞きたい！　という思いが募り、もりもり質問してしまうのだ。

縁側でばあちゃんと、水芋（水田で栽培される里芋）の茎の皮をむいていると、ダンナさんの吉徳《よしのり》さんが畑から帰ってきた。

「お邪魔してます～」と挨拶すると、吉徳さんがニコニコ顔で言う。

「えりゃ～盛り上がっとんねぇ。おい（俺）はこいから裏山に椎茸《しいたけ》狩りに行くけん、一緒に行かんね？」

「人の顔のごたっ（みたいな）、がばいふとか（とても大きな）椎茸が採るっよ～。行ってきんしゃ～い」とばあちゃん。

吉徳さんと裏山に向かうと、丸太が幾つも重なっている場所があり、大きな椎茸がわんさか生えていた。木からニョキニョキ生えている椎茸を収穫していると、昔の人がこの生物を「木の子」と名付けた気持ちが初めて分かったような気がした。日本語って、かわいいなぁ。

「こい（ここ）は、日陰でよか環境じゃんね、一回菌を付けると、7年は収穫でくっよ」

「へぇ～、そんなに！　なんか、収穫って楽しいですね～」

大小の椎茸が、ゆうに30本は採れただろうか。カゴいっぱいに採れた椎茸を見ると、自分が作ったワケでもないのに、なんとも言えない達成感がこみ上げてくる。

民宿までの道を歩いていると、吉徳さんが畑を指して言う。

「あいは白菜と大根の畑ばってん、冬野菜は〝霜降り野菜〟言《ちゅ》うて、甘《あも》うしてうまかよ～」

農家民宿の仕事が大好きな、吉徳さんのまぶしい笑顔

「霜降り野菜⁉　霜降りって、肉だけだと思ってた！」

　高地で涼しい三瀬村には毎年霜が降るのだが、極寒の環境下で育つ野菜は凍らないよう、自ら糖分を出すため、一般的な野菜よりも甘みがうんと強くなるのだという。

「野菜は百種類くらい作っとっよ〜。米はコシヒカリに、古代米の黒米、緑米、赤米。あと、ブルーベリーに、梅、柚《ゆず》、唐辛子、しそ、バジル。お客さんにいろんなものを食べてもらいたかもんねぇ」

　民宿に戻ると、みどりさんが夕食の準備をしていたので、私もお手伝いする。「私の料理は早かよ〜」と言うみどりさんは、何をするにも手際よく、食材選びや味付けに迷いがない。

　野菜を切っていると、みどりさんが水を流しっぱなしにしていて、頭に「？」が浮かぶ。

「あの〜、なんで水を流しっぱなしに？」

「水道料金が全くかからんけん、ついつい流しにするちゃんね。三瀬はどこの家も、地下水をポンプで汲み上げとっとよ。天然のミネラルウォーターやけんね〜」

　水がタダ⁉　しかも、天然のミネラルウォーターが幾らでも湧き出る⁉

「ミネラル豊富なお水で米を炊くと、ごはんがうまかよ〜。この黄色いのはバナナのごたっ（ような）形の、バナナピーマン。パプリカのごたっ味のピーマンよ」

　さらに、みどりさんは野菜を根っこギリギリまでは使わず、信じられないくらいザックリ切る。おまけに、台所にあった少ししおれた生野菜もポンポン捨てていくではないか。

「もったいない！　私はパプリカのヘタも使うし、キャベツは芯のギリギリまで使うのに」

「野菜は食べきらんぐらいあるけん、また明日、新鮮なのを採ったらよかたいね〜」

なんなんだ、この、まるでエコじゃないように見えてしまう田舎暮らしは！　シティ育ちからすると、水は大切にしないわ、まだ食べられる野菜は捨てるわで、農家の日常はカルチャーショックの連続なのだった。

ものの30分で収穫した全ての野菜が料理され、お待ちかねの夕食タイムに。レトロな薪ストーブの炎がゆらめく中、囲炉裏のそばの木製ローテーブルにごちそうが並ぶ。

「三瀬が〝どぶろく特区〟に認定されて、どぶろくも作っとっよ。てるこちゃん、うちで作ったどぶろく、呑む？　今年はおいしゅうできとっよ〜」

「呑む呑む！　カンパーイ！」

ほんのり甘く、まろやかな味わいのどぶろくは、この風情の中で呑むとまた格別だ。

野菜中心のメニューは6種。みじん切りキャベツ入りの豚肉団子の和風スープ。揚げた椎茸、ゆで人参、ベニバナボロギクを醤油＋みりんで味付けした和え物。甘味たっぷりのジューシーなゆでトウモロコシ。採れたて野菜のサラダに、自家製のバジルドレッシング。ラッキョウの甘酢漬。シャキシャキした食感がクセになる、水芋の茎の酢の物。

「いただきまーす。うわ、野菜が甘くておいし〜い！　ベニバナボロギクって、春菊より味が濃くてクセになる味だねぇ。椎茸も風味が利いてて肉厚〜！」

「おいしかろ〜？　うちは採れた野菜を見て料理すっけん、日替わりメニューたいね〜」

この民宿に、リピーターが多いというのも頷ける。こんなに新鮮でおいしい野菜を食べたら、この味が恋しくなるだろうし、何よりみどりさんの手料理がメチャうまなのだ。

なんにしても、体を動かした後のごはんの美味いこと！　食べる楽しみは都会に幾らでもあるけれど、「たくさん働いた分、ごはんがおいしい」という、労働（農作業）と食事が直結している充足感は、都会では得られないジャンルの喜びだった。

「ご家族は、もう食べはったんですか？」

「ばあちゃんと大喜は、母屋で自分の食べたかときに食べよっさい。吉徳さんも、普段は私と一緒にお客さんと食《た》っぱってん、今日は村の大事な寄り合いがあっけん、出とったいね」

村の寄り合い！　お国言葉でそのワードを聞くと、昔話みたいでほっこりするなぁ。

「民宿のお客さんって、どのくらい来はるんです？」

「おかげさまで、年に650人は来てくんしゃっね〜。700人を超える年もあるとよ」

「客室が2部屋で、650人!!　大人気ですねぇ」

それはつまり、具座の固定ファンが650人いるということなのだ。AKB48じゃないけど、藤瀬さんファミリーは〝会いに行ける農業スター〟みたいだなぁと思ってしまう。

食後、みどりさんが「これから一緒に〝さんやまち〟に行くと？」と聞いてくる。

「〝さんやまち〟？　なんすか、それ？」

「まぁ、行ってみれば分かるから！」

外に出ると、日はとっぷり暮れ、辺りは真っ暗になっている。

自家製のどぶろく瓶を手にしたみどりさんと夜道を5分ほど歩くと、「野口」という表札の掛かった民家に着いた。奥の部屋に通されると、ごちそうを囲んで仲睦まじく酒を呑んでいる7、8人のおっちゃんの姿があった。

「今ウチに泊まっとっしゃん、てるこちゃんと一緒に来ました～」とみどりさんが言う。

ワケの分からぬまま酒席に着くと、「よかときに来た！」「まぁ呑みんしゃい」「ビールでよか？」と酒を勧められ、まずはみんなで「カンパーイ！」。

「あの、一体なんの集いで？」と聞くと、みなが口々に「さんやまちたい！」と言う。

「さんやまちって、町の名前か何かですか？」

「そうじゃなか。さんやまちは〝三夜待〟と書くとよ」

「床の間に掛軸があるやろ。それが〝三夜様〟ちゅう神様さ～」

〝三夜様〟なんて神様、初耳だった。見ると、菩薩《ぼさつ》様のような仏画の掛け軸が掛かっていて、これが三夜様なのだという。

「三夜待は、毎月23日頃に〝三夜様〟を祀るために、同じ集落の同年代の友だちが集まる、家回しの呑み会たい」

「月イチってことは、年12回も!?」

「集まっとるのは三瀬の『中鶴《なかんつる》』地区の人で、みんな、兼業農家たいね」とみどりさん。

「三夜待」は、元々は飲食を共にして月の出を祀る宗教行事で、江戸時代から続く伝統なのだという。さすが八百万の神様のいる国、その土地にはその土地の神様がいて、見守ってくださっているんだなぁと思い、「で、どんな神様なんです?」と聞いてみる。

「そんなむずがしかこと、おいどん(俺たち)には分からんて〜」

「え、正体も分かんない神様を祀ってんの!?」

「ま、大っぴらに酒呑もうとは言われんもんじゃ、神様を待ってるというテイで呑みよったいね〜」と家の主である野口さんが茶目っ気たっぷりに言う。

「みんな年取って、めっきり酒が弱うなったとよ〜」などとおっちゃんたちはこぼすのだが、ビールをたらふく呑んだ後、すでに3升目の日本酒に突入している。

「お酒は、よく呑まはるんです?」と聞くと、いい感じに赤ら顔になった野口さんが言う。

「ふだんは、夜7時にごはん食べて、8時には寝て、朝4時に起きよっぱい。日が沈んだら寝て、夜明けと共に起きるのが一番たいね〜」

「てるこちゃん、日本酒、呑みきろうもん？（呑めるでしょ？）　佐賀の地酒といえば、この〝天吹《あまぶき》〟たい。酒のつまみがなかときは、塩をつまみにするのもよかよ〜」

日本酒を注がれた枡《ます》の端に塩を載せ、一緒にぐいっと呑んでみると、これが結構イケる！

「うま！　日本酒が甘めだから、塩が旨味《うまみ》を引き立ててくれる感じ！」

三夜待の呑み会は、いろんな話がポンポン飛び出す。

「ブログを始めたばってん、こいがむつかしかね〜」とみどりさんが言うと、隣のおっちゃんが「まだ恐れとっと？　パソコンをそがん恐れたら、いかんばい！」と叱咤《しった》激励する。

「車で走よったぎんと、タヌキが車に轢かれて死んどってびっくいよ」とみどりさんが言えば、「タヌキは動きが速うなかもんねぇ」「そいがさ、あの辺アライグマもおったとよ〜」などと返ってくる。最新テクノロジーの悩みから、牧歌的な獣話まで、話題の幅、ひろっ！

台所の方から「豚汁を出すけんね〜」という奥さんに、「な〜い」と返す野口さん。

「ない⁇」と聞き返すと、「佐賀じゃ『yes』を『ない』って言うとよ」

「へ〜っ‼」

なんだか外国にでも来たような気分になる。みな、私のために、これでもかなり標準語で話すよう気にかけてくれているというから、たまげてしまう。

三夜様の掛け軸にお供え物

採れたて野菜タップリの夕食

みどりさん（右端）と「三夜待」の陽気な面々。楽しく呑む酒は、うまか〜！

奥さんの奈津子さんが持ってきてくれた里芋入りの豚汁を食べると、これまたウマか〜。

わいわい呑んでいると、みなが次々に佐賀弁を挙げ出し、佐賀弁講座が始まった。

「おいどん（俺たち）はね、『食べる』を『く！』、『寝る』を『ぬ！』と言うけんね」

「みじかっ!!　女子高生もビックリの、究極の略語ですねぇ」

「『あの子ども、や〜らしか』って、どういう意味か分かる？」

「え、子どもが、いやらしい!?」

「そうじゃなか。『あの子ども、可愛いね』って意味たいね〜」

「可愛いが、や〜らしか！」

「『おっぱい』もよう使うな。『たくさんおっぱい』は『たくさんいるよ』って意味よ」

「『今どこにおっかい（おる）？』って聞かれたら、『家におっぱい（いる）』って言うたい」

訛りに慣れれば慣れるほど、〝お国言葉〟や〝お国自慢〟の耳心地がいいこと！　人懐っこいおっちゃんたちにもりもりしゃべりかけられると、この地方ならではの表現がくすぐったいぐらい微笑ましくて、方言のあったかさに胸がきゅんとなる。

先生の数が多すぎて、覚えきれない佐賀弁講座で盛り上がっていると、寄り合いが終わった吉徳さんがやって来たので、またまた乾杯する。

「今日の寄り合いは、しぇんもんてきなテーマやけ、じぇんじぇん終わらんで、じぇんぶの議題、明日に回すことになったたいね」と吉徳さん。

「吉徳さんの、ザ行とサ行の訛り方が、ハンパないですね〜」と笑いながら言うと、吉徳さんは他人事のように「え、俺、なまっとる⁇」と目を丸くする。

「だって今日、吉徳さんが電話するの聞いてたら、『みっしぇの、ふっしぇです（三瀬の藤瀬です）』って、分からなすぎでしょ！」と吹き出すと、みどりさんが笑いを堪えながら言う。

「私も三瀬の人間ばってん、この人が何て言いよるか分からんときがあっとよ。テレビ見ながら『吉松さん、みっしぇかい！　みっしぇかい！』って言うから、三瀬に新しい会ができたのかな？　と思ったら、『吉松（育美）さんがミス世界になった』って言っとったのよ〜」

30年連れ添った夫婦でも聞き取れない訛りがあるとは！　これには、みんな大笑い。

「佐賀は縁の下の力持ちやけん、九州ん中じゃ目立たんばってん、よかとこやろ？」

おっちゃんらに酒を注がれつつ、私も覚えたてのメチャメチャな佐賀弁で応える。

「よかよか〜！　みなしゃんの佐賀弁が、がば可愛か〜！」

農村でのなんでもない一日が、都会生まれの私には逐一、目新しく感じられ、時間がゆるやかに流れていく。都会にはない種類の、大らかで素朴な笑顔の人たちと酒を酌み交わしていると、緊張する必要もなく、ひたすら笑っていられるのだ。

農村が〝第二の故郷〟に⁉

翌朝。大晦日《おおみそか》の夢を見ていたと思ったら、外から聞こえてくるベートーベンの『交響曲第九番』で目が覚めた。どうやら村のスピーカーから大音量で、この壮大な曲を流しているようなのだ。

時計を見ると、まだ7時。にしても、なぜ早朝から第九⁉　頼んでもないモーニングコールならぬ、モーニングミュージックよ！

寝直そうと頭から布団を被るも、第九後は、若いおねえちゃんのアナウンスによる、村人へのお知らせタイムに突入。「今日は〜、インフルエンザの予防接種が行われます〜。接種を希望する人は……」。健康に関するお知らせからイベント案内まで、村人への告知が延々続く。

二度寝を観念し、1階に降りていくと、みどりさんが朝食の準備をしている最中だった。

「おはようございまーす。あの〜、なんでまた、朝から第九が？」

「おはよう〜。前は朝6時やったばってん、さすがに早すぎるって話で7時になったとよ」

ハァ〜。三瀬村では、村中に備え付けられたスピーカーから毎朝ベートーベンの第九が流れ、村人全員が叩き起こされるシステムになっているのだ。そんな場所が、この日本にあるとは！

「さ、食びゅうかね〜」とみどりさん。座卓には、朝から信じられないほど豪華なメニューが並んでいる。具だくさんの味噌汁に、半熟の目玉焼き、ベーコンとバナナピーマンと子どもピーマンの炒め物の横には、新鮮なキャベツ&ニンジンのサラダがたっぷり。

「味噌汁のお味噌は自家製よ〜。これは、うちで漬けた梅干し、フキの佃煮、生姜《しょうが》の甘酢漬、シソの実の塩漬。サラダは手作りのブルーベリードレッシングで食べてみんね〜」

「いっただきまーす！」と手を合わせ、味噌汁を頂くと、うんまい‼　こんなふうに自給自足の農家から食べ物をお裾分けしてもらうと、「いただきます」が本来、「(あなたの命をいただいて私の命にさせて)いただきます」だったことを思い出させてもらえるなぁ。

ふだん何気なく使っている「いただきます」「ごちそうさま」は、日本独自の言葉だったことを思う。確かに、「いただきます」は英語の「Let's eat (さぁ食べよう)」ではないし、キリスト教のような神への祈りでもない。「いただきます」は、食事を作ってくれた人や、野菜や家畜を育てた人への感謝だけでなく、豊かな恵みをもたらしてくれた「自然に感謝する」言葉でもあるのだ。

「吉徳さんは？」「今日は〝稲の籾殻《もみがら》焼き〟をすっちゅうて、とっくに食べて出て行っよ〜」

食後、籾殻焼きを手伝うという私を、吉徳さんが納屋に案内してくれる。

「籾殻焼きは、稲の収穫が終わった秋にやるとよ。焼いた籾殻を畑に撒《ま》くと、虫除《むしよ》けになるし、畑の肥料にもなったい。保温効果もあっけん、里芋やサツマ芋の冬越えにも使うとよ」

4つの集落で共有しているという大きな納屋に着くと、中には大量の稲の籾が集めてあった。鋤《すき》で籾殻を集めていると体がムズムズしてくる。うう、首や顔がかゆい～！　体中を掻きまくっていると、吉徳さんが「じかじかすると？　ちかちかしよっと？」と聞いてくる。「じかじか!?　ちかちか!?」と聞き直すと、「かゆい」ときの感じを佐賀弁で「じかじか」とか「ちかちか」と言うそうで、どっちもがばい分からんし！

「こんにちは～」

近所の農家のご夫婦がやって来て、籾殻を集め始める。「こんにちは～」と私も挨拶すると、人のよさそうなおっちゃんがにっこり笑って言う。

「おいどん（俺たち）は慣れとるばってん、慣れとらんと、かいかー（かゆい）でしょ～？」

「いや～、慣れとらんばい、チョ～かいかーですわ～」

「ハッハッハ！　がんばりんさ～い」

三瀬村の人は、ちょっぴりシャイなものの、飾り気のない笑顔で接してくれるので、同じ空間で作業していても、アウェー感がなく居心地がいい。たった数日、この村で過ごすだけの旅人でも、農村に暮らすってこういう感じなんだなぁと実感できて、それがいちいち新鮮なのだ。

集めた籾殻で畑の中に山を作り、煙突を立てて焼き始める。もくもく上がる煙を眺めていると、なんともノスタルジックな気分になるのだが、吉徳さんは一時も休むことなく動き回っている。働き者のみどりさんをもってして「吉徳さんは本当に働き者なのよ〜」と言わしめるほどなのだ。

吉徳さんは、ばあちゃんと同じく、口は動かしても手は休めずに言う。

「年中バタバタしとっぱってん、どがん忙しかったちゃ（どれだけ忙しくても）、心地のいい疲れじゃんねぇ。やることは山ほどあっぱってん、役場で働いてたときとは、忙しさの種類が違うもんね」

吉徳さんは長年、村役場に勤めていたものの、50歳のときに退職。52歳で憧れだった農家民宿を始め、本格的に農業に勤《いそ》しむようになったのだという。

「おい（俺）はこの仕事のためなら、いくら徹夜してもよかぐらいよ〜！」

「徹夜してもいいぐらい好き!? どんだけ天職なんですか！」

農家というと、３Ｋ〈キツい・金にならない・休暇がない〉で後継者不足に悩む家業というイメージがあったから、農業をこんなにも楽しんでいる人がいることが驚きだった。

私も脱サラした身なので、「忙しさの種類が違う」「いくら徹夜してもいい」という吉徳さんの気持ちが痛いほど分かる。私も、世界の素晴らしさを伝える〝地球の広報〟の仕事のためなら、毎日朝から寝る直前まで机に向かっても「残業してる」なんて思わないし、休みがなくても全く苦にならないのだ。

「♪チャン　チャン　チャチャン　チャン　チャン」

どこからか、聞いたことのあるメロディが流れてくると思ったら、村のスピーカーからだった。今度は、愛の歓喜を歌う世界的な名曲「恋はみずいろ」のインストゥルメンタル・バージョン。時計を見ると、お昼の12時だ。

「さ、お昼にすーかねぇ」と吉徳さんが汗を拭い、麦わら帽を脱ぐ。

なるほど、三瀬の村人たちは畑にいても、この甘く切ないメロディで、お昼になったことが分かるというワケか。朝を知らせる「第九」に、昼を知らせる「恋はみずいろ」と、村のみんなが同じ時間に同じリズムで生活してるだなんて、都会では信じられない慣習にほのぼのしてしまう。

家に帰ると、ばあちゃんが一人用のゴルフカートのような四輪車に乗って帰って来た。

「何これ!?　電動の車椅子??　ばあちゃん、足腰もしっかりしてるのに？」

「ばあちゃんはこいに乗って、ゲートボールに行ってきたとよ〜」

「そっか、バイク代わりのシニアカーってことかぁ」

母屋の方にお邪魔すると、昼ごはんは春菊とキャベツと椎茸入りの肉うどん。民宿は2食付きで1泊7千円なのだが、頼めば昼食も食べられるのだ。ばあちゃん秘伝の、瑞々《みずみず》しい真緑色の柚胡椒《ゆずこしょう》を入れると、柚の香りがフレッシュで、肉うどんとの相性もバツグンだった。

「これから30分、私たちは日課の昼寝すっけん。てるこちゃんも昼寝すると、頭と体がスッキリしてよかよ〜」

昼食後、みどりさんはそう言い放つと、ソファーにがっつり横になり、電源オフ！　という感じでくうくう寝始めた。

突然の、昼寝宣言。民宿のお客がいても寝ちゃうなんて、マイペースぶりがハイレベルだ。でも確かに、お客さんと生活を共にする民宿は、みどりさんたちの日常でもあるので、宿の食事にしても、気合いが入りすぎると体がもたないような気がする。農家民宿を長続きさせるポイントは、肩の力を抜いた、気取らないおもてなしなんだろう。

お昼寝タイム後、ばあちゃんと畑のトウモロコシを収穫したり、縁側前で豆を干したりしていると、みどりさんが「てるこちゃん、近所にあるリンゴ園に行かんね？」と声をかけてくれた。

秋の澄み渡った空の下、ドライブすると、なんともすがすがしい気持ちになる。

「農家民宿を始める前は、吉徳さん、役場に勤めてはったんやねぇ」

「農業だけじゃ食べれんもん、私も母が経営する食堂を手伝いよったし。吉徳さんはいつか農家民宿をやりたいと言うとったばってん、うつになって役場を辞めることになったとよ」

「え？　うつ病になって辞めたの!?」

私はてっきり、自分の夢を叶えるために、役場を早期退職したとばかり思っていたのだ。

「元々真面目な人が働きたくても働けんようになって、酷《ひど》い状態になってしもうてねぇ」

うつになった吉徳さんはパソコンの操作すらできなくなり、役場で計算ミスをしてしまったことで、さらに落ち込んでしまったのだという。

「役場で30年積み重ねてきた実績が崩れた気がして、本当に辛かったたいね。吉徳さんは今までず〜っと明るくて、弱音なんて吐いたことなかった人やったばってん、役場で失敗した日、私の前で泣いてくれたとよ」

「私の前で泣いてくれた」と表現するみどりさんの言葉に、胸をグッと打たれてしまう。生きていれば誰だって、もう立ち直れないんじゃないかと思うぐらい、打ちのめされることがある。自分が本当に辛いときに、「辛い」と弱音を吐けるみどりさんがいたことで、吉徳さんがどれだけ救われたかを思わずにいられなかった。

「みどりさん、生活や世間体を気にして『役場を辞めずに頑張って！』とか言わんでエライわ〜。万一、自殺されでもしたら、悔やみきれへんし、生きる方がよっぽど大事やもん」

「とにかく生きてさえいてくれたら、後はなんとかなる！　と思いよったもんね。私は今までの生活を振り返って、吉徳さんへの感謝が足りなかったと思いよって、本当に反省したとよ。そんなとき、福岡県西方沖地震が起きて、吉徳さんがずっとやりたがってた農家民宿を始める覚悟ができたたい。人間、いつ死ぬか分からんしね」

「分かるわぁ。私も会社を辞める覚悟が決まったのは、椎間板ヘルニアの手術を2回もやって、東日本大震災が起きた後やったから」

「民宿を始めて、なんにでも感謝できるようになったけん、本当にやってよかったとよ」

「感謝できる人生が、一番幸せやもんねぇ！」

病気も震災も、それ自体は本当に辛いことだ。でも、そういうときこそ、自分の人生に向き合ういい機会なのかもしれない。生死を意識させられるようなことが起きると、「今、こうして自分が生きているのは当たり前のことではない」と心底思えるから、自分自身と本気で向き合うことができるのだ。

「納屋の改築に700万近くかかってねぇ。何の見通しもなかったばってん、民宿を始めてみたら、喜んでもらえるのがうれしくて、いろ〜んなアイデアが湧いてくるとよ。そば打ちやうどん打ちも教えられるし、石窯《いしがま》も作ったけん、トマトのピザやアンパンも焼っくよ」

民宿には、都会に住む夫婦が子どもに自然体験をさせてあげたいと思い、家族連れで来るケースが多いのだという。春には田植えに、山菜狩り、野いちご狩り、沢ガニ捕り。夏には魚釣りに、川遊び、カブトムシ捕り、ホタル観賞。秋には稲刈り、納豆作り、栗狩り、焼き芋。冬には囲炉裏料理、餅つき、雪遊び……等々。

大自然の中で思いっきり体を使って自然と遊んで、手を合わせて「いただきます」をすると、ごくごくナチュラルに、食べ物に感謝できるようになるんだろうな。農家民宿は、食べ物だけでなく、人の心も育てているんだなぁと思う。

「都会は人と食の距離が遠いから、野菜がスーパーで生まれたり、刺身が海で泳いでいると思ってる子どももいるっていうし、ここに来たら新鮮やろうね」

「子どもの変化は大きかよ～。家では何のお手伝いもしない、おとなしかった子が、ここに来ると、『野菜の収穫したい！』とか『夕食作りを手伝う！』って目を輝かせたりしてねぇ」

リピーター家族が年々増え、みどりさんたちは子どもたちを「また大きくなったね！」と迎えるうちに、お客さんとだんだん家族のような関係になってきたのだという。

「〝里帰り〟する子どもたちの成長が一番楽しみたいね～。なんかもう、自分の子どもか孫のように思えるもんね」

「みどりさんと吉徳さんは、田舎のない子どもたちみんなの〝おっかさん〟と〝おとっつぁん〟やね～」

自分の成長を喜んでくれて、採れたての野菜を使った手料理でもてなしてくれる存在が、外の世界にあるということ。毎年訪れるリピーター家族にとって、具座はもうひとつの家族で、三瀬村は〝里帰りする〟第二の故郷なのだ。

リンゴ園で蜜入りリンゴを食べまくり、お土産にアップルパイやジャムをたんまり買って帰ってくると日が暮れかかっていた。

夕食は、佐賀のご当地グルメ〝シシリアンライス（ごはんの上に、炒めた薄切り肉&生野菜を盛り合わせ、マヨネーズをかけた名物料理）〟。甘辛いタレで炒めた肉が濃厚で、ごはんが進む！　昨日の豚肉団子スープも豆乳と白菜が加わり、〝肉団子&白菜の豆乳スープ〟なる別料理に変身。里芋焼きは、ほくほくのクリームコロッケのような味で、ホッペが落ちそうなうまさだ。

食後、みどりさんの携帯が鳴った。吉徳さんは今日も集落の寄り合いに出ていたのだが、無事終わって宴会になったので、「一緒に呑まんね〜！」と電話してきたのだ。

地区の公民館に向かうと、中には畳の広間があり、すでにイイ感じに酔っぱらったおっちゃんたちの姿があった。

「おお、よう来た！」「まぁ呑んで呑んで」と酒を注がれ、乾杯する。今日の酒席メンバーも、昨日と負けず劣らず陽気なおっちゃんばかりだ。

和気あいあいの宴会を後にし、ほろ酔い気分で藤瀬さん夫婦と夜道を歩く。真っ暗な空を見上げると、ほぼまんまるのお月様が輝いていて、いい月夜だなぁとうっとりしてしまう。

「いや〜、昨日といい今日といい、みんな、ほんまに仲良しやねぇ！」

「村の人はみんな仲間で、特に集落の人は家族みたいに思っとるよ〜。私たちは『具座』って名前の集落に住んどっけん、民宿を『具座』って名付けたぐらいなんよ。みんな故郷を愛してて、誇りにしとるけんね、もっともっといい村にしていきたいと思っとっと〜」

手入れの行き届いた里山は、男衆たちの努力の賜物《たまもの》で、婦人会の女性たちは、交流イベントで腕によりをかけてごちそうを振る舞うという三瀬村。農業は、人手が足りないときは互いに助け合うから、人づき合いが濃密になるというけれど、これだけマメにコミュニケーションを取っているからこそ、郷土愛に満ちた、風通しのよい村なのだ。二晩連続で村人たちと呑んだ今、ここはもう、知らない場所ではなく、顔なじみのいる農村だという親しみが私の中にも芽生えている。

千鳥足で歩く吉徳さんに、みどりさんが「酔っとっと？　気をつけて歩いてよ〜」なんて声をかける微笑ましい姿を見ていると、農家民宿に来てみてよかったなと思う。農家という存在は知っていても、その中身を知らずに生きてきたことを考えると、世界は知っているようで知らないことに満ちているなぁ！

「類は友を呼ぶ」農家民宿というライフワーク！

朝7時、村のスピーカーから聞こえてくる大音量の第九で目が覚めると、雨がザーザー降っていた。最終日の雨模様に内心ガッカリしつつ、1階に降りると、みどりさんが言う。

「おはよう〜。てるこちゃん、ごはん、母屋で一緒でもよか〜？」

「もちろん！」

母屋にお邪魔すると、今日も朝から豪勢なメニューだ。おいしい朝食をぱくついていると、みどりさんがごはんを食べながら言う。

「今日は雨ねぇ。雨降りはうれしか〜。ゆっくいでくっけん（ゆっくりできるから）」

その言葉を聞いて、私はハッとした。農業は毎日なんやかんやと忙しく、休みのない仕事だから、雨の日を「ちょっとゆっくりできる日」という風にとらえるのだ。農家民宿に泊まったおかげで、農家の人の大変さを知ることができたことを思うと、私はこの雨に感謝したいぐらいだった。

食後、300年以上の歴史がある「名尾和紙《なおわし》」の工房に連れていってもらえることになり、吉徳さんの運転する車で、隣の大和町《やまとちょう》へ向かう。

「みどりさんから、うつにならはったことを聞いて」と切り出すと、吉徳さんは言う。

「あんときは大変やったね〜。末っ子が、中学出たら神奈川の高校に行くと言い出してね。これから高校、大学とお金がかかると思とったのに、自衛官になる学校やから仕送りもいらんし、子どもに手が掛からんようになって。そんなとき、今まで一生懸命やってきた役場の仕事が、急に虚《むな》しくなってね。おいがおらんでも役場の仕事は回るなぁ、と思いよったよ」

「今までピーンと張ってた糸が、ぷつんと切れた感じですねぇ」

吉徳さんを気遣った上司の勧めで、1ヵ月休職したものの、体調は悪くなる一方だったので役場を辞める決意をしたのだという。人生の後半をどう生きるかで悩む危機、〝ミドルライフ（ミドルエイジ）・クライシス〟だろう。30代後半から現役引退期にかけて訪れやすいという〝大人の思春期〟は、人生の大事な転換期にもなるから、吉徳さんや私のように、人生を変えるキッカケになる人もいるのだ。

「休んでると、自分がダメに思えてきて、自分を責めて落ち込んだりしますもんねぇ」

「そうたいね〜。うつになった原因と向き合うとらんから、根本的な解決にはならんしね」

「で、役場を辞めて、どうしてはったんです？」

「黙々と、農作業をしとったねぇ」

「農作業！　やっぱり、自然の力は絶大ですね〜！」

〝幸せホルモン〟と呼ばれるセロトニンは、森林浴したり、太陽光を浴びたり、早寝早起きしたり、リズミカルな運動で増えるとされる。畑仕事は、この全てが当てはまっているのだ。

「体がだるくても、気持ちが沈んどっても、不思議なことに土いじりはでくったいね。1年半くらい農作業だけ続けとったら、だんだんよくなって回復できたとよ」

吉徳さんには、家族の支えがあったことが大きいけれど、ひたすら「大丈夫？」と気遣われるだけでは、病気も克服できなかっただろう。

人はひとりでは生きていけないし、ひとりでは幸せになれない。それでもやっぱり、自分を救えるのは自分だけだし、自分を幸せにできるのは自分しかいないんだなぁと思う。

「農家民宿を始めて、自分の作った野菜や米をお客さんが『おいしい、おいしい』って食べてくれるのを見ると、ほんにうれしかよ～。だからおいは、お客さんと食事しながら、お酒呑むのが一番楽しか。そいが一番幸せかねぇ」

「最高ですね～！　でも、これだけ幸せなんは、吉徳さんたちがお客さんを選んでて、お客さんからも選ばれてるからやと思いますわ。農家民宿はフツーの宿やないし、初めから自分たちの個性を打ち出してるから、農家とか田舎暮らしに興味のある人しか来ないもん」

「そうさい！　そいけん話も盛り上がっ。おいどんは、うまか野菜の作り方ば教えてあげらるっし、お客さんからは、いろんな土地の話も聞けるし。最近は外国からのお客さんもうーかよ～（多いよ）」

「類は友を呼ぶ」を地でいく、〝農家民宿〟というライフワーク。私も自分なりの肩書きを考えて〝地球の広報〟と名乗るようになって以来、やりたい仕事ばかり舞い込むようになったことを思う。人を幸せな気持ちにするには、まず、自分が幸せになることなのだ。

「野菜育っとは、子育てと同じで手が掛かかっばって（掛かるけど）、やり甲斐があるとよ」

収穫した野菜を売る以外に、農村で食べていく方法を模索していた吉徳さんが辿り着いた農家民宿は、農業の究極の新３Ｋ〈カッコいい・感動できる・金も大丈夫〉だと思えてならなかった。自分という畑をよく知って、咲かせたい種を蒔《ま》き、日々自分で耕していく。幸せは、外から急にやって来るものではなく、自分で手作りするものなんだなぁ。

「肥前　名尾和紙　手すき和紙工房」に着き、工房で和すき体験もさせてもらった私は、工房のショップで、本物のススキを和紙に挟み込んだ和紙アートもゲットし大満足。

いろんな和紙を見て回っていると、隣にいたおっちゃんが目を細めて言う。

「こういう和紙を見ると、〝夜這《よば》い〟を思い出すたい」

「ええ!?　夜這い経験者なんですか!?」と聞き返すと、おっちゃんがニコニコ顔で言う。

「俺は、夜這いする、しぇんぱいの手伝いをしよったよ〜」

夜中、性交を目的に、男が女の実家にこっそり忍び込むという夜這い。大正時代末まで日本各地で行われていたものの、昭和の高度成長期前には農漁村でも消滅したと聞いていたのだ。大昔の風習だと思っていたのが、こんなところで生き証人と出会えるとは！

「こういう障子に指突っ込んで穴開けて、娘っこがおるかどうか、ようのぞきよったよ」

「え、障子を破っちゃうんだ⁉」

「農家にはハシゴがあるから、まずは窓から入るばってん、俺はハシゴを押さえて、しぇんぱいの草履《ぞうり》を持って待っとったい。で、その家のオヤジにバレたら、慌てて逃ぐっとよ」

なんておおらかな時代だろう！　65歳だというおっちゃんが高校生の頃の話だというから、昭和40年（1965）前後か。おっちゃんが生まれ育った農村は、〝佐賀のチベット〟と称される高地だったため、特に夜這い文化が長く続いていたというのだ。

「で、おっちゃんは、なんで夜這いデビューをし損ねたんです？」

「俺のしぇんぱいが、ある家に忍び込んだとき、家の人に見つからんようにしようと思って、集落のブレーカーを落としたばってん、そこいらが葉タバコの農家だったとよ。で、乾燥させてた葉タバコ、10軒分を全部パーにしよったい。そのしぇんぱいが家宅侵入罪で捕まって以来、夜這いはなくなってしもうたたいね……」とおっちゃんはさも残念そうに言う。

日本の大らかな風習である夜這いが、家宅侵入罪で幕を下ろしていたとは！　なんにしろ、和紙を見ると夜這いを懐かしく思う人と出会えたことで、過去の日本にタイムスリップして、リアルで生々しい〝性の営みの歴史〟を垣間見たような気分になる。

母屋に戻ると、そろそろおいとまする時間だった。柚胡椒やどぶろくをお土産に買い、荷造りを済ませると、みどりさんが炊きたてのごはんでおにぎりを作ってくれる。

「ねぇねぇ、ばあちゃん。和紙工房で夜這いを手伝ったおっちゃんに会ったんだけど、ばあちゃん、夜這いに来られたこと、ある？」

私が聞くと、ばあちゃんが笑いながら言う。

「あるかいね！　娘のおる家は警戒しとっけん、ウチは父ちゃんがハシゴを外して、追い返したとよ」

「ばあちゃん、夜這い、されたんじゃん！」

「そいけん、されとらんて！」

「ばあちゃん、そうやったか～」と吉徳さんまで悪ノリし、みんな大笑い。

「いっただきまーす」とおにぎりにかぶりつくと、うまい！　人の握ってくれたおにぎりはなんておいしいんだろう。甘い白米としょっぱい梅干しを、あったかい味噌汁で流し込む幸せよ！

この、緑豊かな田舎で食べる、毎度のおいしい食事ともお別れかぁ。また具座のごはんが食べたいな。みどりさんや吉徳さんやばあちゃんや村の人たちと、冗談言って笑い合いたいな。食べ物はほぼ自給自足で、食事も全て手作りする藤瀬さんちの暮らしを見ていると、毎

リンゴ園の元気なおばちゃんたち

もぎたてのリンゴをガブリ

「三瀬村、バンザイ！」あったかい具座ファミリーと母屋の前で

日をていねいに生きている感じがしてならなかった。何より、採れたての野菜を食べ、大地からパワーをもらい、郷土を愛する人たちの笑顔は最高なのだ。

今後はひとりで食事するときも、「いただきます」と「ごちそうさま」を習慣にしようと心に誓う。「いただきます」と「ごちそうさま」は、人はひとりで生きているのではなく、自然も生産業の人も運搬業の人もみんな繋がっていて、いろんな命を頂いている自分も自然の一部だということを思い出させてくれる言葉なのだ。

ここにはなんにもないようで、なんでもある。

もし人に「佐賀ってどう？」と聞かれたら、私は胸を張り、覚えたての佐賀弁でこう答えるだろう。

「佐賀、遊びに行くと、そりゃ〜おもしろかよ〜。がばいよか人、がばいおいしい野菜が、たっくさんおっぱい！」

GO! Japan spiritual travel

5th TRAVEL

沖縄〈本島&久高島〉

沖縄最強の〝ユタ〟のお告げ&〝神の島〟で開運デトックス

生まれて初めて沖縄へ！

「うわ〜、これが沖縄か〜！　ついに〝沖縄コンプレックス〟とオサラバできるんだ！」

朝9時すぎ、那覇に降り立った私は、心の中で絶叫していた。

青い空、白い雲、ねっとりとした亜熱帯の湿気、くっきりした顔立ちの人々……。目に映る全てに〝沖縄っぽさ〟が満ち満ちているように感じられ、浮き足立ってしまう。

羽田から飛行機でたった2時間40分だったというのに、この南の島を、今までどれだけ遠く感じていたことだろう！

この地を踏むまでの、長い日々を述懐《じゅっかい》する。まわりの人に「沖縄に行ったことある？」と聞くと、「（沖縄）本島には行ったことあるよ」とか「3泊4日のフリーのツアーだけどね」なんていうオシャレな答えが帰ってくる度に、「へぇ〜」と平静を装いながらも、内心では焦燥感に駆られていた日々……。実を言うと、私は海外はよく旅するクセ、沖縄には一度も行ったことがなかったからだ。

彼《か》の地を知らないと焦る気持ち。まるで学生時代、夏休み明けに友だちに会うと、みんな彼氏ができてよろしくやっていたのに、自分だけ未経験で「アレ？　私だけ⁇　みんないつの間にー⁉」と置いてけぼりを食ったときのような気分だった、と言えばいいだろうか。

ようやくオキナワバージンを卒業し、長年の〝沖縄（に行ったことない）コンプレックス〟から解放されるのだと思うと、この旅でいよいよ「一人前の旅人」になれる気がしてくるではないか！

これまで沖縄に来れなかった理由。それは、私はずっと「沖縄になんか恐ろしくて行けない！」と思っていたのだ。沖縄を訪れた人はみな口を揃えて絶賛し、私自身、沖縄が舞台の映画『ナビィの恋』や『ホテル・ハイビスカス』を見るにつけ、まだ見ぬ沖縄に、すでに恋しているような状態。行く前からベタ惚《ぼ》れだったからこそ、行ったら最後、日常がイヤになって会社を辞めてしまうような気がして、おいそれとは近づけないエリアだったのだ。

晴れて会社を辞めた私は、沖縄の文化、音楽、食べ物はもちろん、独特の信仰にも触れてみたかった。前に旅したチベット文化圏や北海道でもシャーマンと出会い、摩訶不思議な体験をしたこともあって、沖縄にもいるというシャーマンにも興味津々。

だが、空港に着いたはいいが、右も左も分からずオロオロしてしまう。

「よーし、まずは、今日の宿探しといくか！」

不安な気持ちを爆発させつつ、缶コーヒーで気分を落ち着かせ、スマホ検索を開始。

じつは、満を持してやって来たというのに、沖縄11日間の旅は、航空券以外はほぼノープラン。沖縄のオススメを人に尋ねると、みな、それぞれの沖縄体験を熱く語るものだから、行きたい所もやりたいこともありすぎて、頭がウニになってしまったのだ。沖縄通から聞いた「酷暑を避けるなら、梅雨が明けた6月末が狙い目」という言葉だけを信じて、ええい、ままよ！　と勢いで来てしまった今回の旅。

旅は基本、行き当たりバッタリが一番！　と思っている私は、せっかく11日も日程を確保できたのだから、旅の流れは全て、出会いの縁に身をまかせてみたかった。

調べると、那覇のメインストリート「国際通り」近くによさげな安宿があったので、空港直結のモノレールで向かう。

宿の最寄り駅で下車した途端、汗がドバッと噴き出す。駅前に、大型書店チェーンのジュンク堂があったので、涼みがてら中に入り、文庫コーナーをのぞくと、おお！　私の全紀行エッセイを置いてくれてる！　有難さで腰が砕けそうになり、勇気を振り絞って、若い店長さんに声をかけてみることにした。

沖縄のアロハシャツ〝かりゆしウェア〟を着こなしている店長さんは、その濃ゆい顔立ちから、まさに沖縄人《ウチナーンチュ》そのもの。テレビや沖縄料理屋でしか聞いたことがなかった沖縄弁を、ついに生で聞けるんだ！　「めんそ〜れ（いらっしゃい）」とか「なんくるないさ〜（なんとかなるさ）」なんて言葉が聞けちゃったりするのかな〜？

「あの、私、紀行本を書いてる者なんですが、拙著を置いて頂いて有難うございます！」

「それはどうもご丁寧におおきに〜。沖縄の本を探しに来はったんですか？」

アレ？　ここ、大阪のジュンク堂じゃないよね？　なぜコテコテの関西弁⁇　沖縄って、沖縄人だらけじゃないの⁉

聞くと、店長の森本さんは、地元でも沖縄人と間違えられるほど立派な「ザ・沖縄顔」なのだが、神戸から転勤して丸4年の関西人だったのだ。関西系オキナワンにズッコケつつも、沖縄のシャーマン、ユタ関連の本がないか聞いてみる。

案内された沖縄コーナーには、沖縄の文化や宗教、歴史等の本がズラリ。沖縄では、年間300冊近くの沖縄本が出版され、この店だけでも1万5000冊を取り扱っているのだという。沖縄の総人口は約140万人だというから、沖縄人がいかに故郷を愛し、アイデンティティを大事にしているかが分かる。

「前にウチの店で、〝沖縄最強のユタ〟と言われてる、照屋《てるや》全明《まさあき》さんの本のサイン会をやったんですよ」「自分がユタだと公表して、本まで書いてる人がいはるんですか！」

沖縄と奄美諸島で霊的なアドバイスを職業としてきたユタは、どこか謎めいた存在だった。琉球王国時代から第二次世界大戦前まで、魔女狩りならぬ「ユタ狩り」が行われた迫害の歴史もあって、沖縄の人たちはユタの話になると口が重くなると聞いていたのだ。

森本さんと意気投合し話し込んでいて、ハッと時計を見ると、もう昼前。アレ？　時間の感覚が狂ってる？　それともこれが、南国の沖縄では時間がゆっくり流れるという、噂の沖縄《ウチナー》タイムなのか⁉　初対面の人と1時間半もしゃべっていたことに今更ながら驚いていると、森本さんが言う。

「旅の予定がないなら、仲間にも声かけてみるんで、今夜、パーッと呑みにいきますか」

「うわ〜、ほんまですか〜⁉」

気楽で楽しいひとり旅で、唯一気がかりなのが、「夜ごはんをどうするか問題」なのだ。沖縄に着くなり、このビッグプロブレムが解決された私は、飛び上がらんばかりに小躍りしてしまった。

「沖縄は人と人が繋がるのが早いんですよ〜。作家の仲村清司《なかむらきよし》さんって知ってはります？」

「沖縄在住の有名な作家さんですよね。今、文庫の『沖縄学』を読ませてもらってます」

「ほんなら話が早いですわ〜」と言うや否や、森本さんは沖縄文芸界のスーパースターである仲村清司さんに電話をかけ始めた。はやっ‼

「朝早くにすみません、森本です〜」

って、もう11時半だよ！　沖縄って、11時半でも朝早いの⁉　ゆるっ‼

あれよあれよという展開に呆気《あっけ》にとられていると、電話を切った森本さんが言う。

「内地はアポを取るのが普通やけど、沖縄は仕事の打合せでも、じゃあ今日！　みたいな感じなんですよ。普段はのんびりでも、予定が決まると、動くのがメッチャ早いんですわ」

ハァ〜ッ。なにもかもが異文化すぎて、目からウロコがボタボタ落ちる。生粋の関西人が、たった4年でここまでウチナー化するとは驚きだ。

ユタの照屋さんの本『ウスリの心でいまを生きよう』を買い、「じゃあ、19時に！」と森本さんと手を振り合う。

店を出ると、容赦ない日差しが照りつけ、またまた体中から汗が噴き出てくる。

2時間前と全く同じ暑さで、目に入る光景も全く同じなのに、さっきまでの心細い気持ちがブッ飛んでいて、現実のことなのに夢を見ていたような気分だった。誰も知り合いのいなかった沖縄に、親しく話せる人が現れたことで、沖縄にウエルカムしてもらえたような気がしてくるではないか。

旅先で仲良しができると、その街を見る目が一変する。この沖縄はもう、私の〝知らない場所〟ではなく、仲良くなった人が日々暮らしている〝地元〟なのだ。

宿でチェックインを済ませ、モノレールで首里《しゅり》駅に向かう。駅で下車すると、かりゆしウエアを着たおっちゃんが、笑顔で声をかけてきた。

「おねえさ〜ん、これからどこ行くのさぁ〜」

まさか、人さらい⁉ 怪訝な顔を丸出しにしていると、おっちゃんは「沖縄は初めてかねぇ〜？」と、優しいイントネーションの、ゆ〜ったり語尾を伸ばす沖縄弁で畳みかけてくる。ど、どう対応すればいいんだ？ アジアの国でしつこい客引きに声をかけられると、がっつり無視できるのに、いかにも人の良さそうな恵比寿顔のおっちゃんに、人当たりのいい沖縄弁で話しかけられると、リアクションに困る。

おっちゃんはタクシードライバーであるらしく、目の前のタクシーを指して言う。

「あまり詳しくないなら、案内しようかねぇ〜」

今までタクシーに〝ナンパ〟されたことのない私は、思いきり身構えてしまった。だが、「案内しましょうか？」ではなく、沖縄弁で「案内しようかねぇ〜」と言われると、誘い文句ではなく親切心から言われているような気がしてしまって、どうもシカトしにくい。

「えと、この辺でソーキそば（豚の骨付き肉の載った沖縄そば）食べて、首里城に行こうかと」

私がそう言うと、ニコニコ顔のおっちゃんが自信タップリに言う。

「沖縄すば食べるならね〜、『玉家《たまや》』がオススメさぁ〜。食べてみて、もしおいしくなければ、タクシー代を返してもいいぐらいさぁ〜」

「そ、そんなにおいしいの？」

あぁ、ダメだ、マイルドな沖縄弁につられて反応してしまう。なんと言っても、この青空の下、映画やドラマで慣れ親しんできた沖縄弁を生で聞くのは、たまらない気分なのだ。

「玉家まで千円以上かかるけど、千円にオマケしとくさぁ〜」と言うおっちゃんの誘いを断れず、生まれて初めてディスカウントタクシーに乗り込む。

タクシーのおっちゃん、新里《にいざと》さんが連れていってくれた玉家は、地元の人でほぼ満席の人気店だった。スペシャルを注文すると、ソーキ（豚の骨付き肉）、三枚肉（豚バラ）、アーサー（海藻）、かまぼこ、ネギ入りで、なんともゴージャス。豚骨＋鰹《かつお》の出汁の利いたあっさりスープに、コシのある沖縄そばが合い、ツルツルドンドン食べ進む。

テーブルの上には、トッピング用のヨモギが置いてあった。あり得ないほど苦いのだが、甘く煮込まれたホロホロのソーキと一緒に食べると、いいアクセントになる。ジューシー（炊き込みごはん）も、肉の旨味と鰹の出汁が染み込んでいてメチャうまだ。

大満足で外に出ると、新里さんがにこやかな顔で出迎えてくれた。新里さんに、沖縄滞在中に「ひめゆり平和祈念資料館」に行くつもりだと話すと、またまた運賃をオマケしてくれるというので、これから向かうことにした。

タクシーの中で、「新里さんは、ユタって信じてます？」と聞いてみる。

「最近は信じない人も増えてるけど、沖縄には大抵、家ごとにお抱えのユタがいるさぁ〜。毎年、年始めに、ユタに今年気をつけることを教えてもらうのが習わしさぁ〜」

生で聞く沖縄弁＆ニコニコ顔にやられた！ タクシー運転手の新里さん

「へぇ～。今まで、何か言い当てられたことってあった？」

「あるさぁ～。奥さんの実家が代々お世話になっているユタが、ウチの奥さんに『あんたの夫、浮気してるよ』と言ったことがあったんだよ～」

「え、で、新里さん、ホントに浮気してたの？」

「そうさぁ～。それまで彼女のことは全く気づかれてなかったのに、奥さんから『ユタがこうこう言ってたけど、ホントなの？』って問いつめられたんだよ～。ユタに全部見透かされて、彼女とは別れさせられたさぁ～」

マジで～!? ユタ、そんなこと言ったりもするんだ！　まるで、頼まれてもないのに、霊感で浮気調査する探偵みたいじゃん！　浮気を見抜いたユタは、新里さんの大阪に住む弟3人の病気等も次々に言い当て、確認したら全部当たっていたというからたまげてしまう。

「ひめゆり平和祈念資料館」に着くと、新里さんが言う。

「待ち時間はオマケしとくから、ゆっくり見てきたらいいさぁ～」

タクシーを降りると、静かな佇まいの中、辺りにはどこか重い空気が漂っている。館内を見て回ると、今なおこの地に残る、亡くなった人々の悲痛な思いを感じずにはいられなかった。沖縄戦で20万もの人が亡くなり、一般市民の4人に1人が亡くなったということは、殆どの人が、肉親や友人を4分の1も失ったということなのだ。

近くの慰霊碑「ひめゆりの塔」「白梅の塔」でも手を合わせ、鎮魂を祈ると、涙がとめどなく流れた。自分はあの戦争を生き抜いた人間の子孫なのだから、平和のために尽くさなければ！　と気持ちを新たにする。どんな理由であれ、肯定していい戦争などないのだ。

タクシーに戻ると、待っていてくれた新里さんが言う。

「沖縄では、今も毎週日曜、自衛隊が不発弾の処理をしてるさぁ〜。毎年2万発以上、30トンの不発弾が見つかるからね。沖縄には、まだ終戦が来てないんだよ〜」

おだやかな口調とは裏腹に、なんて重い言葉だろう。日本の国土の0・6％しかない沖縄に、日本にある米軍基地（米軍専用施設を含む）の75％が集中しているというのに、いまだに基地問題は解決していない。基地被害に悩まされる〝被害者〟でありながら、米軍の出撃拠点である沖縄は、〝加害者〟的な立場として、日本の矢面に立たされている。沖縄の米軍基地は、ベトナム戦争、湾岸戦争、イラク戦争でも、攻撃の拠点になっているのだ。

とくにアメリカが「テロ国家と戦う！」と宣言して始めたイラク戦争（2003〜2011）なんて、「イラクは大量破壊兵器を隠し持っている」という大義もデマで、全く正当性のない戦争だったと判明。民間人が12万人以上（！）殺されたイラク戦争に、日本は30兆以上（！）も出資し、私はその軍資金（税金）を払っているひとりなのだ。戦争で命を落とした方々の魂が浮かばれるよう、沖縄に本当の意味で終戦が来る日を、日本が本当の意味で独立できる日を、祈らずにはいられなくなる。

沖縄に申し訳なく思っていた気持ちを、これから沖縄リピーターになることで還元していきたいなぁと思っていると、新里さんが突然、大きな声をあげた。

「見て見て！　あれが俺の行きつけの店さぁ〜」

「天下御免の激安居酒屋」という看板には、〝60分飲み放題で390円ポッキリ！〟と掲げてある。沖縄、安っ!!

お酒が大好きで毎日呑むという新里さんは、お腹がぽっこり突き出た恵比寿腹。

「さすがにその腹は呑みすぎじゃないの〜？」と言うと、「同じ人生なら、おいしいものたっぷり食べて、あの世に行った方がいいさ〜」とにっこり。ううむ、おっしゃる通り！　未来を案じて今日をガマンするよりも、毎日、今日を楽しむ方がずっと大事なのだ。

「今日も地元の仲間と呑むから、来るかい？」とお誘い頂くも、先約があったので丁重にお断りする。沖縄ひとり旅、初日からこの調子だと、呑む相手に不自由しなそうだなぁ！

夜7時、待ち合わせた「山羊《やぎ》料理　さかえ」で、ジュンク堂の森本さん、作家の仲村さんと合流し、初めての山羊料理に胸が高鳴る。

古い民家のような落ち着いた佇まいのさかえに入ると、店内の手書きメニューは、精力満点と言われる山羊料理オンパレード。「山羊炒め」「山羊刺身」「山羊汁」「山羊味噌煮」「山羊スチバーじゅうしい（ホルモン煮）」「山羊玉ちゃん」。玉ちゃんって、友だちみたく呼んでるけど、要はキンタマのことだよな。どんだけ山羊好きやねん！

沖縄の〝県民ビール〟オリオンビールで乾杯し、早速、山羊の刺身を生姜醤油で食べてみる。弾力のある肉には覚悟していたほどの臭みはなく、新鮮さが口の中に広がる。お次は山羊の焼肉丼。ニンニクと生姜ベースで炒めた焼き肉は、めったやたらと精が付きそうな味だ。

那覇在住16年、沖縄通の仲村さんが教えてくれる。

「ヤギ通ともなると、山羊料理を食べた翌日の、山羊臭いオシッコの匂いを嗅《か》いで、山羊料理を二度楽しむんですわ～」

「自分のオシッコ臭で山羊料理を反芻《はんすう》！　いや～ヤギ道の奥義はオツでディープですなぁ」

日に焼けた仲村さんは、沖縄を自分の足で歩き、各地で酒を呑み語らってきた作家さんなだけあって、話に含蓄《がんちく》がある。

大阪で生まれ育ち、コテコテの大阪弁を話す仲村さんだが、じつは両親とも沖縄の人なのだという。戦時中、仲村さんのお母さんは米軍の捕虜となった父親を収容所で亡くし、爆撃で幼い弟さんを亡くし、家まで焼け落ちたりと、あまりにも過酷な体験をしたため、大阪に移住。同じく沖縄から移住してきたお父さんと出会い、仲村さんが生まれたというのだ。

ウチナーンチュ2世の仲村さんは、そんな話を聞くにつれ、自分のルーツを知りたい気持ちが募り、38歳のとき移住を決意したのだという。今は沖縄出身のタレントやミュージシャンも多く、〝憧れの南の島〟というイメージが強いものの、沖縄が歩んできた道のりは決して平坦ではなかったのだ。

9時を過ぎ、放送局に勤める今井さんが合流し、沖縄のオバアスナック話で盛り上がる。中でも、栄町にある「スナックしのぶ」の77歳の美人ママは、酔っぱらってくると、自慢げにおっぱいを見せだすというのだ。

「前に『しのぶ』に行ったとき、食べるものが何もなくて、空きっ腹で呑んだ後、帰り際に『家で食べてね～』って、乾麺のソーメンをそのまま渡されたことがありましたよ」

「ええ⁉　そんな手抜きスナック！」

興に乗って乳出してるヒマがあったら、ソーメンぐらい茹《ゆ》でてやれよ！　と言いたくもなるが、客もそんなしのぶが好きで通っているのだからして、文句も言えまい。

沖縄のソウルフードをたんまり頂き、2軒目はライブハウス「島唄」へ。沖縄を代表する民謡グループ「ネーネーズ」の生ライブで盛り上がった後、面白いメンツが夜な夜な集うというバー「土《つち》」で呑み明かす。あぁ、まだ沖縄初日だということが信じられないぐらい、濃ゆい夜が更けていく……。

平均年齢78・5歳、驚異のオバアスナック

翌日、沖縄一の観光スポット、国際通りへ向かう。食事処《どころ》や雑貨屋が軒を並べる通りには、ヤシが青々と生い茂り、いかにも南国らしい雰囲気だ。

活気に満ちた「牧志《まきし》公設市場」に足を踏み入れると、カラフルな熱帯魚が目に飛び込んでくる。赤、黄、ブルー、ストライプ柄、水玉模様、マーブル模様と、見るも鮮やかでビビッドな食用魚の数々。肉屋さんには、お面のように被れそうな「豚の顔の皮」や、〝ピースサイン〟をしてるように見える「豚の足先」、さらには「豚の頭」が店先にデーンとディスプレイされていて目を見張る。

人々のゆるい雰囲気はどこか台湾に似ていて、雑多なムードは東南アジア風でもあり、不思議の国のマーケット感満載。沖縄を旅していると、いっぺんに何ヵ国も周遊してるようなオトク感があるなぁ！

出店で揚げたてのドーナツを買うと、目鼻立ちクッキリのおねえさんたちが「内地から来たんね～」と声をかけてくる。

「はい。外カリッ、中フワ～で、ウマいすね！　この、サ、サンターアンダー」

「ハハハッ！　沖縄のドーナツはねぇ～、『サーターアンダーギー』って言うのよ～」

精肉店の〝看板豚〟＆兄ちゃん

笑顔で決め！ 市場のおばちゃん

さすがブタ好き！「トンタッキーおじさん」の看板

「『サーター』が砂糖、『アンダーギー』が揚げるって意味さぁ〜」

「ヤマトの人には、言い難《にく》いでしょ〜」

私には一生、覚えられそうにない長たらしい菓子名に加え、「内地から？」「大和の人は」と言われると、自分が「日本人」であることを痛感させられる。私にとって「ヤマトの人」と言えば「クロネコヤマトの宅急便」なのに、沖縄の人からすると、日本の本土（内地）に住む日本人《ヤマトンチュ》、内地人《ナイチャー》のことなのだ。

沖縄は、日本ではありながらも、日本ではない感じがしてならなかった。そして、こんなにも日本ではないのに、やっぱり日本なのだ。

プラプラ散策した後、モノレールで首里城を目指す。

荘厳な城門をくぐると、青空の下、朱色に彩られた正殿が、ドドーンとそびえ立っている。南国風のカラフルな色彩に彩られた王城は、龍の装飾の多さは中国風であり、屋根は日本の寺院にも似た和風で、琉球のごった混ぜ文化、「チャンプルー文化」を体現したような建物だ。

交易が盛んだった頃、琉球の港には、中国や朝鮮や東南アジアの貿易船が数え切れないほど浮かんでいたんだろうなぁ。平和外交に長けていた琉球の、在りし日の姿を想像せずにはいられなくなる。

450年もの間、海洋貿易国家として繁栄し、明治時代になるまで独立国だった琉球王国には、「踊奉行《おどりぶぎょう》」なる官職があったのだという。そしてこの、踊り専門の国家公務員が、当時、絶大な勢力を誇っていた中国（明）との関係が悪化したとき、関係改善に一役買い、琉球の危機を救ったというから驚きだ。さすが、武器に頼らず、音楽&踊りでアジアの国々と渡り合っていた琉球だけのことはある。あっぱれ、踊奉行！

夕方、宿近くの天然温泉「りっかりっか湯」に向かうと、お客は地元のおばちゃんたちばかりだった。

湯船に浸かって癒されていると、人なつっこいおばちゃんたちが私の体を見て、次々に話しかけてくる。

「ね、あんた、コレどうしたの～⁉」

「あぎじぇ！（わっ！）　こりゃヒドいわぁ～」

どうやら私の傷だらけの体を見て、DVか何かと心配されてしまったらしい。

「えと、これは、南太平洋のツバルって国を旅したとき、蚊にかまれまくっちゃって」

私がそう言うと、目を丸くしたおばちゃんたちが言う。

「あきさみよぉ～！（あれまぁ！）　そんな遠くまで旅してきたんかいねぇ～」

「ねえさん、どこから来たさぁ〜」

「えっと、今は東京やけど、出身は大阪ですねん」

マイルドな沖縄弁で話しかけられると、私も地元色を出すのが礼儀かと思い、不自然なまでに大阪弁で返してしまう。

「忙しい内地から来ると、沖縄はのんびりしてて、ビックリするでしょ〜」

沖縄の人は「自分たちは、内地とは違う、ウチナータイムを生きている」という自覚があるのがおかしい。ひとり、ふたりと言葉を交わすうち、芋づる式に仲良くなっていく。

市場で働いているというおばちゃんたちの年齢層は50〜70代後半と幅広いものの、みな超すこぶる元気で、存在感がハンパない。

「ウチナーンチュは、でぇーじ（とても）めんどくさがりよ〜」

「朝、遅く起きると、走るのは〝なんぎー〟さぁ〜。千円覚悟して、絶対タクシー乗るもんねぇ〜」

「ハハッ、走りたくないから、タクシー！」

働き者なんだけど面倒臭がりで、人なつっこいのにシャイな面が見え隠れする、気のいいおばちゃんたちとしゃべっていると、体と一緒に心まで癒されていくような気持ちになる。

沖縄の人の優しいしゃべり方はなんとも耳心地よく、まるで歌でも聴いているような気分になるのだ。

そのうち、世話焼きのおばあが「マッサージしてあげるさぁ〜」と言ってきて、湯船に浸かったまま、のけぞらされる。

「え、あの、え？」

おばあは慣れたもので、背後から私の両脇に手を入れて体を固定し、自分の両膝で私の背中をグリグリ押し出すという、破壊的に強力なストレッチマッサージが始まった。有無を言わさず、真っ裸《マッパ》のおばあに羽交い締めにされた私は、真っ裸のまま湯から浮き上がっているので、下の毛丸出し状態。

「ちょ、イデ！　イデデデデ〜!!」

「ねえさん、でぇ〜じ凝ってるね〜」

凝ってるっつーか、公衆の面前でこんなアラレもない体位をさせられたら、誰でも体がコチコチになるつーの！

「マジ、そこ、イタすぎ！　アイダダダダ!!」

「こりゃひどいわ〜。体の力を抜いて、もっと私にもたれんさい!!」

しょえ〜！　全裸のガップリ四つでからみ合ってると、まるで、公然とSMプレイをやってるレズビアンカップルみたいじゃん!!　アタシ、なんでこんなとこで、真っ裸でエビぞりになってんだ⁉　と思うと、笑いが止まらなくなる。沖縄、見るもの聞くこと、全てが面白すぎるぞ！

夜8時、昨夜会った今井さんと待ち合わせ、〝伝説のオバアスナック〟へ向かう。

店の表には、濃いピンクのネオン「スナックしのぶ」がエロチックに輝き、怪しげなオーラを醸し出している。古びたドアを開けると、昭和ムードの漂う、一見フツーのスナックという感じだ。

「あら〜、いらっしゃ〜〜い」

甘〜い鼻声で出迎えてくれたのは、ばっちりメイクでキメた、77歳のしのぶママ。水玉模様のエレガントなシャツに、白いロングのタイトスカートを着こなしたママは、想像以上に上品な雰囲気で、聞きしに勝る美人だった。それにしても、なんだろう、この匂い立つような妖気は。ママには、この年でも男を惑わせるような、面妖な色気があるのだ。

ママの相棒は、御年80歳（！）のホステス、ミッちゃん。化粧っ気《け》がなく、顔の造作も地味なミッちゃんは、ウチのおかんと雰囲気が似ている気がしてならなかった。ん？　てことは、おかんと瓜二つの私も、ミッちゃん似ってこと⁉　ホステスの平均年齢78・5歳のオバアスナックで、まさか、自分の老後に似たオバアホステスと呑むことになるとは‼

店には客がおらず貸し切り状態だったので、今井さんの隣にママが、私の横にミッちゃんがガッツリ付き、まずはオリオンビールで乾杯。

ママは「しばらくねぇ〜」と言いつつ、40歳も年下の今井さんの股《また》に手をすべらせ、すりすりタッチしている。今井さんはというと、そんなママになされるがままで、どこをどう弄《もてあそ》ばれようが苦笑するしかない流れになっている。

「また、スゴいトコ、触ってますね〜」

面食らった私が言うと、ママはあっけらかんと言い放つ。

「うふふっ。この世にはね、男と女と酒とつまみしかないのよ〜」
ス、スゴい。フツーはホステスが若かろうが熟女だろうが、酔った客がホステスを触り、ホステスが「んも〜！」と客をあしらうモノ。だがママは、好みの若い客を触りたいから触っていて、自分の欲望のままに生きているのだ。私が知っている世界とは価値観が真逆なスナックで呑むと、浮遊感も手伝って酔いが回る。
「ヒャ〜ハハ！　ママは美人でエッチだからね〜、浮気もいっぱいしたさ〜」

口にチャックができない感じのミッちゃんから、ママの個人情報がダダ漏れになる。だが、ママの人生には隠し事がないらしく、「んふふっ、10人は浮気したわね〜」なんて言ってゴキゲンだ。

しのぶママ（右）＆ミッちゃん、史上最強のオバアコンビ！

「ずっとホステスを？」と聞くと、ママは語尾は伸ばすものの16ビートの早口で言う。
「お店が立ち退《の》きにあって、一回は足を洗ったのよ〜。で、社交ダンスしたりカラオケしたりカチャーシー（沖縄特有の両手をこねる踊り）して遊んでたさぁ。でも、毎日お酒呑んで遊んでると、お店とやってることは変わらないのに、お金ばっかり使うでしょ〜。だから趣味と実益を兼ねて、70歳でまたお店を始めたのよ〜。働かないと、ビールもおいしくないしねぇ」

なんとママは水商売を引退後、元気、体力、時間を持て余し、古希《こき》にしてスナックを再開したというのだ。

超笑い上戸なミッちゃんは、さっきから話の流れは一切無視で、林家パー子みたく「ヒャ〜ハハ！」と声を上げてはパチパチ拍手している。大のビール党だというミッちゃんは、客に「頂いていいですか？」みたいな確認もなく、店内価格1本千円（！）という高額な瓶ビールを勝手に開けては、手酌でジャンジャン呑んでいる有り様。

ママは突然、「年は取りたくないわ〜」と言ってシナを作ってみたり、「『那覇の漫湖《まんこ》公園で小学生が写生《しゃせい》大会！』、ア〜ッハッハ！」と世にもお下劣なダジャレを言ったり、話題がクルクル変わる。支離滅裂な会話が延々続くのだが、どこまでも陽気なふたりの〝誘い笑い〟につられて、なんだかよく分からないまま、こちらもず〜っと笑わされている感じなのだ。

ママはものスゴい勢いで話しかけてくるものの、酔えば酔うほど沖縄訛りが強くなり、半分も意味が分からない。何度も聞き返してようやく、数年前に夫と死別し、とっくの昔にお子さんたちも成人していることが分かった。

「ふたりとも、メチャメチャお元気ですね～」と感心すると、「私らは人間じゃないのさ～」とママが豪語する。人間じゃないなら、アンタら、いったい何者なんだ⁉

何も食べずに来たので腹がへったなぁと思っていると、気を利かせたママが言う。

「うふっ。今日は特別にお寿司があるのよぉ」

え、お寿司が出るの⁉　なんか、高級スナックっぽい感じ～。

だが、「食べてね～」と言ってママがテーブルに置いた寿司は、スーパーの半額シール付きの、盛り合わせパックだった。夢を見せてくれるハズのスナックで、生活感、丸出しすぎじゃん！　せめて皿に入れ替えようよ！

一事が万事この調子で、全てがママ&ミッちゃんのペースで進んでいく。そのうち、興に乗ったママがついに、「私のピンクの乳首、見たい～？」と言い出した。

話には聞いていたものの、この場でホントに脱ぐの⁉　と固唾《かたず》を呑んでいると、意気揚々と脱いだママの乳首の、真っピンクでまぁ美しいこと！　スカートをズリ上げ、パンツ丸見え状態で呑んでいたミッちゃんは、最初こそ「ヒャハハ！　ママはきれいよね～」と指をくわえていたのだが、いつしか自分も上半身裸になり、ブラを取っ払っているではないか！

「先っぽだけ見る～？」

先っぽだけって！　そこが一番隠す部位だよ!!　トップレス姿でソファーに寝転び、大股を広げてV字開脚ポーズになっているミッちゃんが言う。

「楽しくなると、私、スケベになるのよぉ～」

なんだそのプチ情報！　今すぐ脳から削除したいぐらい興味ねーし！

「ね？　全然垂れてないでしょ～？」

釣り鐘形のおっぱいを誇らしげに見せつけてくる、ホクホク顔のしのぶ。若気の至りならぬ、〝老後の至り〟に達したオバアたちのストリップに、開いた口がそのまま塞《ふさ》がらなくなってしまう。

「オバアたち、な～んで脱ぎたくなっちゃうんですかね～」と聞くと、今井さんが言う。

「ママはきれいだし、若いときは、客に触られたりとかセクハラされたこともあったろうけど、ある時点でそれが逆転して、今までの反動で見せたくなっちゃったんですかねぇ」

それって荒技のリベンジ!?　それとも、単なる遅咲きの狂い咲き!?　なんにせよ、オバアたちに羞恥心《しゅうちしん》はなく、まるでヌーディストビーチかの如く、威勢のいい脱ぎっぷりなのだ。

ミッちゃんがニマニマ笑いながら「てるちゃんの裸も見たいさ〜」と言ってもたれかかってくる。

「え、ワタシも⁉」

ミッちゃんの裸を見ると、正直、イイ年こいた自分のおかんのセミヌードを見ているようでハズカシいのに、そんなトリッキーなエセ親子共演、カンベンしてよ！

見ると、服を着終えたしのぶは、またビールをガブガブ呑み始めている。しのぶは今井さんの顔を両手で押さえたかと思うと、ブチューッとキスしたりと、無限大に自由を謳歌。

店に来た客に対して、自分のやりたいことをし、自分のしゃべりたいことをしゃべり、自分の呑みたい酒を呑む店、スナックしのぶ。ここは、女帝しのぶが経営する治外法権で、常識にとらわれないオバアたちには「人はこうあるべき」などという縛りが一切ない。70歳にして、やりたい放題できる楽園を創ってしまうとは、なんてオリジナルな生き方だろう！

ママに何度目かのチューをされた今井さんが、唇に付いた真っ赤な口紅をおしぼりで拭きながら言う。

「『しのぶ』に来ると、呑んでるときは、ものスゴく元気になった気がするんだけど、オバアたちに生気《せいき》を吸い取られて、翌日、使いモノにならないんですよね〜」

悠々自適な年金生活もできるのに、働き盛りの客からパワー&マネーを吸い取り、どんどん若返っていく妖怪オバアたち。酔っておっぱいポロリはさておき、80歳になったときには、私もこのぐらい規格外のスーパーオバアでありたいなぁと思う。オバアたちには晩年というモノがなく、正真正銘、「一生現役」なのだ。恐るべし、沖縄のオバア！

〝神の島〟久高島へ渡る

3日目、世界遺産の斎場御嶽《せーふあうたき》を始め、本島の南部に点在する〝聖地巡り〟に向かう。バスターミナルに着くと、海坊主のような風貌のタクシーのおっちゃんが、陽気に声をかけてくる。

「バスはしばらく来ないさぁ〜。いろいろ回りたいなら、ジイちゃんにまかしときな！」

ノリのいいジイちゃんのタクシーで、「東御廻り《あがりうまーい》」と呼ばれるコースを巡ることにした。

「ヤマトは京都も奈良も伊勢も、じぇんぶ、人が造った寺や神社だろ〜。沖縄には、ご神体も神殿もないさぁ〜。神様は、あちこちにいるからね〜！」

大きな声でハキハキ話す〝ジイちゃん〟こと安仁屋《あにや》さんは、メチャメチャ早口の弾丸トーク。昨日のしのぶママもそうだったけど、沖縄弁は語尾を伸ばすからゆったりとした印象があるものの、想像以上に早口の人が多いのだ。

「最後に連れてくけど、沖縄最大の霊場、斎場御嶽はね、先祖から呼ばれた人が行く場所なんだよ〜。あんたのご先祖様は、今日あんたがここに来ることが分かってたさ〜。先祖はみんなお見通しだからねぇ！　先祖は、自分の子孫の願いを叶えてやりたいと思って、見守ってくれてるんだよ〜」

「沖縄の信仰は、祖先崇拝と自然崇拝とアニミズムが、根底に流れてるんですねぇ」

沖縄の宗教は、「御嶽《うたき》信仰」と言われるぐらい、〝祖霊神〟や〝自然神〟が訪れる聖域、「御嶽」が信仰の場になっているのだという。沖縄の神様に挨拶しようと思ってやって来た聖地巡りで、自分の先祖の話になるとは思いもしなかった。

「豪快に生きてそうなジイちゃんも、ちゃんとご先祖様を敬ってるんだねぇ」

私が言うと、ジイちゃんは当然！　という感じで言う。

「ジイちゃんは毎日、ご先祖様に手を合わせてるさぁ〜。ウチの娘なんか、30歳すぎて急に霊感が強くなってさぁ〜。ご先祖の霊から何から、いろいろ見え出しちゃってるよ〜。最近じゃ、神様のご神託まで聞けるようになってきたからね〜」

一見、スピリチュアルとはほど遠く思えるジイちゃんみたいな人から、沖縄のスピ系話がざくざく出てくる。沖縄って、霊的な話がフツーに出てくるんだなぁと感心してしまう。

「安仁屋さんは、なんで自分のことを『ジイちゃん』って言うの？　お孫さんがいるから？」

「そう！　これがジイちゃんの孫さ〜」と言いつつ、ジイちゃんがかわいいお孫さんたちの写真を見せてくれる。

「じゃあ、お孫さんが生まれる前は、自分のこと、なんて呼んでたの？」

「覚えてないさぁ〜。沖縄は結婚が早いから、ジイちゃんは随分前からジイちゃんさ〜」

聞くと、安仁屋さんはまだ60歳。老人扱いされたくないという人も多いのに、安仁屋さんは自ら「ジイちゃん」と名乗り、万人に対して「ジイちゃんと呼んでほしい宣言」をしているのだ。

見るからにヤンチャそうで、立派な体格のジイちゃんが言う。

「ジイちゃんは、今は空手の師範もしてるけど、高校時代は手がつけられない暴れん坊だったんだよ〜。ケンカするために基地にバイトに行ってたさぁ〜」

ワイルドな青春だなぁ！　職業を聞かれたので、世界を旅していることを話すと、ジイちゃんは言う。

「ジイちゃんは、白人、黒人、ナニ人でも、女性はいっぱい抱いてきたさぁ〜！　セックスは言葉ナシで出来るからな。おまえも世界回ってきたから、分かるだろ〜？」

「ちょ、ジイちゃんと一緒にしないでよ！」

こうやって話していると、ジイちゃんにしても、しのぶママにしても、温泉で会ったおばちゃんたちにしても、ウチナーンチュには謙遜《けんそん》というモノがなく、沖縄が大好きで、郷土に誇りを持っているのが素晴らしいなぁと思う。

岩盤をくり貫いて造られた太陽の門のある「玉城《たまぐす》グスク」や「知念《ちねん》グスク」を巡り、ジイちゃんが斎場御嶽まで送ってくれる。

琉球王国、最高の聖地を前に、ジイちゃんが大真面目な顔で言う。

「御嶽は聖地だから、石一個、草一本、持って帰ってはいけないよ。神様には、お願いするだけじゃなく、感謝の気持ちを伝えるんだよ〜」

手を振りながら満面の笑みで去っていくジイちゃんを見送り、いよいよ神域の中へ。

斎場御嶽の入口、御門口《うじょうぐち》を前に、心の中で名前を名乗り、(今日こちらに来ることができて光栄です。有難うございます)と挨拶する。かつては琉球の王族しか入れなかったという聖域に足を踏み入れた途端、空気がスッと変わったように感じられる。

緑がつやつやと輝く中、石畳の細い道を歩いていると、木漏れ日が美しく、なんとも神聖な気持ちになる。空気が信じられないぐらい澄んでいて、それでいて非常に厳かな雰囲気で、この森全体が聖地な感じだ。

しばらく歩くと、深い森の中に忽然と巨大な岩が現れた。「大庫理《うふぐーい》」という拝所で、「かつてここで、琉球王朝で最高位の神女《ノロ》の即位式が行われていた」と説明書きにある。そんな聖なる拝所の石段に上がり込み、ゴザを敷いてピクニックしている人たちがいる！　と思ったら、どうやら拝みに来たウチナーンチュらしい。餅やバナナやリンゴをお供えし、何やら熱心にブツブツ唱えている。斎場御嶽は、古代の遺跡ではなく、今も人々の信仰が生きている「祈りの場」なのだ。

さらに先に進むと、世にも不思議な造形が姿を現した。真っ直ぐに切り立った巨岩に、もう一方の巨岩が寄りかかり、人が通れるほどの三角形の隙間ができている。この奥が、斎場御嶽の中で最も神聖な聖域、「三庫裏《さんぐーい》」なのだという。

今まで訪れた神社仏閣とはまるで違う、既視感のない信仰場所だというのに、畏れ多さを感じ、気持ちがグッと引き締まる。人が造った場所ではなく、自然をそのまま生かしているせいか、ダイナミックな造形の存在感が胸に迫るのだ。自然を崇拝するというのは、こういうことなんだなぁと思わずにはいられなかった。

岩壁に囲まれた三角形の空間の中に入ってみると、空気がひやっとし、非日常な静けさを感じる。小さな三庫裏の中には、〝神の島〟と言われる「久高島《くだかじま》」を拝む、遥拝所があった。生い茂る木々の葉が、ポッカリ空いた空間を神秘的に縁取っていて、自然の窓のようになっている。

そこから遠方を眺めると、きらめく海に浮かぶ久高島の、神々しく美しいこと！　久高島は、琉球創世神である女神が天《アマキヨミ》から降り、国づくりを始めたとされる聖なる島なのだ。

今夜は久高島の民宿に予約を入れていたので、斎場御嶽の受付で安座真《あざま》港への行き方を尋ねると、職員のおじさんが言う。

「久高島行きの最終のフェリーは5時半発だよ。もう5時すぎだから、タクシー呼んでると間に合わないね〜。これから家に帰るとこだから、車で港まで送ってあげるさ〜」

「ホントですか⁉　助かります〜！　御嶽がすばらしくて、つい長居してしまって」

車に乗り込むと、おじさんがニコニコ顔で言う。

「沖縄は『イチャリバ チョーデー』だからね〜。『会えば、みな兄弟』って意味さぁ〜」

「会えばみな兄弟！　内地のことわざ『袖触れ合うも他生《たしょう》の縁』よりも、さらに濃厚な感じですねぇ」

「袖触れ合うも他生の縁」は、「道で人と袖が触れ合うような出会いも、前世からの縁によるものだから、どんな出会いも大切にすべし」という意味で、仏教の輪廻《りんね》転生がベースになったスピリチュアルなことわざだ。一方、沖縄の場合、前世がどうとかいう回りくどさはなく、至ってシンプル。出会ったら、みな兄弟、「人類みな兄弟！」なノリなのだ。

親切なおじさんのおかげで、ギリギリセーフで最終のフェリーに乗り込み、〝神の島〟と呼ばれる久高島へ向かう。20分ほど船に揺られると、青い海にぽっかり浮かぶ、緑の小さな島が見えてきた。

久高島を前に、「おお〜、島だ、島！」と胸が高鳴る。ふだん日本が「島国」であることをそう意識しないのと同じで、面積の大きな沖縄本島では「島感」をここまで鮮烈には感じなかったからだ。

だが、着いた港は小さな待合所があるだけで、〝神の島〟は一見、何の変哲もない、素朴な島だった。

ものの見事になんにもないなぁと思っていると、手作りの大きな横断幕を持った集団がドドーッと押し寄せてくる。え、一体、誰の出迎え？　まさかアイドルでも乗ってたの⁉　と辺りを見回すと、制服姿の男の子と女の子が照れくさそうにその団体に近づいていく。

「ようやったなぁ！」「おつかれさま〜！」「おめでとう〜‼」

立派な額に入った賞状を持ったふたりが、20人以上に取り囲まれ、歓喜ムードに包まれている。

「何かおめでたいことがあったんですか？」

先生らしき女性がいたので、尋ねてみる。

「今日、本島で開かれた弁論大会で、ウチの生徒ふたりが表彰されたって連絡があったんで、同じ中学のみんなで、お祝いの出迎えにきたんですよ～」

笑顔の純朴なふたりを祝福する、これまた純朴そうな中学生たち。なんてのどかな光景だろう。これぞ、島って感じ～！

「おめでとう！　記念に撮らせてもらっていいかな～？」と声をかけ、カメラを向けると、中学生たちが「イェーッ!!」と元気いっぱいに応えてくれる。

港を去って行く中学生たちと手を振り合うも、どっちに歩き出せばいいのか全く分からない。初めて来た者にとって、島ほど土地勘の働かない場所はないのだ。

「すみません、民宿『さわ』の場所、知ってはりますか？」

同じフェリーに乗っていたとおぼしきメガネのおっちゃんに聞いてみると、「車だから、乗せてってやるよ～」と一言。お言葉に甘えて、おっちゃんの車に乗り込む。

ものの5分で着いた宿で車を降り、おっちゃんの名前を聞くと「小さい島だから、また会うさぁ」とこれまた一言。口数の少ないおっちゃんは、またたく間に走り去ってしまった。

着いた民宿「小やど SAWA」で「すみませ～ん」と声をかけると、庭の手入れをしていた民宿の女主人、さわさんがニコニコ顔で出迎えてくれる。

「いらっしゃ～い。暑いわねぇ。ちょうど休憩しようと思ってたところよ～」

捌き屋 盟友

浜田文人

土地開発を巡る利権と癒着に、企業交渉人が挑む。

企業間に起きた問題を、裏で解決する鶴谷康。不動産大手の東和地所から西新宿の土地売買を巡るトラブル処理を頼まれる。背後に蠢く怪しい影に鶴谷は命を狙われるが——。シリーズ新章開幕。

書き下ろし

650円

孫連れ侍裏稼業 脱藩

鳥羽亮

HELL 女王暗殺

浦賀和宏

母を殺された俺に残ったのは欠陥品の心臓だけ。

母が殺害された。謎の数字と、自らが本当の親ではないことを言い遺して。自分が知る世界は何だったのか？ 謎の先にあったのは、巨大な陰謀だった。驚天動地のポリティカル・ミステリー！

770円

能舞台の赤光 多田文治郎推理帖

鳴神響一

公儀目付役・稲生正英から大大名の催す祝儀能への同道を乞われた多田文治郎。幽玄の舞台に胸躍らせるが、晴れの舞台で彼が見たものとはいったい……？ 瞠目の時代ミステリ、第二弾！

書き下ろし

580円

著者渾身の

怪盗鼠推参（一）（二）

稲葉稔

600円

老剣客に訪れた運命の岐路。

伊丹茂兵衛が引き受けた裏の仕事は、秘剣を操る辻斬りの始末。折しも突如やってきた国元の亀沢藩士が驚くべき事実を口にした——。敵を追う茂兵衛と松之助に新たな局面。怒濤の第三弾！

書き下ろし

580円

遠山金四郎が咆える

小杉健治

江戸所払いの刑を受けた罪人たちが、江戸の町に潜伏しているらしい。北町奉行遠山景元、通称金四郎は探索をする中で、大鳥玄蕃という謎の儒学者の存在を知る。男の正体とは？　シリーズ第三弾。

書き下ろし

650円

若旦那隠密3　哀しい仇討ち

佐々木裕一

将軍家の密偵としての顔を持つ大店の若旦那藤次郎が抜け荷の疑いをかけられ、小伝馬町の牢屋敷に送られた。噂は瞬く間に町を駆け巡り……。江戸の風情と人の情愛が胸に迫るシリーズ第三弾。

書き下ろし

600円

2カ月連続刊行！

家禄も扶持もないが明るい貧乏浪人の百地市郎太は、ある日鼠小僧に出会い弟子となるが——。先祖伝来の忍びの術と必殺剣が光る新シリーズ、堂々始動！

書き下ろし

600円

お悦さん　大江戸女医なぞとき譚

和田はつ子

江戸一の女医・お悦が、病と悪を成敗。痛快無比の傑作小説！

出産が命がけだった江戸時代、妊婦と赤子を一流の医術で救う女医・お悦。彼女が世話をしていた臨月の妊婦が骸で見つかってしまう。真相を探るうちに大奥を揺るがす策謀に辿り着く羽目に——。

オリジナル

800円

こんがり日に焼けたさわさんは、生命力がバッと前面に出ていて、太陽のようなまぶしい笑顔の人だった。

居間で冷たいお茶を頂きつつ、さわさんとまったりする。

「港に、賞を取ったふたりを出迎える中学生が大集合してて、盛り上がってましたわ」

「あぁ、同じ船だったんね～。『優良賞』を取ったの、ウチの下の娘なのよ～」

「あの女の子、さわさんの娘さんやったんや！　スゴ～い！　おめでとうございます！」

聞くと、さわさんは民宿を切り盛りしつつ、女手ひとつでふたりの娘さんを育てているのだという。

奥の和室に目をやると、床の間には神様の掛け軸やさまざまな像が飾ってあったので、グッと親近感を抱いてしまう。私の仕事部屋の飾り棚も、ダライ・ラマ法王の写真から、ブッダ像、神社の御札、ハワイのパワーストーンまで、自分のお気に入りの〝有難いグッズ〟をいろいろ飾っているからだ。

客室が2部屋の、こぢんまりとした民宿は、素泊まりのみなのだという。「宿で、水って買えますか？」と聞くと、さわさんが外を指して言う。

「飲み物や食べ物は、お隣の『すみれストア』で売ってるから、隣で買ってね～」

私は水分をよく摂《と》るので、夜中にノドが渇いたら困ると思い、「飲み物だけでも、宿で売らはったらええのに」と言うと、「島んちゅ（島の人）には、そういう考えがないのよ〜。宿で飲み物を売ったら、隣が売れなくなるでしょ〜」と笑顔で返されてしまう。

そうか、だからさわさんの民宿は「素泊まり」のみで、食事付きプランがないのか。久高島の人口は300人足らずで、島民全員が知り合いな世界。島んちゅは、自分のことだけを考えず、みんなで分かち合うことを大事にしているのだった。「宿で飲み物を売ればええのに」なんてことを口にした自分が、なんだかハズカシくなる。

聞くと、この島には私有地がなく、島の土地は全て、島民で管理しているのだという。久高島には、土地を所有するという概念がないのだ。〝神の島〟と呼ばれる久高島が「神の住むリゾート！」などと煽《あお》られて開発されないよう、先祖代々の土地をみんなで守らんとする心意気に胸を打たれてしまう。

さわさんと居間でしゃべっていると、庭から、いかにも島の男！　という感じのおっちゃんが顔を出した。

「あぁ、にいにい（お兄さんや、男の先輩の呼び方）、今日はもう仕事終わったの〜」

「お！　また、かしまし（やかましい）そうなのが来てるな〜」

「ちょっと出会い頭に！　まぁ、ホンマのことやけど」

自然体で朴訥《ぼくとつ》なにいにいは、一見、愛想がないものの、会った途端、信頼できる安心感があって、にいにいともすぐに打ち解ける。

「これから、大阪から来てるねえちゃんを夕日スポットに連れてくけど、一緒に来る?」

「うわ〜、行く行く!」

昨日から宿に泊まっているというみつえさんと一緒に、にいにいの車に乗り込む。

にいにいの案内で着いたのは、目の前にバーッと海が広がる、気持ちのいい岬だった。天然の芝生《しばふ》のような草がビッシリ生えていたので、サンダルを脱いでみる。

「うっわ〜、この草、ふっかふかで、メッチャ気持ちいい〜!」

ハイテンションになった私が言うと、ノリのいいみつえさんも裸足《はだし》になって大ハシャギ。

「ほんまや! 肌触りメッチャええねぇ」

ほぼ同い年の大阪人同士、思わず童心に還《かえ》り、そこいらを走り回ってしまう。

「これ食べながら、夕日を待とうかね〜」

にいにいが釣って作ったというブダイの唐揚げを食べると、白身が濃厚でうまい!

3人で草の上に座り、黄金色に輝く夕日が、空と海を同じ黄金色に染めていくのを眺めていると、なんとも幸せな気持ちになってくる。こんなにシンプルなことで心がマックスに満たされるなんて、久高島は相当のヒーリングアイランドだと思わずにはいられなかった。沖縄本島も素晴らしかったものの、那覇は都会だから、多少の緊張感はあったのだ。

ところが久高島に着いた途端、時間の流れがゆるやかになり、体と心がゆるみ、全くと言っていいほど緊張しなくなったことを思う。本島から船に20分揺られたところに、これほど心地いい世界が広がっていたとは！

にいにいと後で呑む約束をして別れ、みつえさんと食堂「とくじん」へ向かう。ここは、島のオジイが獲《と》った魚やオバアが作った野菜が食べられる、島随一のグルメ処なのだという。中に入ると、宿まで送ってくれたメガネのおっちゃんが、家族でごはんを食べている姿を発見！

「あ〜っ‼」

「言ったろ？　小さい島だから、また会うって」とおっちゃんが笑顔で言う。

みなでオリオンビールで乾杯する。粒の大きい海ぶどうを食べると、新鮮なプチプチ感がたまらず、もずくの天ぷら&もずくの味噌汁は、口の中に磯の香りが広がってうまい！

久高島名物、イラブー汁（海へビのスープ）御膳&イラブー酒が運ばれてきた。ブツ切りになったイラブーは、黒いウロコが丸見えで、かなりグロテスクな見栄えだ。

さっきとは打って変わって、酒を呑んで饒舌《じょうぜつ》になったおっちゃんが言う。

「イラブーは史上最強の滋養強壮食で、昔は琉球の王族しか食べられなかったんだぞ〜。若い男には食べさせるなって言われてるぐらいさ〜。元気が出すぎて、夜這いするからな！」

〝神様からの贈り物〟と言われるイラブーは、鰹節を丸ごとかじったようなアッサリ味だったが、イラブーを泡盛に漬けて作ったイラブー酒を呑むと、体がカッカと燃えてくる。

「なんか体がほてってきた〜。今夜寝れないよぉ」

私が冗談めかして言うと、おっちゃんがニカニカ笑いながら言う。

「おめぇんとこには誰も夜這いにゃ来ないから、安心しろ！」

「そりゃ、私は万人ウケしないけど、マニアには大ウケなんだよ！」

軽口を叩き合いつつ、気前のいいおっちゃんに泡盛を何杯もご馳走《ちそう》になり、すっかり酔っぱらってしまう。


宿に戻り、お隣のすみれストアに缶ビールとおつまみの買い出しに行くと、民家の横に小さなコンテナが建っていた。鍵のかかっていない引き戸を開けると、飲み物や最低限の食材、生活用品等が棚に置いてあるものの、無人状態。どうやらお金を払うときは、民家の方に声をかけるシステムになっているらしい。

ノーガードすぎて万引きされやしないか？　と心配になるが、ここまで堂々と「モノを盗《と》るような人、いるワケないさ〜」モードで店を構えられると、そんなことをすぐ想像してしまう自分自体、毒されているような気がしてくる。

島のムードはまさに、「奪い合えば足りないけど、分け合えば足りるさ〜」な世界。人口300人で最低限のモノしかない環境だと、「みんなで生きている」感があって、人を疑ってかかるような考えが起きないのかもしれないな。

「すみませ〜ん、お会計いいですか？」

声をかけると、ドアが開きっぱなしの民家から、ホロ酔い加減のおばちゃんが出てくる。暖簾《のれん》の奥では、おっちゃんやおばちゃん、4、5人が酒を呑んでいて和気あいあいだ。まさにイメージ通りの、島のなごやかな夜という感じの宴会を見て、思わず噴き出してしまう。

「宴会しながら仕事できるなんて、最高の環境ですねぇ」

私が笑いながら言うと、人なつっこいおばちゃんが言う。

「アッハッハ！　夜やから、ユンタク（おしゃべり）しとるんよ〜。一緒に呑んでく〜？」

「これから星を見に行くんで、またの機会にぜひ！」

「じゃあ今度呑もうね〜」

「おやすみなさ〜い」と、ニコニコ顔のおばちゃんと手を振り合う。

あぁ、なんてフレンドリーな人たちなんだろう。内地で人と呑むには、何かしら約束や理由が必要なのに、ここでは約束も理由もなんにも必要ない。ひとりでふらっと沖縄に来て以来、毎晩いつでも誰とでも、「じゃあ、今ここで乾杯すっか！」ぐらいの勢いで、気安く呑

「すみれストア」のオープンハートなお母さん♪

み出せる雰囲気なのだ。

むつかしいことは抜きに、ただ、お互い同じ人間というだけで杯を交わせる、島の気楽なムードに私は酔いしれていた。「出会えば、みな兄弟」を地でいく人たちには、なんとも言えない安心感があって、心がどこまでもオープンになっていく。


夜、にいにいの懐中電灯の灯りを頼りに、みつえさんと3人で浜辺へ星を見に行く。浜辺に寝っ転がると、夜空には満天の星が広がっていた。波の音だけが静かに響き渡る中、ビールを呑みながら語らう。

にいにいは東京に30年住んでいたものの、7年前、奥さんに先立たれ、島に帰ってきたのだという。無農薬のアセロラを栽培しているにいにいは、アセロラを久高島の名産品として大事に育てていきたいと話してくれる。

「にいにいは農業で忙しいのに、こんな風に案内までしてくれて、ホントに優しいねぇ」

「久高に帰ってきたとき、島の神人《カミンチュ》（祭祀《さいし》を取り仕切る神官）に、『久高に来た人を大事にする、それがあんたのこれからの役目だよ』と言われたさぁ〜」

にいにいの口から突然、カミンチュからのお告げ話が出てきても、この美しい星空の下で聞くと、なんの違和感もなく、胸にスーッと入ってくる。久高島では今も年に30回近く祭祀が行われていて、生活の中に神様やカミンチュが、ごくごく当たり前のこととして溶け込んでいるのだ。

「久高は特に〝神の島〟だからね〜。久高に来て、そういう能力が開花して、カミンチュになった人がいっぱいいいるさ〜」

にいにいがそう言うと、自身も占い師家系の3代目で、月弥《つきや》という名前で占い師をしているというみつえさんが言う。

「スピリチュアルがブームになって、日本もちょっとずつ変わってきたけど、内地でいきなりこんな話したら、頭おかしい人に思われちゃうもんねぇ」

「本島でも久高でも、沖縄って、誰とでもフツーにこういう話ができるのがスゴいよな〜」

「スピリチュアル」というと、どこか怪しげな感じがしてしまうけれど、先祖を敬うお墓参りも、考えてみれば〝見えない世界〟との繋がりを大事にする営みなのだ。沖縄では、神様に、ユタに、カミンチュと、スピリチュアルな話が当たり前のように出てくる。そして、この久高島にいると、そういった〝目に見えない世界〟との距離がグッと近くなったように感じられるのだ。

宿に帰り、庭のテーブル席で話すうち、にいにいがみつえさんに占ってもらうことになった。みつえさんの占いは「小判占い」という〝日本のタロット〟的な珍しいモノで、みつえさんはこの鑑定の継承者なのだという。

鑑定を始めると、さっきまでの陽気な大阪人キャラはどこへやら。神妙な顔つきになったみつえさんは、さすがこの道のプロなだけあって、出たカードを読む言葉に説得力がある。

占いが終わると1時すぎ。朝が早いにいにいは眠そうだったので、先に帰ることになった。

「じゃあ明日、聖地を案内するからね〜」「おやすみ〜！」

にいにいが帰った後、みつえさんが私のことも占ってくれる。みつえさんの使うカードは、花札をモノクロにしたような不思議な雰囲気の和柄で、私は初めて見る〝日本のタロット〟に興味津々。

『怖がる必要はない』ってカードが出たわ。いろいろ戸惑うこともあるやろうけど、ゆくゆく自分のキャラクターが決まってくる。今、力を出し切れてないのは『こうならなあかん！』と思いすぎてるから。背負いすぎやね。4、5年後ぐらいからすご〜くよくなるよ」

何も聞いてないのに、そんな未来が出てくるなんて！　みつえさんのスピリチュアルな占いはすべて、私がぼんやり抱えている悩みへのアドバイスだったので感心してしまう。

鑑定後、ビールを呑みつつ、みつえさんの数奇な人生を聞く。祖母も母も占い師という家に生まれたみつえさんは、占い師にはなるまいと思い、長い間、違う仕事をしていたのだという。

「この仕事の大変さを近くで見てきたからねぇ。でも今は、これが自分の天職やと思ってるんよ。人が幸せになるのを見ると、自分も幸せやからね～」

「私も自分の天職で、人を幸せにできたらええなぁ」

同世代の同性の大阪人同士、熱く語らっていると、なんとも不思議な気分になる。ひとりでやって来た久高島で、お互いちょうど会いたかったような人に出会って、同じ夜を過ごしているということ。

素直に、直感で動けば、こんな出会いが待っているんだなぁ！

同じような価値観の人と、内地から遠く離れたこんな島で出会ったりすると、「共時性《シンクロニシティ》」を思わずにはいられなかった。みつえさんが大阪から久高島へ、私が東京から久高島へ向かったタイミングが合って、ひょっこり宿で会って意気投合するようなことが、「偶然の一致」ではありながらも、すべて「必然で起きている」ように感じられるのだ。

考えてみると、直感で動く旅先では、ちょうど会いたかったような人と出会えてきたような気がする。「なんとなく、ここに行くと楽しそう」とか「なんとなく、この人とごはん行くと楽しそうだな」とか、「なんとなく」決めた感覚は、間違っていないことが多いのだ。

思えば、学生時代はなんでも自分の「好き嫌い」で決めてたっけ。会社時代は仕事上のつき合いが多すぎたせいで、私は自分の「好き嫌い」すらよく分からなくなっていたのかもしれない。損得勘定抜きの「好き嫌い」って、大事だな。これからは、「なんとなく」心に浮かんだ直感を、もっともっと大事にして生きたいな。

みつえさんとしゃべっていると話が尽きず、気がつくと2時を回っている。あぁ、眠らなくてもいい体がほしい！　と思いつつ、静かで熱い夜が更けていく。

いよいよ〝沖縄最強のユタ〟と対面！

4日目、にいにいの車で、みつえさんと一緒に聖地巡りに向かう。

〝海の神〟竜宮神が鎮《しず》まる聖域だというカベール岬から、イシキ浜、フボー御嶽、ヤグル川、久高殿《うどぅんみゃー》、外間殿《うふぐい》等、自然の中にある聖地で拝むと、心が引き締まると同時に気持ちがほっこり安らぐ。

島に点在している聖域は、原始宗教に近い信仰を感じ、厳かで神聖な気持ちになる場所ばかりだった。久高島には手つかずの自然が残されていて、太古の琉球時代の息吹をそこかしこに感じることができるのだ。

食堂で、ゴーヤーの苦み×豚肉の旨味が絶妙にマッチしたゴーヤーチャンプルー定食と、沖縄名物〝冷たい氷ぜんざい〟を食べた後、みつえさんは一足先に本島に戻り、私も最終のフェリーで本島に戻ることにした。森本さんから電話があり、連絡を取ってもらっていたユタの照屋さんと、今夜、お会いできることになったのだ！

久高島、滞在リミットが迫っていた。宿に戻った私が「うわ、最終のフェリーまであと1時間半しかない！」と焦ると、いつでもゆったり構えているさわさんが言う。

「見納めに、もう一度、イシキ浜に行っておく？　てるこちゃん、たった1泊で、どこも駆け足だったろうから、最後は動き回らず、あそこでゆっくりするのがいいんじゃないかな」

さわさんが私を車で港まで送りがてら、イシキ浜に連れていってくれる。

緑が青々と生い茂る小道を抜けると、目の前に忽然と青い海が広がる。この、パーッと視界が開ける感じがたまらず、何度来ても、ここは心から癒される特別な場所だなぁと思う。

このイシキ浜は、海の向こうにあるとされる「ニライカナイ」を拝む聖地で、毎年、島の祭祀が行われているのだという。ニライカナイとは、東方の海の彼方にあるとされる異界、「神の住む国」で、祖先の霊が守護神に生まれ変わる場所だと信じられているのだ。

誰もいない白浜であぐらをかき、深〜く深呼吸して、心を静めて海を眺める。神聖な浜に座っていると、はやる気持ちが溶けていくような気がする。落ち着きがなく、ふだん焦ってばかりいる私も、ここに座っていると、そんな気持ちがスーッと消え去って、たとえようもないぐらい落ち着くのだ。

「てるこちゃん、海には入った？　せっかくだから、足を浸けてくるといいよ〜」

サンダルを脱ぎ、裸足で波打ち際へ向かう。寄せては返す波に足を浸けていると、神聖な海で身を清めさせて頂いているような気持ちになる。

しばらく波と戯れ、浜に戻ってくると、さわさんがニコニコ顔で言う。

「ちょっとはゆっくりできた？」

「私はほんまに落ち着きがないんで、もう一度ここに来れて気持ちが安らぎましたわ〜」

「いつでも大事なのは、てるこちゃん自身が輝くこと、自分が楽しむことだからね〜。あれこれ思考するのではなくて、自分の心が気持ちいいかどうかよ」

あまりにも当たり前の、でも、メチャメチャ大事なことを、さわさんがさらっと言う。その言葉を聞いて、あぁ、さわさんは民宿の仕事が好きで、本当に天職なんだなぁと思う。こんなこと、人生を楽しんでいない人には、とても言えないセリフだったたからだ。

誰だって、「気持ちがいいこと」がしたい。自分の心が喜ぶことがしたい。何かをするときは、いつでもそこからスタートしたい。あぁでも、私はずっと、楽しんじゃいけないと思っていたのだ。

この、憧れの沖縄にすら気軽には来られなかったほど、自分の気持ちを抑え込んでいた。

私の心が最も喜ぶ「旅をすること」が、会社員としては「よからぬこと」とされていたから、長い間、自分を会社員失格の「ダメ人間」だと思ってきたのだ。

それでも会社を辞めて以来、いろんな仕事でいろんな所に行くようになって、今までになかった感覚を得られるようになっている。それは、当たり前と言えば当たり前のことだけど、私は、私という〝乗り物〟に乗って、人生の旅をしているんだ！　と思えるようになったことだった。深夜残業と休日出勤が普通だった会社時代の18年間は、人生の大半の時間を会社が占めていて、私の心も私の体も、その殆どは会社のために存在しているようなモノだったから、こんな感覚は新鮮だった。

そして、ようやく「自分の本当にやりたいことをやって、世の中の役にも立ちたい！」と決意して会社を辞めたというのに、その一方で、サラリーマン根性の染みついた私は、まだ自分自身を表現することに戸惑いがあるのも事実だった。小学生の頃から「みんなと同じにしなさい」と教育され、会社時代も自分の個性を出しすぎないよう常に身構えていたから、「自分の個性を出す」という回路が未熟なのだ。

自分を「ダメ人間」だと思わなくなっただけでも大前進だけど、ダメな自分も100％受け入れて、自分のことを好きになるのってむつかしいなぁ！　人のことは簡単に好きになれるのに！

「自分を好きになる、自分を大切にするって、言うのは簡単やけど、本当にむつかしいですよねぇ」

「ここから見る景色を、よ〜く覚えておくといいよ〜。気持ちが焦るときは、イシキ浜のことを思い浮かべて、この浜で感じた感覚を思い出すといいからね〜」

あぁ、もっともっとここに居たい！　と後ろ髪を引かれながらも、手を合わせてイシキ浜に別れを告げる。いつかまた、この地に戻ってくるご縁に恵まれますように！

港に着き、フェリーに乗った私は、見送ってくれるさわさんに甲板から手を振った。

船が出港しても、見えなくなるまで手を振ってくれる、さわさんのあったかい笑顔を見ていると、〝目には見えない〟大事なものをたくさんもらったこの島との別れが切なくて、涙がぼたぼたあふれてくる。

なんだろう、この、胸にこみ上げる優しい気持ちは……。自然の恵みに感謝し、神に祈りを捧げ、地に足をつけて自分らしく生きている人たちと一緒に過ごすうち、私も自分の道をまっとうして生きたいと思えてきて、ガラにもなく胸がいっぱいになってしまったのだ。

センチな気分で海風に吹かれていると、船内でまたまたメガネのおっちゃんに出くわした。

「おめぇ、なにベソかいてんだよ〜」

「泣いてなんかないよ！」

「オイオイ泣いてたろ〜が」

行きも帰りもこうも立て続けに会うと、さすがに腐れ縁だと思えてくる。これからユタに会いに行くことを話すと、おっちゃんが言う。

「バスだと何度も乗り換えなきゃなんないし、タクシーだと1万以上かかるぞ〜。しょうがねぇな、送ってやっか」

安座真港から鑑定所まで1時間はかかるというのに、車で送ってくれるというのだ。

「マジで!?　すんません！」と恐縮すると、おっちゃんは茶目っ気たっぷりで言う。

「沖縄は、イチャリバ　チョーデー（出会えば、みな兄弟）だからね〜。この後に続く言葉があってさ、〈何隔《ぬーひだ》てぃぬあが　語《かた》てぃ遊ば〉、『隔たりなんかないよ、酒呑んで語って歌おう』って意味さ。おまえとは、もう酒も呑んだ仲だしな〜」

おっちゃんの車に乗ってしゃべっていると、1時間の道のりはあっという間だった。

「久高に来たら、また呑もうな〜。いつでも電話せーよぉ！」

車を降りると、ニコニコ顔のおっちゃんが「ブッブー！」とクラクションを鳴らして去っていく。あぁ、沖縄はなんて気持ちがいい人が多いんだろう。

沖縄本島は、那覇市内のモノレールを除くと電車がないので、長距離だとタクシーか路線バスで移動することになる。来た当初は、免許がなくレンタカーを借りることもできない自分が歯がゆかったのに、そのお陰でウチナーンチュの優しさにたくさん触れることができたことを思うと、私はメカオンチに生まれたことを感謝したい気分だった。

「照屋家庭はんだん」の看板の掛かった鑑定所に着くと、普通の家のような落ち着いた風情の居間に通され、ユタの照屋全明さんが現れた。長身の照屋さんは穏やかな雰囲気ではあるものの、どこか存在感に凄みを感じる人だった。

「取材にみえたとお聞きしましたが、それには私の仕事を見てもらうのが一番なので、たかのさん、ご自身を鑑定させて頂くということでよろしいですか」

「あ、はい！　お願いします！」

思いもよらない展開に、胸がドギマギしてくる。照屋さんは毎日、朝10時から19時まで、30分刻みで1日16名を鑑定しているというのだが、毎朝8時から、その日の鑑定予約を電話で受け付け、たった10分で予約が埋まってしまうほどの人気だと聞いていたのだ。

奥の鑑定部屋に移動すると、所狭しといろんな神様仏様が祀られていて、沖縄の宗教の多神教ぶりを感じさせる神聖な雰囲気だ。

まず、名前、生年月日、干支《えと》、住所、家族構成を聞かれ、ひとつひとつ答えていく。

神妙な顔つきの照屋さんは、ボールペンでそれらの情報を白い紙に書き取ると、ボールペンをただならぬ速さで動かし始めた。え、なに？　速記!?　自動書記!?　いったい何のメモだろう？　と思う間もなく、鑑定が始まった。

「スタンスがフリーですね。一匹狼。自由人。組織はムリです。持っている良さが、フリーだからこそ出てきます。人徳はあり。ボランティア精神で、人材育成もしていくでしょう」

な、なぜそれを⁉　私はこの秋から、私立大で「異文化の理解」という講義を週イチで受け持つことになっていたのだ。講師料は、目がテンになるほどのボランティア価格。国公立大はさらに講師料が安いと聞き、私は他の仕事があるからなんとかなるものの、非常勤講師は不安定な派遣社員みたいだなぁ……と思っていたところだったのだ。

動揺している私をよそに、怒濤の勢いで鑑定が続く。

「3、4年後、新しい才能が出てきます。それまでは、才能にフタしてる状態ですね。ゆくゆくは経済面も安定します。今はゆとりがないけど修行だと思って。今までの道は間違いではないです。仕事はイエス・ノー、ハッキリさせていいですが、人間関係は『テーゲー』で。テーゲーは沖縄の言葉で『細かい事を気にせず、大らかに』という意味です。人間関係は突き詰めず、ほどよく適当にいきましょう」

鑑定中の照屋さんは、物言いはあくまでジェントルなのだが、恐ろしく早口だった。神様からのメッセージはイメージのようにダーッと伝わるのか、照屋さんは神様のお告げを全部伝えたいがために、なんとか早口でしゃべって、そのスピードに追いつかんとしている感じなのだ。

と、突然、真剣な面持《おもも》ちの照屋さんから「タバコ、いいですか？」と聞かれ、「あ、はい」と頷くと、照屋さんは鑑定しながらタバコをスパスパ吸い始めた。神様のメッセージがあまりに早口だから、気持ちを落ち着かせようとしてるんだろうか……。

その後、私の両親、兄ふたり、義姉たち、甥《おい》っ子たちの性質もズバズバ言い当てられ、それぞれの将来まで示唆されると言葉が出ず、「いやはや、恐れ入りました！」という感じだった。

「家族のことまでみて頂いて、ありがとうございます！」

鑑定後、お礼を言うと、照屋さんが言う。

「お悩みに家族のことが連鎖している場合も少なくないので、私はいつも、来た人の家族全員、鑑定させて頂くんですよ」

これで8千円ならリーズナブルだなぁと思いつつ、鑑定料をお支払いさせて頂く。

なんにしても、神様からのお告げを聞いて未来に希望を感じた私は、ものスゴく気が楽になっていた。会社を辞めて以来、一日百回も携帯が鳴るような忙しさからは解放されたものの、会社員時代とはまた違う種類の忙しさで、ゆとりがないのが悩みの種だったのだ。

「あの、鑑定中、ものスゴい勢いでメモを取られてたのは、何だったんですか？」

〝沖縄最強のユタ〟照屋さん。鑑定中は驚くほど早口

「ああ、あれは、ただ縦に線を引いてるだけで、何かをメモしてるワケではないんですよ」

鑑定に使っていた紙を見せてもらうと、白い紙には力強い傍線がゴリゴリ引かれていた。

「ホントだ～！　この線を書くことに、どんな意味があるんです？」

「さぁ～、それは私にもよく分からないんです。ユタは霊感を取るときに、お米や線香などの道具を使うことがあるんですが、私の場合、それがボールペンとタバコなんです。タバコの煙が、霊感の媒介となるものですから」

霊感のある占い師さんがタロットカードや水晶を使うのと同じで、より鮮明に霊感を研ぎ澄ますためのグッズであるらしい。

私がもりもり質問していると、さっきとは別人のような、和やかな表情になった照屋さんが言う。

「予定がないなら、私も仕事が終わったので、みんなでご飯を食べに行きましょう」

「マジですか～!?　聞きたいこと、メッチャあるんでぜひ！」

サプライズな展開にビックリしていると、照屋さんがちょっと言いにくそうに言う。

「じつは、僕は食事にお誘いするような気は、全くなかったんですけどね……」

なんだ、その告白！「え、じゃあ、なぜ??」と私が詰め寄ると、照屋さんが言う。

「さっきいらっしゃる直前に、神様が急に『この人は大物になるから接待しておきなさい』

って言ってきたんですよ〜」

ええ!? 神様がそんなことを!? 大物の旅人って、何なんだ? なにわの観光大使? まさか、ユニセフの親善大使!? いやいや、ユニセフはまだ早いよなぁなどと思いつつも悪い気はせず、照屋さんの仕事を手伝っている妹さんふたりと一緒に、近所の居酒屋に向かう。

泡盛で乾杯し、照屋さんがユタになった経緯《いきさつ》を聞く。

ユタはたいてい家系で継承され、圧倒的に女性のユタが多いのだという。そんな中、男性の照屋さんがユタになったのは、照屋さんの祖母が、祭祀を取り仕切る神職《ノロ》だったことが大きいというのだ。

ノロが神職のシャーマンなら、ユタは民間のシャーマン。沖縄には古くから「医者半分、ユタ半分」ということわざがあり、これは「ユタの助言で精神的な癒しを得る」という意味で、ユタは生活全般のアドバイザーのような存在なのだという。

「僕は幼い頃から、他の人には〝見えないモノ〟が見えたりと、祖母の血を引いてる自覚はあったんですが、大学卒業後は役所に勤めていたし、ユタになる気は全くなかったんです」

「お役所勤め!? そんなカタい堅実なお仕事をしてはったとは!」

「ところが、26歳のとき、父が事業に失敗して、多額の借金を抱えてしまったんです。借金を返すアテもなくて、困り果てていたときに、神様から『ユタをやりなさい。そしたら、借金を返せるようにしてあげるから』というお告げがあったんですよ」

「ええ⁉ 神様がそんな取引を持ちかけてきたんですか⁉」

なんて人間臭い神様なんだ！ それってアメとムチ？ 違うな、今のところアメだけだ。

「で、照屋さんは、その取引を受け入れたんですね」

「いや～、それでも、初めは頑《かたくな》に拒んでました。ユタを生業《なりわい》としている人たちは大抵、なりたくてユタになったワケじゃないんです。借金を作った父からも『俺はおまえをユタにするために大学に行かせたわけじゃない！』と猛反対されましたし」

沖縄にはユタを騙《かた》って金儲けをする輩《やから》もいるため、ユタを快く思わない人もいて、ユタへの偏見や差別が色濃く残っているのだという。

「ユタになるか迷っていた当時、つき合っていた彼女がいたんですね。あるとき、その彼女がメガネをかけた銀行マンと結婚する未来が見えてしまって、僕はユタ修行の道を選んだんです。数年後、彼女は本当に、銀行マンと結婚しましたね～」

「そんなことが！ えっと、照屋さんって独身なんですか？」

若く見えるものの、鑑定歴30年、今56歳だという照屋さんに聞いてみる。

「ええ。その後もおつき合いした人はいたんですが、またしても彼女が弁護士さんと結婚して幸せになる未来が見えてしまったんですよ。その彼女も弁護士さんと結婚しましたねぇ」

銀行マンや弁護士の奥さんになったという、歴代の照屋ガールズたち。もともと玉の輿《こし》に乗る素質があったのか、はたまた、照屋さんがアゲ男なのか、考えてしまいそうになる。

「ハァ〜。で、ユタになると、そういう能力に、いっそう磨きがかかるワケですよね？」

「正直、結婚もできないならユタを辞めたい、と悩んだこともありましたよ。でも今は、人が幸せになるアドバイスができるんだから、ユタになってよかったと心から思ってます。悩みから逃げて、楽な方を選ぶと、いい運がついてきませんからね」

確かになぁ。私も会社を辞めるか、しがみつくかで悩んだとき、長年の「旅ができない」という悩みから逃げずに向き合い、会社から巣立つ決意をしたのだ。

「ちなみに、照屋さんは、お酒はよく呑まはるんですか？」

沖縄に来て以来、毎晩酒を呑む約束が入り、今日もやっぱり呑んでいる私は聞いてみた。

「もともとお酒は大好きなんですが、神様に『外で呑むな』と注意されているので、忘年会とか結婚式とか、今日のような、神様が許してくださる特別なときしか呑まないようにしてるんです」

「ええ!? 沖縄の人なのに!? 神様、きびし〜!!」

出た！ 〝アメとムチ〟のムチ！ 聞くと、照屋さんは神様に「外で呑むな」と注意されて以来、深酒すると翌日の鑑定に響くので、家でもあまり呑まない生活に落ち着いたというのだ。

「僕は、高校時代のバレーボール部の仲間と今も親しくつき合ってて、『バレーをやるから照屋も来いよ』と誘われるんですが、神様に反対されてるのでバレーもできないんですよ」

神様曰《いわ》く、照屋さんはプレーをすると、つい無茶をしてケガをするから、ユタとしての務めが果たせなくなるのだという。神様は照屋さんに「借金を返せるようにしてあげるから、ユタになりなさい」と取引を持ちかけ、照屋さんをユタに導いたものの、ユタになったらなったで、「ハメを外すから、外で酒を呑んじゃダメ！」とか「ケガするから、バレーは禁止！」などと、まるで風紀委員のような厳しさなのだ。

照屋さんにお告げを授ける神様が、一体どういう存在なのか私にはよく分からなかったけれど、なんか、この神様、好きだなぁと思ってしまう。日本の神話に出てくる自然の神様たちも、怒って天の岩戸に隠れてしまった太陽神、天照大神が、女神の裸踊り見たさで岩戸から出てきたりと、とにかく人間臭かったからだ。

人間臭くありながらも、怒ると容赦ない神々。よく「自然と共存しよう」などと言うけれど、自然が神のような存在である沖縄では、自然と人は、並列に並ぶような共存関係ではなく、「自然への畏怖《いふ》」＝「神への畏れ」を感じるのだ。そして、自然は厳しいだけでなく、太陽に、水に、空気、海の幸、山の幸、畑の幸と、人間が生きるのに必要な全てをもたらしてくれる優しさもある。

日々の恵みに感謝し、自分の役割をきちんと果たしていれば守っても頂けるという、神様は優しさと厳しさを併せ持った存在なんだなぁと思わずにはいられなかった。

「じつは、僕は独り身なのに、この妹ふたりがシングルマザーの出戻りで、甥っ子、姪《めい》っ子に、両親も健在で、こう見えて、大家族の大黒柱なんですよ」

聞くと、照屋さんにはもうひとり妹さんがいて、その家族も含めると、照屋ファミリーは総勢18名。みな近所に住んでいて、ほぼ毎日、大家族で一緒に食事しているというから、絆《きずな》の強さがハンパじゃない。

「うわ、小姑《こじゅうと》が3人もいる家かぁ。お嫁さんのハードル、高っ!!」と言うと、「アハハ!!」「でしょ〜?」とふたりの妹さんも照屋さんも大笑い。

11時を過ぎて、森本さん&仕事仲間が合流し、いっそうにぎやかな宴会になる。

那覇で初めて仲良くなった森本さんとの出会いが、こんな風に照屋さんとの出会いに繋がって、こんな夜が迎えられているのだと思うと、何もかもが感慨深かった。行き当たりバッタリのノープランだったというのに、出会いが出会いを生み、いつのまにか〃わらしべ長者〃旅になっているのだ。あぁ、沖縄の「出会えば《イチャリバ》、みな兄弟《チョーデー》」精神に感謝!!

明日は石垣島に向かうことになっている。これからさらにディープな沖縄離島めぐりが始まるのだ。離島では、いったいどんな出会いが待っているんだろう！

GO!
Japan
spiritual
travel

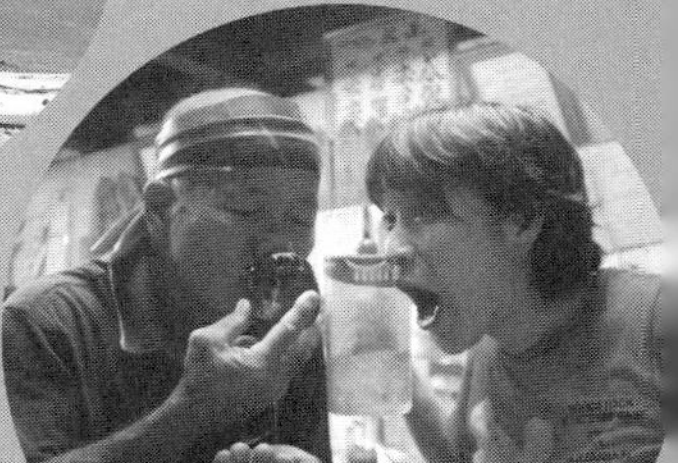

5th TRAVEL

沖縄〈石垣島&竹富島〉

ハイテンション
お父さんの
「海人《ウミンチュ》の宿」で魚突き！

離島ホッピングの玄関口・石垣島へ

（うほ〜っ！　いよいよ、離島めぐりの始まりだ〜！」

抜けるように青い空。もくもくの白い雲。那覇から飛行機で1時間、さらに南にある石垣島に降り立つと、熱気も湿気もハンパなく、南国ムードがいっそう高まった感がある。

離島に行くに当たって、まず石垣島に来たのは、この島が八重山諸島の玄関口だということが分かったからだ。石垣島まで飛んでしまえば、その先にある離島には気軽にフェリーで行けるので、どの島にいつ行くかも自由。よーし、これから1週間、離島をめぐる〝アイランド・ホッピング〟を楽しむぞ！

着いて早々、ツアー会社「石垣島観光」へ向かう。大自然の中でアドベンチャー気分を味わいたかったので、この「マングローブカヌー体験」に申し込んだのだ。

13時開始のツアーに参加すると、メンバーは私を含めて5人。ライフジャケットを身につけ、円錐《えんすい》形の麦わら帽「クバ笠《かさ》」を被ると、インストラクターのかわいいおじいが現れた。

お年を聞くと、御年75歳というからたまげてしまう。

「もうずっと、このお仕事をされてるんですか？」と聞くと、おじいが言う。

「そうねぇ、かれこれ10年になるかねぇ〜」

って、インストラクターになったの65歳なの⁉　フツーの会社勤めならとっくに定年してるような年に、「人の命を預かる」系の〝カタカナ職業〟に就いたおじい、スゴいなぁ！

ベテランおじいの案内で宮良川《みやら》へ向かう。だだっ広い川のまわりは、熱帯の森、マングローブで覆われていて、ここが日本だとは信じられないくらいダイナミックな光景だ。

川岸でおじいからパドルを渡され、漕《こ》ぎ方のコツを教えてもらう。

「じゃあ、乗ってみようかね〜。カヌーは簡単さぁ〜。できない人は殆どいないからねぇ」

え、もうレクチャー終わり？　スタート、はやっ‼

おそるおそる、川に浮いたシングルカヌーに乗り込み、パドルを漕いでみると、スーイ、スーイ、面白いぐらい進む！

水の上をぐいぐい進んでいく爽快感。進めば進むほど、吹き渡る風の心地よさ。マングローブの密林の間をすり抜けるスリル。気持ちいい〜‼

途中、マングローブの森に上陸し、おじいの案内で、脱皮したカニの抜け殻を見たり、さまざまな生物をウオッチングして探検した後、再び川へ。

目の前に真っ青な空、真っ青な川が広がっている中を、静かに力強く漕ぎ進んでいく。こうやって自力でカヌーを漕いでいると、自分の未来がぐんぐん広がっているように思えて、心がパーッと解放されていく。昔は先のことが分からないことが不安でならなかったのに、未来が無限だと感じられる喜びといったらなかった。この、明日どうなるかも分からない感じ！　今夜の宿すら取っていない私は、本当に、自由そのものなのだ。

隣で漕いでいるおじいは、気持ちよさそうに石垣島の民謡を歌っている。

「おじいのやわらかい言葉とか民謡を聞いてると、ホッとしますわ〜」

歌い終えたおじいに言うと、おじいはしみじみ言う。

「今は方言を大事にするようになったけど、戦前は方言を禁止されてたさぁ。学校で島言葉《しまくとぅば》を話すと先生に罰せられて、首に〝方言札《ほうげんふだ》〟と書かれた板を掛けさせられたんよ」

明治以降、国の方針で、アイヌの人たちのアイヌ語が否定されたように、沖縄でも島言葉を否定され、人権のカケラもない教育が行われていたのだ（罰礼を受けると、素行点が減点され、就職や進学に大きく影響した）。県民性ネタのテレビ番組が人気の今は、平和な時代だなぁとつくづく思う。

カヌー体験後、ツアー会社の人に「どこか面白い民宿を紹介してもらえますか」とお願いしてみると、親切なおねえさんが20軒以上電話してくれたものの、どこも満室で断られてしまう。

「明日は『うたの日コンサート』だから、石垣は今日、観光客でいっぱいなのよ〜」

名物おじいの案内でカヌー体験

ツアーの女の子のキラキラ笑顔

青空の下、広大な川をカヌーで進むと爽快！

石垣島では毎年6月下旬に、地元出身のバンド、BEGINの主催で、「うたの日コンサート」なる大規模フェスが開催されるのだという。沖縄は、沖縄戦が終結した6月23日を「慰霊の日」に制定していて、戦時中、歌と踊りが禁止されていたことを忘れないために、このフェスが始まったというのだ。

「県外からも参加できるよう、開催日が週末で、毎年数万人が集まるからね〜」

この島に数万人⁉　なんてこった！　石垣島は、沖縄本島、西表《いりおもて》島に次いで沖縄で3番目に大きな島で宿数も多いとはいえ、数万人の観光客が押し寄せるとしたら話は別だ。私はいつもの行き当たりバッタリのノリで、行けばなんとかなると思っていたのだが、まさか、そんな一大イベントの前日だったとは！

ツアー会社に置いてあったフリーの情報誌をめくり、片っ端から民宿に電話を掛けていくが、ことごとく満室。空港も港も観光スポットも、今いる南部に集中しているので、できれば南部に泊まりたかったものの、こうなったら背に腹はかえられん。

南部から車で30分かかる、北部の伊原間《いばるま》にある民宿「たいらファミリー」に電話してみると、民宿のおっちゃんのケータイに直接繋がった。

「すみません！　今夜、1名なんですが、泊まれますでしょうか？」

藁にもすがるような気持ちで聞いてみると、おっちゃんが言う。

「ぜんぜん大丈夫よ～。今ちょうど南部に買物に来てるから、車で民宿まで乗せてくよ～」

どうにか宿ナシは回避できたものの、石垣島が一年で最もにぎやかになる日に空室がある宿って、逆に大丈夫なのか⁉　一抹の不安を抱きつつ、待ち合わせた港へ向かう。

正面入口に着くと、真っ赤なTシャツに、ド派手なハイビスカス柄の短パンをはいた、小柄なおっちゃんがこっちに向かって歩いてくる。

頭ツルツルで、白いチョビ髭《ひげ》を蓄え、いかにもヤンチャそうなおっちゃん。まわりを見回しても、待ち合わせ風の人はいなかったので、私は確信した。

（この人じゃなきゃいいけど……間違いなく、このタコ坊主だな）

だが、おっちゃんは私を一瞥《いちべつ》するもシカトし、辺りをキョロキョロ見回しながら、目の前でケータイをかけ始めたではないか。すると、「♪チャンチャンチャララン」と鳴り始めたのは、案の定、私のスマホだった。

「あの～、お電話した、たかのですが……」と切り出すと、こんがり日に焼けたおっちゃんは私を見て、目をパチクリさせている。

「え、あんただったの⁉　電話の声聞いて、てっきり、ガタイのいいおっさんが、ひとりで来るのかと思ってたよ～」

会う前から、ガタイのいいおっさんって、どんだけ具体的なイメージだよ！　まぁ確かに、ガタイもいいし、ハスキーを通り越したダミ声かもしんないけど、せめて性別くらいは当てようよ！

おっちゃんは少しも悪びれることなく、ニコニコ顔で言う。

「この車だよ。さ、乗って乗って！」

助手席に乗り込むと、車は緑あふれる快適な道を走り始めた。

青空の下、外にはゆるやかな山並みが広がっている。生命力に満ちた緑の中を走るドライブは、思いのほか気持ちがよかった。

「ずっと民宿をされてるんですか？」とおっちゃんに聞いてみる。

「いや、民宿は最近始めたとこ。お父さんは海人《ウミンチュ》（漁師）だからさ〜。お父さんが、お客さんを海に案内するようになって、8年くらいかなぁ」

お父さん⁇　自称が「お父さん」の人に初めて会った私は、思わず聞き返してしまう。

「あの、自分のことを『お父さん』って、呼んではるんですか？」

「だって、お父さんは、お父さんだもん。他に言いようがないよ〜」

「お父さんはお父さんだもん」って、まだよく知りもしない人から開き直られても……。慕われている人が、自然の流れで「お父さん」とか「お母さん」と呼ばれるケースはよくあるものの、出会い頭、タコ坊主からの、有無を言わせぬ「お父さん」押しに面食らってしまう。

本島でも自称が「ジイちゃん」の陽気なタクシーのおっちゃんに会ったけど、「お父さん」はさらに距離感が近く、ぐいぐい懐に入ってくる感じだ。

「お父さん」こと、平良正吉《たいらしょうきち》さんは62歳。本人が自分のことを「お父さん」と呼んでいるのに、「平良さん」と呼ぶと、どうもチグハグ感があるので、私も自《おの》ずと、この未知のオッサンを「お父さん」と呼ぶ流れになる。

「お父さんはさ、不死身なんだよ～。転んでも、ぶつかっても、怪我《けが》ないさ～」

「へぇ～、お父さんは、そんなにお体、丈夫なんですか」

勇気を出して、タコ坊主を「お父さん」と呼んでみると、これがなかなか気安くて呼び易《やす》い。赤の他人ですら、出会った途端「お父さん」になるなんてフレンドリーこの上ない自称だなぁと思っていると、お父さんがツルツルの頭を指して言う。

「んも～、ねえちゃん、冗談通じないなぁ！　お父さんは『ケガない』、『毛がない』ってことだよ～」

「ああ、毛がない！」

冗談通じないって言われても、そこ、冗談にしていいか、一番気を遣うトコでしょ！　どうやらお父さんは、「私は『お父さん』です」「お父さんはハゲを気にしてません」という2点を初めにアピールして、「民宿の主人を何て呼んだらいいか問題」と「ハゲ問題」を一気に解決してしまうという、荒技の持ち主のようなのだ。

冗談ばっかり言っている、陽気でひょうきんなお父さんとのドライブ。正直、お互いの初対面の印象は最悪だったものの、なんだか楽しい旅になりそうだ。やっぱり旅は、スリルとワクワクに満ちた、行き当たりバッタリに限るなぁ！

ゴキゲンに鼻歌を歌いつつ運転するお父さんが、「あんた、名前は？」と聞いてくる。

「てるこです」

「じゃあ、てるちゃんね。てるちゃんは、どっから来たん？」

「東京に住んでまして、本島を4日旅してきたとこで」

「あぁ、沖縄から来たんか〜」

「え、沖縄から⁉ ていうか、ここも沖縄じゃ……？」

「八重山に住んでるお父さんたちは八重山人《ヤイマンチュ》で、石垣の島人《シマンチュ》だからね〜」

なんと、お父さんたちは沖縄本島のことを「沖縄」と呼び、自分たちとは区別しているのだった。私にとって石垣島は「ザ・沖縄」でも、現地の人にしてみれば、いわゆる沖縄ではないのだ。

「あれ見て！ あの船は、5月の『海神祭《ハーリー》』のときに使う船だよ〜。〝海の神様〟に大漁を感謝し、安全を祈願するお祭りさぁ〜」

見ると、船着き場には、赤、青、緑に彩られた、キュートな細長い船が置いてあった。沖縄各地で開催されているこのお祭りが、伊原間では途絶えてしまっていたので、お父さんは伊原間の村おこしも兼ね、「海神祭」を復活させた立役者なのだという。

「ウミンチュは海のおかげで生きることができてるんやから、年に一回は海の神様に感謝せなあかんと思ったんよ〜。今年で15周年なんやけど、県外からもお客が来るから、村に600人も集まるんよ」

「神様にお礼は言えるわ、経済効果はあるわ、お父さん、やるね〜！」

「お父さんは自分のことだけでなく、伊原間の村や、北部全体のことを考えてるからさ〜」

「私も元々は南部に泊まるつもりだったけど、北部って、のどかでいい所だもんね〜。緑の山がきれいで、自然もダイナミックだし」

「だろ〜？　お父さんは自分の生まれた故郷を、もっともっと盛り上げていきたいんよ〜」

存在自体がジョーダンみたいな人かと思いきや、なかなかどうして、お父さんは案外、真面目でまともな人のようなのだ。

南部から車で走ること30分、着いた『たいらファミリー』は、手作り感満載のカラフルな民宿だった。

「この民宿は、お父さんが全部手作りしたんだよ〜」

「すご～い！　お父さん、手先が器用だね！」

表のラテンな看板から、サンゴで作った暖簾、木製のテラス席まで、まるで文化祭で高校生が作ったような遊び心に満ちていて、私はいっぺんでこの宿が気に入ってしまった。

宿の中に入ると、田舎の食堂という風情の、居心地のよさそうな空間だった。食べ物のメニューが貼ってあるところを見ると、民宿兼食堂であるらしい。

「ここが食堂で、この上の2階と奥の離れが、民宿の客室になってるんだよ～」

8年前、30年のウミンチュ経験を生かして、観光客に向けて漁業体験やシュノーケリングのツアーを始めたところ、食堂、民宿と、仕事の幅がどんどん広がってきたのだと、お父さんが話してくれる。

「お客さんと海で遊んで帰ってくると、お腹がすくだろ～？　みんなにお父さんの釣ったおいしい魚を食べさせてあげたいと思って、この食堂を始めたんよ。で、ビールとか呑んで宴会になると、ホテルに帰るよりも、そのままここに泊まりたいってお客が多いもんで、民宿は最近、始めたとこでさ～」

厨房に入ったお父さんは、早速、真っ赤な熱帯魚をさばき始めた。

「お父さんが釣ったおいしい魚を料理するから、ちょっと待っててね～」

食堂の主人でもあるお父さんの、あまりの手際よさに脱帽してしまう。

ヤシガニを頭に載せてポーズ！ 底抜けに明るいお父さん♪

「うわ、お父さん、なんでもできるんだね！」

「見て見て、お父さんの使ってる味噌も『お父さん』なんよ〜」

お父さんが冷蔵庫から取り出した味噌パックには、赤いロゴでデカデカと『お父さん』とプリントされていた。

「これは市販の信州味噌やけど、粒入りの赤味噌でうまいんよ〜」

お父さんが、自分を「お父さん」と呼ぶということは、奥さんとお子さんがいるはずだと思い、聞いてみる。

「あれ、奥さんとお子さんはどちらに？」

「奥さんは家で、子どもは3人とも独立してるよ〜。ここはお父さんの実家の敷地なんよ」

聞くと、中庭を挟み、向かいの母屋に住むお父さんの両親は、黒島にお嫁に行った娘さんの家へ旅行中。民宿の仕事を手伝っている奥さんは自宅にいて、お父さんはお客さんがいるときだけ民宿に泊まるのだという。

「お父さんはさ、石垣に来てくれたお客さんに、ただの観光じゃなくて、魚の獲り方を教えて、魚のさばき方、料理の仕方まで教えたいんよ」

「うわ、私も魚を獲って、自分でさばきたい！」

「よーし、じゃあ明日、魚獲りに行くか！」

お父さんと盛り上がっていると、建設業らしきおっちゃんがビールを抱えてやって来た。

「近所に住んでるシン坊だよ。お父さんの幼なじみさ〜。こちらは、てるちゃん」

「てるちゃん、ビール呑むか？」「呑む呑む！」「じゃ、カンパーイ！」

ビールを呑みつつ料理を作り終えたお父さんが、夕食の御膳を運んできてくれる。

「さ、できたよ〜。食べよう！」

「え、私ひとり？　他のお客さんは？」

「離れに18歳の高校生が泊まってるんだけど、ぐっすり寝てるから、先に始めちゃおう」

お父さんが腕によりをかけて作ってくれた、ヒメフエダイの刺身、ミーバイの煮魚&揚げ魚、ヤシガニそばの、逐一、美味いこと！　特に、初めて食べるヤシガニそばは、蟹《かに》の出汁が利いた旨味スープが絶品で、あっという間に平らげてしまう。

「てるちゃん、きれいに食べたねぇ！　きれいに食べたら、母なる海は、また恵みを与えてくれるんだよ。海は人間のご先祖さまだからね〜」

お父さん、〝タコ坊主〟な外見とギャップありすぎだけど、いいこと言うなぁ！

気がつくと、頭にハチマキを巻いたお父さんが、三線《さんしん》（〝沖縄三味線《しゃみせん》〟とも呼ばれる弦楽器）を弾きだしている。「お父さん、上手《うま》くはないんだけど、歌うのが好きでさ〜」なんて言いつつ、八重山の民謡を歌い始めるお父さん。沖縄の人は歌や踊りが得意だというけど、漁師

ひょうきんなシン坊も宴会に参加

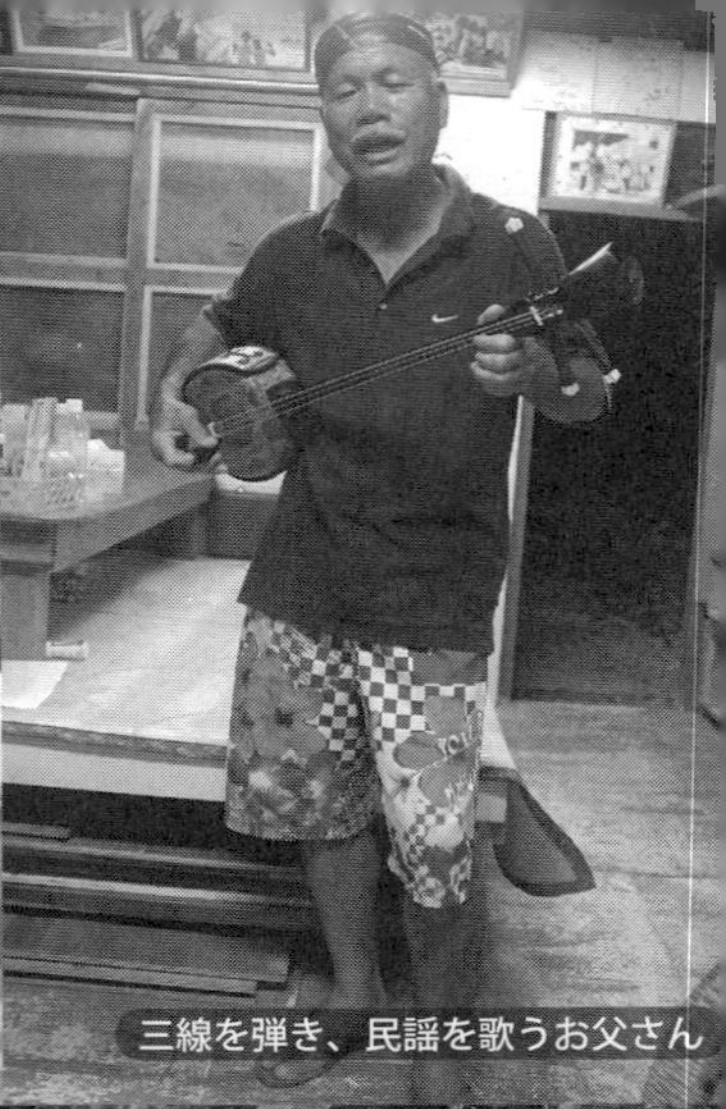
三線を弾き、民謡を歌うお父さん

手作り感＆遊び心が満載の、民宿「たいらファミリー」

さんでも楽器が弾けちゃうとは！

歌を披露し終えると、ますます調子づいてきたお父さんが言う。

「てるちゃん、呑めるクチだろ？　んじゃ、お通《オトーリ》りやっか！」

「おとおり？」

「オトーリは元々宮古島の習慣なんだけど、口上を言って、泡盛を回し飲みすることさ〜」

泡盛を持ってきたお父さんは、高らかに「オトーリ、回します！」と宣言。

「本日は『たいらファミリー』にお越しになり、誠にありがとうございます！　楽しいお酒を呑みましょ〜！」

お父さんは口上を述べると、泡盛の水割りを一気呑みする。お父さんからグラスを回され、泡盛を注がれた私も、テキトーに口上を述べる。

「本日は南部の宿が空いてなかったおかげで、お父さんの宿に来られて光栄です！」

「てるちゃん、アポナシでお父さんに会えて、超ラッキーだな〜！」

泡盛を一気呑みし合っていると、離れの方から、ガタイのいい寝惚《ねぼ》け顔の兄ちゃんがやって来た。

「おお、リョウ、起きたか。晩ごはんできてるから食べな〜」

リョウくんは日本人なのだが、幼い頃にカナダに渡り、今はアメリカの高校に通っているのだという。「子どもの頃から、夏休みになると親に連れられてウチに遊びに来てたんやけど、この数年はひとりで来るんよ」とお父さんが教えてくれる。

「ア〜ン、ア〜、アナタ、キョウ来た？」

図体と態度がデカいリョウくんが、たどたどしい日本語で聞いてくる。

「うん、本島経由で東京から」

「オゥ、トウキョーか。アナタ、トーキョー、ナニしてる？」

「ア〜、私、旅して、本、書く人」

なんで私の日本語までたどたどしくなってんだよ！

「へー、アナタ、オモシロいネ。私も、本かく、キョウミあるネ」

切れ長の目で一重まぶたのリョウくんは、どこからどう見ても日本人なのに、物怖《ものお》じしない雰囲気は欧米人そのもの。「日本で生まれ育った日本人」とは明らかに違う仕上がりを見ると、その人を形づくるのは、生まれた場所ではなく、育った環境なんだなぁと思わずにはいられなかった。

「リョウくんの、将来の夢は何？」

私が聞くと、リョウくんは何のてらいもなく言う。

「ショウライは……会社ツクって、社長ナリたい」

はぁ〜、さすがワールドワイドな高校生。言うことが違うなぁと感心してしまう。

リョウくんが起きてくると、べろんべろんに酔っぱらってきたシン坊をお父さんは家に帰し、今度は母屋に備えられていたカラオケで、深夜のカラオケ大会が始まった。

お父さんが泡盛の水割りをこまめに作ってくれるわ、5日間、毎晩連チャンで呑み続けている私の肩をリョウが揉《も》んでくれるわで、まさに至れり尽くせり。お父さんは演歌を、リョウは英語の歌を、私はJポップを、みな好き勝手に熱唱し大盛り上がり。

深夜2時を回り、明日も早いのでお開きになる。あまりにも眠かったので、私は客室には戻らず、このまま母屋の布団で寝てしまうことにした。

「じゃあ、おやすみなさーい」

布団に入り、電気を消そうとすると、そこにひょっこりリョウが現れた。

「うわ、ビックリした!!」

オバケかと思って心臓が潰れそうになった私が言うと、リョウが真顔で言う。

「テルコが気にナッテ、ネラレない」

「はぁ〜？」

「おねがい！　テルコと、イッショにねたい！」とリョウが布団の中に潜り込んでくる。

「ちょ、私はひとりで寝たいっつってんの!!」

オイオイ、これじゃあ夜這いだ。「眠りたい人をジャマしちゃダメ！」と説教するが、欧米育ちでメンタルの強い肉食男子は、なかなかあきらめようとしない。

「ガキはひとりで寝な！」と追い返したものの、布団に入ると、酔っぱらった頭でうつらうつら考えてしまう。まさか18歳の男子に言い寄られるとは。これをセクハラと取るか、チャンスと取るかは、その人次第なんだろうなぁ……なんてことを考えているうちに爆睡。

いざ、海人《ウミンチュ》の〝お父さん〟と海へ！

翌朝8時、自然に目が覚めたので食堂に行くと、お父さんが朝食を作っていた。

「おお、てるちゃん、おっはよ〜！　昨日は楽しかったねぇ。よく眠れた？」

「ぐっすり寝たけどさ、お開きの後、リョウが夜這いに来て、説教すんのが大変だったよ」

「リョウが⁉　そんなこと聞いたの、初めてだよ。そういや、てるちゃんのこと、相当気に入ってたもんなぁ」

お父さんは遠い目になり、おセンチムードたっぷりで言う。

「そうかそうか、子どもだと思ってたアイツが、いつのまにかそんな年に……」

って、そこ、感心するトコじゃないでしょ！　ったく、逐一ゆるいなぁ〜。

朝食の御膳を持ったお父さんが言う。

「気持ちがいいから、朝ごはんはテラスで食べようかね～」

外に出ると、まばゆい太陽に照らされ、清々しい青空が広がっている。

朝食のおかずは、沖縄名物ランチョンミートで作ったハムエッグに、野菜サラダ。ヤシガニの出汁がタップリ利いた味噌汁が激ウマで、ごはんが進む進む。すっかり聞きそびれていた宿代を聞くと、「1泊2食付きで5千円よ～」との返し。「たいらファミリー」、安っ!!

テラス席に座り、お父さんと向き合って朝食を食べていると、なんとも不思議な気持ちになる。昨日知り合ったばかりの民宿の主人と、深夜2時まで呑めや歌えやのドンチャン騒ぎ、呑んだ翌朝もがっつりサシで朝食というスタイル。内地じゃちょっと考えられないくらい、こってり濃厚なおもてなしなのだ。

朝食後、早速、水着の上にマリンスポーツ用のウェア、ラッシュガードを着込み、車に乗り込まんとすると、お父さんの奥さん、八重子さんが車でやって来た。

「こんにちは～! これから海?」

食堂や民宿を手伝いがてら、女性や子どもに教える空手道場も主宰しているという八重子さんは、お父さんに負けず劣らず活発な人だった。

はち切れんばかりの笑顔がキュートな八重子さんを見て、私はお父さんをつついた。

「お父さん、こんなきれいな奥さん、どうやって口説いたのよ〜」

お父さんはツルツルの頭をかきつつ、「大昔のことで、もう忘れちゃったな〜」なんて言ってトボケている。

「たくさん釣れるといいわね！」と言う奥さんと手を振り合い、車で海に向かう。

船着き場でお父さんの船に乗り込み、いざ出発！

快晴の下、船はエメラルドグリーンの海をザップンザップン進んでいく。陸にいるときの〝チャラおじさん〟モードはどこへやら、自由自在に船の舵《かじ》を取るお父さんは、さすが海の男！　という感じで、なんともたくましい。

「さ、この辺で潜ってみるか」

船を停泊させたお父さんが、2メートルはありそうな、先が鋭利に尖《とが》った銛《もり》を持ってくる。

「え!?　お父さんの漁って、銛なの!?」

「そうよ〜。てるちゃん、水泳部だったって言ってたから潜水できるでしょ。簡単さぁ」

なんと原始的な！　シティガールの私は、魚といえば、釣り竿《ざお》か網で捕るモノだとばかり思っていたのだ。まさか自分が、素潜りで、魚を銛で突く日が来ようとは！

「でも私、食べられる魚と食べられない魚の、見分けがまったくつかないよ！」

「海の魚は、基本的に全部食べられるから大丈夫！　観賞用だと思ってるカラフルな熱帯魚も、刺身にしたらうまいよ〜。たくさん捕って、今日のお昼に食べような！」

フィン、マスク、シュノーケルを装着し、お父さんと一緒に海に入る。

「お父さんがやるのを見てれば、要領が分かるから！」

お父さんが「えいや！」と勢いをつけ、海中深く潜り始めたので、私も大きく息を吸い、お父さんの後に続く。エメラルドグリーン色の海を潜ると、サンゴの楽園を色とりどりの魚が泳いでいて、まるで水族館の中を泳いでいるような気持ちになる。

と、そのとき、目の前にブルーの熱帯魚が見え、「獲物はアレだな」と思うや否や、お父さんは勢いよく銛を放ち、一発で魚を仕留めたではないか！　さっすが〜!!

プハーッと海面に顔を出したお父さんは、銛で突いた青いブダイを見せ、得意満面で言う。

「見たろ？　この要領で突けばいいから！」

タコ坊主にしか見えなかったお父さんが、やたらまぶしくカッコよく見えること！　目の前で獲物獲得の瞬間を見た私はスイッチが入り、ガ然やる気が湧いてきた。よーし、私も魚を捕るぞ〜!!

魚は海面辺りにはいないので、深〜く深呼吸した後、勢いよく海底に潜り、一心不乱に魚を探す。

（オラオラ！　昼飯のおかずはどこじゃ〜！）

赤い魚を見つけたので、そっと忍び寄り、ここぞのタイミングで「ウリャー！」と突いてみるが、銛に気づいた魚はひらっと翻《ひるがえ》り、一瞬で逃げ去ってしまう。くっそ〜、魚めがっ!!

ふだんシュノーケリングするときは、な〜んにも考えず、ただただ美しい海に身を委ね、（あぁ、海のブルーがきれいだな〜）とか（うわー、なんてカラフルな熱帯魚！）とか思うだけなのに、銛を持った私は、もはや別人。

通常のシュノーケリングとの違いは、ただ「銛」という道具を手にしたことだけなのに、いつものラブ＆ピースな気分でお魚たちを愛でる気分はどこへやら。全身からアドレナリンが噴き出し、魚を突かんと血眼《ちまなこ》になっている私は、魚の方からすれば、まさに〝海の暴れん坊〟。自分の心が完全にハンターと化しているのが新鮮でならなかった。

そうは言っても、完全な素潜りなので、海中で息がそう長くは続かないのが口惜しい。うぐぐ、息が苦しい！　魚を追い詰めたいいところで胸が苦しくなってしまい、海上にプハーッと顔を出さずにはいられなくなるのだ。

ゼーハー、ゼーハー。おのれ、魚どもが、ナメくさりやがって〜!!

お尻に火がついた私は何度も潜り、「昼メシになるヤツはいねえが〜」と〝海のなまはげ〟状態で、魚を突いて突いて突きまくった。だが、魚たちはやたらと逃げ足が速く、ひょいっと銛をかわし、またたくまに逃げ去ってしまう。

さんざん突いたにもかかわらず、私は結局、一匹も捕れずじまい。一方、お父さんはブダイ、コショウダイ計4匹に、大きなシャコ貝までゲットし、さすがプロの技だ。

船に上がると、お父さんは魚をさばいて刺身にし、小皿に醤油と酢を入れた。

「え、醤油にお酢を入れるの⁉」

「まぁ美味いから、食ってみなって！」

ブダイの刺身を酢醤油につけて食べてみると、プリプリの新鮮な身が甘くてうまい！　フグの刺身をポン酢で食べるノリで、白身魚の刺身を酢醤油で食べるとサッパリして、クセになりそうな味だ。シャコ貝の肝は、まるで生牡蠣《なまがき》を濃厚にしたような珍味で、あまりのクリーミーさに頬が落ちそうになる。

「いつもシュノーケリングするときは、きれいな魚だなぁとか思うだけなのに、銛を持つと別人格になるね！　ウミンチュ気分を味わって、いい体験させてもらったわ～」

刺身を手づかみでワイルドに食べながら言うと、お父さんが言う。

「お父さんはさ、民宿を始めるまで、海や自然をきれいだと思ったことがなかったんよ」

「マジで⁉　こんなにきれいなのに⁉」

「お父さんにとっては、この環境が当たり前だったからね～。ヤマトのお客さんをシュノーケリングで連れてくるようになって、みんなが『うわ～、きれい！』って感動する姿を見て、初めて、自然を美しく感じられるようになったんよ〜」

　石垣で生まれ育ったお父さんは、エメラルドグリーン色の海以外の海を見たことがないから、この海を「きれい」だと思う概念がなかったのだ。確かに、生まれたときからこの環境にいたら、そう思えないのも分かるような気がする。

「美しい海、美ら海《ちゅうみ》に気づいて、この自然や海を守らなければいかんと思うようになったんよ〜。お父さんは、海神祭、海のツアー、食堂、民宿と、いろいろやってるけど、自分の代で潰したくないから、長男と次男に継いでもらおうと思って手伝ってもらってるよ」

　お父さんの話を聞いていると、人って、自分では故郷のよさに気がつかないものなんだなぁと思う。前に中国の雲南省《うんなん》で、少数民族のモソ人の村に滞在したとき、モソ人の人たちも漢民族の観光客が来るようになって初めて、自分たちの民族衣装の美しさや、独特の〝通い婚のシステム〟（祖母や母親が家庭の中心で、生家で祖母、母親、兄弟、姉妹と生涯暮らす母系社会）に誇りが持てるようになったと言っていたことを思い出す。

　外から来た人が発見して教えてくれる、地元の素晴らしさや、自分たちの文化を誇りに思う気持ち。お父さんは、ヤマトンチュと接したことで、いろんなことに目覚めたシマンチュなのだ。

宿に戻ると、午後2時をまわっていた。

「せっかくだし、今から『うたの日コンサート』に行くか！」とお父さんが言い出し、一緒に行きたいというリョウと3人で、お父さんの運転する車で会場に向かう。

中に入ると、野外広場は1万もの人で埋め尽くされ、フェスは大盛況。後方の空いていた芝生に陣取り、お父さんが買ってきてくれた生ビールで乾杯！

BEGINの「島人《しまんちゅ》ぬ宝」や夏川りみの「涙《なだ》そうそう」に聞き惚れ、贅沢な顔ぶれの名曲に酔いしれる、極上の昼下がり。きいやま商店（石垣出身のエンタメユニット）の「沖縄ロックンロール」ではみんなで歌に合わせてタオルを振り回して大フィーバー。芝生に寝転びながらビールを呑み、野外ライブを堪能するという、夢のような時間を過ごす。

コンサートが終わって宿に戻ると、お父さんが夕食に特製の焼肉丼を作ってくれた。お父さん手作りのタレが絶妙で、これまたメチャうまだ。

「てるちゃん、ウチのおじいとおばあに会いたい？」

お父さんの両親、おじい&おばあが、さっき黒島の旅行から帰ってきたというので、お父さんが母屋から両親を連れてきてくれた。

「うわ、お父さんとおじい、ヘアスタイルが瓜二つ！」

私がそう言うと、元気なおじいが言い返してくる。

「ちょい待て、俺の方が、正吉よりも髪の毛は残っとるやろ！」

みんなで泡盛で乾杯する。おじいの作った無農薬のキュウリを、おばあがスライサーで薄切りしてシークヮーサーぽん酢×鰹節で味付けしたつまみを頂くと、美味いのなんの！

84歳（！）まで現役で漁に出ていたというウミンチュのおじい、正一さんは88歳。菩薩のように優しい笑顔で、オレンジの花柄ムームーを着たかわいいおばあ、きよさんは84歳。今も離島に出かけるほどお元気なおじい&おばあの、健康長寿の秘訣を聞いてみたい！

「おじいは、どうしてウミンチュになったんです？」

私が聞くと、陽気なおじいの顔は一転、真剣な顔になった。

「おじいの壮絶な話、聞きたいか？　貧しい農村に生まれたおじいはな、11歳のとき、漁港の町、糸満《いとまん》の網元《あみもと》に売られたんよ。おじいのお父さんが、前借金と引き換えにしてな」

「売られた!?　実のお父さんに!?」

「おじいのお父さんが浮気して、新しい奥さんをもらったおかげで、おじいのことが邪魔になったんや」

糸満とは、本島にある漁業の盛んな町で、網元とは「漁船を所有する漁業経営者のこと」だとおじいが教えてくれる。昔は子どもに対して「悪いことをしたら、糸満に売るぞ！」という言葉があったぐらい〝糸満売り〟は恐れられていたという。だが、おじいは悪さをした

船上で、お父さんが捕った魚を豪快にガブリ！

お父さん、おじい＆おばあと楽しくユンタク

ワケでもなんでもなく、11歳といえば、年齢的にはまだ小学5年の子どもなのだ。

網元の親方の命令で、真冬の凍《い》てつく海で「素潜りの追い込み漁」をさせられたおじいは、何度も死にかけたのだという。深く長く潜ることを要求され、命を落とした子どもが何人もいたというから、むごい話だ。

「年季《ねんき》奉公《ぼうこう》というと聞こえはええが、実際は人身売買だから、人間扱いされんかったよ。おじいは、ここで絶対死ぬまいと思って、歯を食いしばって生きたさ」

「よくぞご無事で……」と言う以外、私は言葉がなかった。

親方からの酷い虐待に耐え、なんとか生き抜いたおじいが19歳になったとき、実父が9年前におじいを売ったときの倍以上のお金を出して、ようやく網元から買い戻してくれたのだという。

親に売られた〝生き証人〟のおじいから、その生々しい実体験を聞くと、子どもを「売る」とか「買う」とかいう話は、そう昔のことではなかったことを思い知らされてしまう。子どもだけではない。戦前は、戦争に反対したり兵役を拒否すれば、「非国民」と罵《ののし》られるのが当たり前の時代だった。人類の歴史を思うと、「人権」という概念ができたのは、つい最近のことなのだ。

「買い戻してもらえたときは本当にうれしかったけど、実家に戻ると、継母に、自分の産んだ子どもとは区別されて、散々イジメられたよ。父親に『こんな家なら戻ってくるんじゃなかった！』と言って、何度大喧嘩したか。それでも、懸命に漁師として働いて、他の網元に売られてた弟を買い戻したよ。辛いのは自分だけで十分だと思ったから」

そうこうするうちに戦争が始まり、召集令状が来て入隊。だが、小学校に通わせてもらえず文字が読めなかったおじいは、軍曹にボコボコに殴られ、仲間まで連帯責任で殴られたのだという。

「鬼軍曹に『1ヵ月で歩兵のルールを暗記しろ！』と命令されてな。毎晩寝ずに、死にものぐるいで文字を勉強して、なんとか殴られずに済んだんだ」

「そんな大変な人生で、おばあとはどこで出会ったの？」

「そりゃ、もちろん戦争が終わった後よ〜」

小さい頃に両親と死別して祖母に育てられたおばあは、村でも評判の働き者だったのだという。おじいは、自分と同じように辛い境遇だったおばあ、きよさんにシンパシーを感じ、「この人しかいない！」と思ったのだと話してくれる。

「22歳のときやったねぇ。夜、家まで行って、プロポーズしたんよ」

「え？　夜分に、きよさんの実家にプロポーズしに行ったの？」

私が聞くと、おじいはキッパリ言う。

「プロポーズは夜やろ！」

「でも、ほら、たとえば週末の午後とか……」と言いかけると、おじいが食い気味に返してくる。

「漁師で農業もしとるのに、休みがあるか！」

確かに……。「週末」というのは、サラリーマンの発想なのだ。

「で、で、プロポーズの言葉は？」と食いつくと、おじぃは得意げに言う。

「聞きたいか？　こう言ったんだ。『きよちゃん、俺は無学な人間で、金もない。いっとき

は苦労させるかもしれんけど、必ず幸せにするから、結婚してください』ってな」

「くぅ〜っ！　おじい、かっくいい〜!!　で、おばあは何て言ったの？」

私が聞くと、おばあがニコニコ顔で答えてくれる。

「そりゃあもう、『はい！』って頷いたさ〜」

過酷な時代を生き抜いてきたおじいは言う。

「苦労した人間はな、必ず、幸せになれるんよ。昔は親を恨んだけど、今は心からありがと

うと言いたい。海で何度も死にかけたけど、漁師としての技術を叩き込まれたおかげで、家

族をちゃんと養えて、今があるからね」

「おじいが生きてくれたから、お父さんが生まれて、こうやって私も楽しい夜が過ごせて

ることを思うと、ほんま感謝ですわ〜」

幼い自分や弟を売りとばし、恨みに恨んだ父のことを、許せただけでなく、感謝までできるようになったというおじいの話が心に染みる。どんな生い立ちであれ、「自分のルーツを大事」にして「親との関係を改善する」のは、自分の幸せのためにも必要なことなんだと思わずにはいられなかった。

自分の生い立ちから目を背けなかったおじいは、貧しい生まれで幸せをつかんだシンデレラもビックリの、〝シンデレラおじい〟だなぁと思う。そして、おじいが生き延びたおかげで、ふたりの間に4人の子どもが生まれ、それが19人の孫、25人の曽孫《ひまご》に繋がって、今や平良ファミリーは総勢44名の大家族なのだ。

人がここまで変わることができるなんて！「過去の事実」を変えることはできないけれど、「過去の意味」を変えることはできるのだ。私は今まで「過去」と「他人」は変えられないと思ってきた。でも、生き方次第で「過去の意味」と「自分」は変えることができるのだということを、おじいに教えられた気分だった。

おじい&おばあと「おやすみなさい」を言い合い、外のテラスで夜風に吹かれつつ、お父さんとまったり泡盛を呑む。

「お父さん、いい家族に囲まれて、ほーんと、いい人生だね〜」

お父さんは美味そうに酒を呑みながら言う。

「毎日感謝やね～。お父さんはさ、仕事が楽しくてたまらんもん。『これを始めたらお客さんが喜ぶかな』って考えると、どんどんアイデアが湧くやろ？　お客に喜んでもらいたいと思って始めると、どんな仕事もなんとかなるんよな～」

やっぱりそこに行き着くよなぁ。人が心の底から幸せを感じられるのは、人から喜ばれたときなのだ。「喜ばれると、うれしい」という感情は、人間の本能だとつくづく思う。

「こうやってお客と呑んでいるときが、一番幸せよ。この時間が、元気の源だからね～」

「そう言い切れるなんて、ホント、天職だね！」

「仲間にもさ、『民宿やると楽しいぞ～』って勧めるんやけど、シマンチュはシャイが多いから、ヤマトンチュのお客としゃべれんのよ。『客としゃべると疲れるだろ？』って言われるけど、疲れるどころか、毎日、元気もりもりよ～！」

お父さんと話していると、私も行け行けドンドンで前に進むぞ！　と勇気が湧いてくる。

人は、やりたいことがあれば、全部やっていいんだなぁと思う。損得でも私利私欲でもなく、自分が本当にやりたいことで、それが人の喜びにも繋がることであれば、きっとお金はついてくるんだ。お父さんのように！

翌朝、港まで車で送ってもらった私は、お父さんと別れのハグを交わした。

「てるちゃん、また時間ができたら、いつでも石垣に帰っておいで。お父さんは、いつでもこの島にいるからね〜」

「うん、お父さん、いろいろありがとうね！」

竹富島行きの高速船に乗り込むと、石垣島がどんどん小さくなっていく。あぁ、またいつか、お父さんと一緒に魚突きに行きたいな。そして、今度こそ魚にグサッと銛を刺し、「捕ったど〜！」と見せつけてお父さんをギャフンと言わせ、祝杯をあげたいなぁ！

〝芸能の島〟竹富島へ

船に10分揺られ、こぢんまりとした港に着くと、青い空とエメラルドグリーンの海が広がっていて、「離島に来た〜！」と浮き足だってしまう。

竹富島は、外周9キロの小さな島。レンタサイクルしようと思っていると、殆どの観光客が出迎えに来ていた「水牛車　新田観光」と書かれたマイクロバスに乗り込んでいくので、まずは私も、竹富島に来たら誰もがやるという〝水牛車での島内観光〟をしてみることにした。

新田観光に着き、15人くらいずつの相乗りで水牛車に乗り込むと、水牛がのっそりのっそり、島の細い道を歩き始める。

晴れ渡った青空、石垣に囲まれた赤瓦の家並み、屋根には獅子《しし》似の守り神〝シーサー〟、生い茂る熱帯の緑、赤やピンクのブーゲンビリア、どこまでも続く白い砂の道……。

竹富島の佇まいは、イメージしていた沖縄そのものだった。まるで沖縄映画のオープンセットを訪れているように感じられるほど、期待を裏切らない「ザ・沖縄」な世界。地球上、どんな場所も一日は同じ24時間なのに、この島では、牛の歩みのように時間がゆったり流れること！

水牛を操る兄ちゃんは竹富島の人かと思いきや、関西出身のヤマトンチュなのだという。

「どういうご縁で竹富島に移住しはったんです？」と聞いてみる。

「観光でこの島に来て、ホレこんだんですわ〜。竹富の人と結婚して子どももいるんですが、竹富は人口350人ぐらいの小さな島やから、島の人み〜んなで、子どもを育ててくれる感じなんですよ〜。夜は毎日のように宴会で、島全体が家族みたいな雰囲気ですしねぇ」

日に焼けたニコニコ顔でそう言い、三線を弾きながら竹富島の民謡を歌ってくれる兄ちゃんの雰囲気は、すっかりシマンチュだった。

考えてみれば、日本に来た外国の人でも、水を得た魚《うお》のようにイキイキしている人がいるよなぁ。外国人のお相撲《すもう》さんは、美しく正しい日本語を話す人が多いし、日本に長く住んでいる外国人は、ときに日本人以上に日本人らしかったりするのだ。

憧れの地に移住し、その土地の文化や風習を心から尊重する人は、だんだんその土地の人っぽくなっていくのだということ。外から来た人がその土地にちゃんと馴染んでいけば、その土地らしさが失われることはないのだ。沖縄の血がどうとか、そんなことよりも、島を心から愛してくれる人が移住して、ここで子どもを産み育てれば、子どもは将来、立派なシマンチュになるんだろうな。

水牛車での島巡り後、新田観光で、市原悦子似のかわいいおばちゃんに、ランチにオススメの店を聞いたりしているうちに、おばちゃんはこの会社の社長の奥さんであることが判明。

「社長夫人!?　全然エラソーじゃないから、てっきりパートのおばちゃんかと……」

「アッハッハ！　同じようなものよ〜」

市原悦子似の奥さん、新田ヒトミさんに、「この島の方ですよね？」と聞いてみる。

「私はねぇ、福岡出身なの」

「え？　福岡の人が、なんでまた竹富島にお嫁に？」

「30年前に観光で来て、恋に落ちたのよ〜」

30年前というと、沖縄が本土に復帰してまだ10年そこそこで、観光客なんて極わずかだった頃だろう（敗戦後、1945年〜1972年の沖縄返還まで、沖縄は米国に統治されていた）。てことは、ヤマトンチュとシマンチュの結婚のパイオニアではないか。

「どこの生まれでも、本気でなろうと思えば、シマンチュになれるんですねぇ。やっぱり、島で子どもを産んで、本当のシマンチュになれる感じですか？」

「島で子どもを産み育てて、子どもを通して、一緒にシマンチュになってくのよ～」

見た目のやわらかい雰囲気だけでなく、声も市原悦子似のヒトミさんが言うと、なんだか「まんが日本昔ばなし」を聞いているような気分になる。

ヒトミさんが、後ろの壁に貼られた予定表を指す。

「これを見てごらんなさい。竹富島の年間の祭事表。一年に24回も祭祀があるのよ」

「24⁉ 単純計算で、ひと月に2回⁉ 年がら年中、神事じゃないですか！」

「神事が多いから、竹富ではみ～んな役割があって、一人一役なの。都会のPTAみたいに、やりたくないからやらない、みたいなことはあり得ないからね～。竹富は、島民みんなでこの島を運営してるようなものなのよ～」

同じ八重山諸島でも、竹富島には独自のスタイルがあり、人口の多い石垣島とは神事も文化も違うんだなぁと思う。

「竹富の文化や伝統に興味があるなら、島で唯《ただ》ひとりの住職、上勢頭《うえせど》同子《ともこ》さんに会うといいわ。同子さんはこの島の生き字引みたいな人だから、なんでも教えてくれるわよ～」

ヒトミさんからそう勧められ、すぐ隣のお寺「喜宝院」に同子さんを訪ねてみる。

「ヒトミさんが私のことを生き字引だって？　ハッハッハ！　ちょうどお昼だから、隣の食堂で一緒にそばでも食べようか～」

ハスキーボイスが似合う同子さんは、〝女傑〟という言葉がピッタリの、頼もしく豪快な雰囲気の人だった。

お寺の隣の食堂『やらぼ』で、オーダーした車海老野菜そばには、大きな車海老がデーンと4尾も載っかっていて、海老の出汁が利いたスープがうまい。竹富島産の島胡椒〝ぴーやし〟を入れると、ピリリとした辛味がいいスパイスになって、旨味がぐんとアップする。

住職であり、竹富島の民謡&踊りのお師匠さんでもあるという同子さんが、民謡のさわりを歌ってくれる。独特のコブシが利いたパンチのある歌声に、思わず聞き惚れてしまう。

「さすが同子さん、ノドが違いますね～！」

「竹富島のオリジナル曲は、300曲もあるのよ～。竹富は、島独特の民謡や舞踊が受け継がれている〝芸能の島〟でもあるからね」

食後、ヒトミさんが女友だちを連れて合流し、和気あいあいのユンタクが始まった。

「島仲《しまなか》由美子さんを連れてきたわよ～。島仲由美子さんは、竹富島の司《つかさ》のひとりで、『神に仕える女性』なの。竹富では、神事はすべて女の司が取り仕切るんだけど、神事が山のようにあるから、由美子さんは年中、大忙しよ～」

「いやいや、同子さんもヒトミさんも、いつも忙しくしてるじゃな～い」と由美子さん。

さっきから、みんな名前をきっちり呼ぶなぁと思い、

「みなさん仲良しなのに、『ゆみちゃん』とか『ともさん』とは呼ばないんですね」

と何の気なしに言うと、3人がブルンブルン首を振る。

「竹富では、あだ名を付けないのよ～。例えば『ケンタロウ』を『ケンちゃん』なんて呼ばず、ちゃんと『ケンタロウ』『ケンタロウさん』って呼ぶの」

ヒトミさんが言うと、同子さんが言う。

「『命名』いうのは『命に名を与えること』だから、相手の命を尊重するためにも、名前を途中で切ってはダメ。竹富では名前だけでなく、名字と名前のフルネームで呼ぶことも多いよ」

「へぇ～。名前ひとつとっても、いろんな伝統があるんですねぇ」

私が言うと、同子さんが大真面目な顔で言う。

「名前は大事よ～！　たとえば、今までてるこちゃんは、凄～くビックリしたり、心の張り合いがなくなったりして、魂が抜けたみたいな気分になったこと、ない？」

「ありますね～。車に危うく、ぶつかりそうになったときとか」

「そういうときは、自分の魂が抜けた場所に戻って、やることがあるのよ～。まず、麻糸で7つの輪っかを作って、自分の名前を3回呼ぶ。それから、両手で麻糸を引っ張って、7つの輪っかを7つの玉結びにするの。で、その麻糸をミサンガのように腕に巻けば、魂が戻ってくるからね。これは竹富の、魂を呼び戻す〝魂込《たましく》み〟のやり方よ」

「はぁ～っ。魂を呼び戻せるなんて、名前ってスゴいんですねぇ」

おしゃべりに夢中になっていると、もう3時を過ぎていた。

「うわ、もうこんな時間！　石垣島から離島に向かう最終の船に間に合うよう、竹富を観光しなきゃ！」と私が立ち上がると、みなが口々に言う。

「あら、あんたまだ、何も見とらんの？」

「今日は、竹富に泊まればいいじゃない」

「日帰りのつもりだったから、荷物を全部、石垣島の港に預けてきちゃって」

私が言うと、ヒトミさんが時計を見て言った。

「あと2時間もないわねぇ。車でまわってあげるわ」

「マジですか!?　ありがとうございます～！」

ヒトミさんの車に同子さんと乗り込み、道を走ると、墓地らしき場所を通りかかった。

「デカッ!!　あれ、お墓ですよね？」

「竹富では亀甲墓《かみぬくばか》っていうのよ。亀の甲羅のような石の屋根は子宮を表してて、お墓の入口は産道に当たるの。人はお母さんの胎内から生まれて、死ぬとまた胎内に帰っていくのよ」

亀甲墓は墓本体も大きいのだが、それぞれの墓スペースも8帖くらいあり、人が住めそうなサイズだ。

「竹富では、毎年旧暦の1月16日に祖先供養をするの。お墓の庭に親戚一同が勢揃いして、お重に詰めたお供えのごちそうを食べながら、わいわいお酒を呑むのよ〜」

メガサイズのお墓が、宴会用のスペースだったとは！　お墓でピクニックしているとしか思えない光景を想像して、思わず噴き出してしまう。沖縄の墓参りは、にぎやかに楽しむイベントなのだ。

先祖の墓前で宴会するなんて世にも奇異な風習で、ちょっと不謹慎に感じられたものの、今、自分が存在しているのは、じいちゃんやばあちゃんが命を繋いでくれたおかげなのだということ。楽しい時間をシェアすることは、命を授けてくれたご先祖様に対して、何よりの供養になるように思えてくる。

墓地で手を合わせた後、一面に広がるエメラルドグリーンの海×白砂の美しいコンドイビーチや、星型の砂で有名な皆治浜《かいじはま》で〝竹富ブルー〟を目に焼き付け、竹富島の聖地を巡る。

「御嶽《うたき》のことを、竹富では御嶽《おん》と呼ぶの。この小さな竹富に28ヵ所も御嶽があるのよ〜」

竹富島名物の水牛観光のお兄さん

民謡＆舞踊の師匠でもある同子さん

先祖を大事にする沖縄では、お墓も超ビッグサイズ！

ヒトミさんが言うと、同子さんが教えてくれる。

「御嶽の神様には自分の名前と、どこから来たのか、なぜ来たかを、お伝えするんだよ〜」

鳥居があり、一見、小さな神社のような西塘御嶽《ニシトーオン》や、航海安全を祈願する美崎御嶽《ミシャシオン》等をまわった後、ヒトミさんと同子さんが最終の船に間に合うよう、港まで送ってくれる。

「今日、石垣に戻って、どうするの？」

「黒島《くろしま》か波照間島《はてるまじま》に行ってみようかなぁと。どっかオススメの宿を知ってはりますか？」

「てるこちゃんなら、わいわいユンタクできる黒島の『南来《なんくる》』がいいんじゃない？」

「『南来』、空いてたら行ってみますわ〜。島同士、横の繋がりがあるんですねぇ」

「寄り合いもあるし、だいたいみんな知り合いだからね〜」

フェリーのチケットを買い、ふたりにお礼を言う。

「何から何まで、本当にありがとうございます！」

ヒトミさんが、手作りの島胡椒「ぴーやし」の瓶をお土産に持たせてくれる。

「わ、ぴーやし!!」

胡椒にスパイスの香りを加えたような香辛料、ぴーやしのファンになった私は、小躍りしてしまう。

「これは、手づくりのぴーやし。ぴーやしは血行にもいいし、健康食品でもあるのよ〜」

「今度は、『種子取祭《タナドゥイ》』のときに、ゆっくりいらっしゃい。600年続いてる盛大なお祭りで、その間は竹富島の人口が2倍になって、島中で盛り上がるのよ～」

「そんときは、私の家に泊まんなさい。一緒にお酒を呑もうね～！」

ふたりと手を振り合いながら、石垣島行きの船に乗り込む。

あぁ、一緒にお酒が呑みたかったなぁ！　気のいい人たちと酒を酌み交わし、竹富で朝を迎えてみたかったな。竹富島は石垣島から10分のアクセスだから、私のように日帰りの人が多いのだが、やっぱりその場所の魅力は、泊まってこそなのだ。

でも、やり損ねたことがあるからよけいに、竹富島は「いつかまた帰ってきたい！」と思える場所になっている。狂言や舞踊等、80もの伝統芸能が披露され、同子さんやお弟子さん、島のチビッコたちも大活躍するという種子取祭も、この目で見てみたい。

遠ざかっていく竹富島を眺めながら、私は神に祈るばかりだった。ここにまた帰ってくることができますよう！

GO!
Japan
spiritual
travel

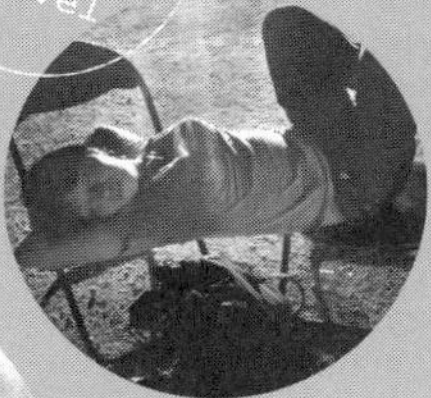

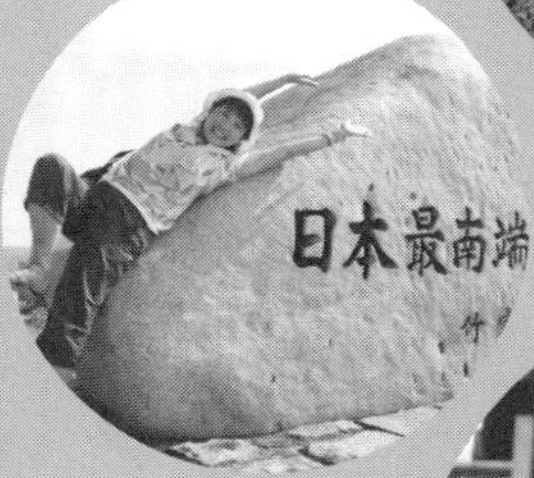

5th TRAVEL

沖縄〈黒島&波照間島〉

呑んだくれ民宿&体験型の宿★離島ホッピング

〝ハートアイランド〟と呼ばれる黒島へ！

石垣島に着き、オススメしてもらった「南来《なんくる》」に電話してみると、一部屋だけ空きがあるというので、次の旅先は黒島に決定。

よーし、黒島だ、黒島！　今日の最終フェリーのチケットを買い、ターミナルで土産物を見ながら出発時間になるのを待つ。

出発の5分前、船の出る桟橋で待機するが、出航時間の17時20分を過ぎても、いっこうに乗り込みのアナウンスはなかった。

（まぁ内地じゃあるまいし、船も定時には出ないウチナータイムだよねぇ〜）

沖縄旅も7日目。ふふっ、1週間前の私なら、乗り物が定時に出発しないぐらいでイラッとしてたんだろうな。離島ですっかり心を洗われ、都会の毒っ気に侵されていた自分とオサラバしたことを感じずにはいられなかった。船会社の皆さん、焦らずゆっくり準備してくれたらいいさぁ〜。心も体も沖縄仕様になった自分に酔い、思いきり悦に入《い》ってしまう。

気持ちのいい潮風に吹かれつつ乗船の案内を待っていると、出航時間から、かれこれ15分は過ぎている。さすがに不安になってきた私は、ターミナルにいた船員さんに駆け寄った。

「すみません、黒島行きの最終フェリー、まだ出ないんですかね？」

「黒島行き？　船はもう出ちゃったよ」

オーマイガーッ‼　ヨユーぶっこきすぎて、乗り場を間違えてたのー⁉

「ほら、あそこ。さっき10分遅れで出航したとこだね〜」

見ると、私が乗るハズだった船は、かなり遠くまで進んでしまっているではないか！

「待ってぇ〜〜〜‼」

慌てふためき大声で叫ぶも、船が待ってくれるワケがない。港に居たのに船に乗り損ねるという、まさかの大失態に腰が砕け、その場にへナへナ座りこんでしまう。

ボー然自失状態になっていると、さっきの船員さんが戻ってきて言う。

「今、無線で連絡したら、船長が引き返してくれるって！」

「ホ、ホ、ホントですかー⁉　ありがとうございます〜‼」

思わずその場でバンザイしそうになるが、フェリーが大回りでUターンし、遠路はるばる港に戻ってくる姿を見ていると、あまりの申し訳なさで胸がいっぱいになる。私は、穴があったら入りたいどころか、穴を掘って地球の裏側まで行ってしまいたい気持ちだった。黒島の宿をキャンセルして、この、クソ恥ずかしい現実から逃げてしまいたい！

17時40分、乗り遅れた私を乗せるためだけに、小さなフェリーが港に戻ってきた。もともと10分遅れて出航したという船が、港に戻るのに10分かかったということは、黒島に着くのが30分以上遅れてしまうということなのだ。お客さんの中には、島で待ち合わせをしていた人もいたろうに……。とてもじゃないけど、港で風に吹かれ、自分に酔っぱらってましたなんて言えない！

あぁ、一体どのツラ下げて、船に入ってけばいいんだ⁉　シラバックれてしまいたいものの、船が港に引き返すに当たって、「本船は〜、最終に乗り遅れたお客様を乗せるために〜」なんていう船内アナウンスがあったに決まっているのだ。ドジを踏んだ自分が情けなさすぎて下を向きたくなってしまうが、マヌケ顔をさらして、ちゃんと謝らねば！

平身低頭スタイルで船内に入った私は、勇気を振り絞り、座席に座っていたおっちゃんたちに言った。

「ご迷惑をおかけしてしまって、本当にすみませんでした！」

「ったく、こっちはいい迷惑だよ！」みたいな怒声を浴びせられるかと思いきや、座席に座っていたシマンチュのおじさんたちが、ゆる〜い笑顔で言う。

「どうせ最終なんだから、誰も急いでないよ〜」「ここは内地とは違うさぁ〜」

「す、すみません‼」

まったくもって、かたじけない！　もう一生、自分自身に酔っぱらったりしません‼

船が港を出航し、一路、黒島へ。あぁ、私がこれから向かうのは、おっちょこちょいな旅人をもウエルカムしてくれる、おおらかな島なんだなぁ！　私は黒島に着く前から、シマンチュの優しさに包まれているような気分だった。

真っ青な空の下、船に揺られること30分。行く手に、緑に覆われた、平べったい島が見えてくる。島の形がハート形なので「ハートアイランド」とも呼ばれる黒島は、外周約13キロの小さな島。今まで旅したどんな島よりも、〝緑のフラットな島〟という印象だ。

のどかで開放的なムードの港に着くと、宿の女将《おかみ》さん、由美子さんが車で迎えに来てくれていた。

「いらっしゃーい。さぁ乗って乗って」

もうひとりのお客さん、赤いテンガロンハットを被った兄ちゃんが、奥さんに「お久しぶりです～」と挨拶して助手席に乗り、車が出発する。

「船、遅れたんねぇ」と奥さんが言うと、リピーター客らしい帽子の兄ちゃんが言う。

「いや～、やらかしてくれた乗客が、約1名いましてねぇ」

「……実は、乗り遅れてしまった私のために、船が引き返してくれてたんです」

「ハッハッハ！　バーベキューが食べられるし、よかったじゃな～い。今日は人数も多いから、夕食、庭でバーベキューなのよ～」

着いてすぐの夕食がバーベキュー？　いったいどんなおめでたい宿なんだ⁉

港から数分で、しま宿「南来」の本館に到着。大きな民家という感じの建物で、この2階部分が客室になっているのだという。帽子の兄ちゃんは本館前で車を降りるも、本館は満室とのことだったので、私は別館まで送ってもらうことになった。

「朝晩の食事は、この本館に食べにきてね。別館はすぐ先よ。黒島にはバスもタクシーもないけど、自転車があれば1時間で回れる大きさだから、レンタサイクルすると便利よ〜」

広々とした別館は少々わびしい佇まいの建物だったが、2階の部屋に入ると、シンプルながら清潔な個室だったのでホッとする。

「メェェ〜〜、メェェェ〜〜」

外から、誰かが飼っているらしいヤギの鳴き声が聞こえてくる。

大きな窓を開け放つと、島の一本道を挟んで、見渡す限りこんもりとした緑が生い茂っている。まるで森の中に建っているような宿だ。

信じられないぐらい静かで牧歌的な島を眺めていると、どの島も独特で、面白いぐらい雰囲気が違うなぁと思う。石垣島からたった30分、船に揺られただけで、またしても未知の別世界に辿り着いていることが新鮮でならなかった。

今朝まで石垣島のひょうきんなお父さんと一緒にいたのに、昼間は竹富島の豪快な同子さん&ヒトミさんと過ごし、今は黒島の〝緑の宿〟にいる不思議さよ！　そして、せっかく仲良しができたというのに、私はまた、ひとりになってしまったのだ。

体ひとつ動かせば、自分を取り巻く登場人物の全てが総入れ替えになる、ひとり旅。ひとつひとつの出会いが身に染みる分、別れはちょっぴり切ないけれど、ここが「国内」だと思うと、また気軽に会える気がするのがいい。あぁ、ひとり旅してるって感じ〜！


19時に本館に向かうと、まわりを緑に囲まれた大きな庭で、バーベキューの準備が進んでいた。女将の由美子さんが、肉、玉ネギ、エリンギ、ナス、紅芋、コーン等を焼いていて、香ばしい匂いが漂ってくる。

庭の長テーブルに宿泊客が集まり、和気あいあいでお酒を呑み始めている。みな、常連なのか、ここで知り合ったのか、居酒屋のオープンスペースのような雰囲気だ。

部活のようなムードに戸惑いつつも、人見知りを気取っても何も始まらんと思い、勇気を出して、ひとり旅とおぼしき60代くらいの女性に声をかけてみた。

「もう、何度か来られてはるんですか？」

「私はまだ2回目なんですけど、ここに来るとひとり旅でも全然さみしくないから、いつもひとりで来ちゃうんですよね〜。今日着かれたんですか？」

「あ、はい、最終のフェリーで」

「もしかして、フェリーが30分遅れた原因の人？」

「いや〜、やっちゃいまして」なんて話しているうちに、周りの宿泊客とも打ち解けていく。

宿泊客は他に、ラブラブの熟年夫婦に、一人旅らしき兄ちゃんが6、7人。大の沖縄好きなのに「絶対焼きたくないんです！」と、帽子&長袖Tシャツ&ロングスカートで完全武装している元気なおねえちゃん。中には、宿に8ヵ月も滞在し、住民票を取ろうか迷っているというツワモノのおっちゃんまでいて、キャラの濃そうな老若男女が勢揃いしている。

来る前は、沖縄はひとりで行っちゃいけないような場所だと思っていたのだが、一人旅率の高さに驚いてしまう。特にここに集う人たちは、黒島に観光しに来たというよりも、この「南来」に来ること自体が目的というぐらい、リピーターの多い人気宿なのだ。正直、私は知らない人が大勢いる呑み会が大の苦手なのだが、「南来」に泊まることになったのも何かの縁。来たからには、おもっきり呑んで楽しもう！　という気になってくる。

と、そのとき、泡盛セットを運んできた短パン姿のおっちゃんを見て、私は目がテンになってしまった。おっちゃんの黒Tシャツの前面には、「酒しか信じない。」という黄文字がデカデカとプリントされていたのだ。これほど最強な呑んべエ宣言があるだろうか。このおっちゃん、一体、何者!?

「あの人は、酒屋さんか何かで……？」

「この宿のご主人、久貝《くがい》さんですよ～」

久貝さんが、十数人の宿泊客に向かって言う。

「ハ～イ、肉が焼けてきたから、どんどん食べてよ～。ブランド牛肉の〝石垣牛〟と思って食べてね～」

久貝さんは、がっしり体系の太マッチョなのだが、顔はキューピーのようなベビーフェイスで、なんとも憎めないキャラクターだった。

「泡盛は、宿からのサービスだから、遠慮せず、ジャンジャン呑んでね～」

沖縄居酒屋じゃ1杯500円はする泡盛が、サービスぅ⁉　「南来」は1泊2食付きで6千円だというし、バーベキュー食べ放題＆飲み放題で採算が合うのか心配になってしまう。

グラスに氷をタップリ入れ、石垣島産の泡盛「直火請福《じかびせいふく》」で水割りを作って呑むと、甘酒のような香りで口当たりがよく、ウマい！　ふだん「泡盛が呑みてぇ～！」と思うことはまずないのに、沖縄で呑む泡盛はどうしてこうもおいしいんだろう。離島の緑に満ちた屋外で呑む泡盛は、まさに格別だった。

バーベキューを食べつつ、自然の流れでユンタクタイムになっていく。

泡盛を呑みながら、たわいのない話をし、ツッコミ合ったり笑い合ったりしていると、当たり前のことだけど、どんな人もみんな、それぞれ自分の世界でちゃんと生きてるんだなぁと思う。出身も年齢も職業もバラバラな人たちの共通点は、今この時期に「南来」に泊まりに来たということだけなのに、「沖縄を愛する者」というだけで、ここまで心を通じ合わせることができるのだ。

しばらくすると、常連客たちが久貝さんに何やらリクエストする。

「そろそろ、いつものアレが聴きたいなぁ～」

「そうかぁ？　んじゃあ、ぼちぼち歌うかな～」

久貝さんはおもむろに三線を抱えると、八重山の民謡を歌いだす。

「♪ゆあぁ～～みぃ～～のぉ～ふ～るぅ～とぅ～～しぃ　ゆが～ふ～～どぅぅ～し」

なんて伸びやかな歌声！　三線の音色と民謡を聴いていると、初めて聴くメロディなのに、どこか懐かしい気分になる。石垣島のお父さんの歌も味があったけど、やっぱり達人は違うなぁ！

宿の「呑み助オヤジ」だと思っていたものの、一気に羨望のまなざしになった私は、歌い終えた久貝さんに声をかけた。

「メッチャええ声してはりますね～！　どこで習わはったんですか？」

「いや～、歌も三線も独学なんで、まったくの素人《しろうと》よ～」と照れる久貝さん。

独学でここまで仕上がるモノ!?　いやはや、素人のレベルじゃない。

「南来」の陽気なご主人、久貝さん＆由美子さん夫婦

「あの〜、今日だけじゃなく、毎晩、こんな大宴会なんですか？」

「ウチはいつもこんな感じよ〜。まわりに民家もないから、どんなに騒いでも大丈夫さぁ」

リアリ〜⁉　一年中、かくもにぎやかな酒宴が繰り広げられているとは！〝三線&民謡の達人〟の久貝さんが素晴らしい歌声を披露してくれる「南来」は、ミニライブ付きの宿だったのだ。佐賀の農家民宿の藤瀬さんファミリーは〝会いに行ける農業スター〟みたいだったけれど、久貝さんは、あえてプロデビューせず、自分の宿で毎晩ライブを開催してる〝会いに行けるミュージシャン〟みたいだなぁと思ってしまう。

何杯目かの泡盛をおかわりしに行くと、頭にバンダナを巻いた兄ちゃん&オシャレメガネをかけた茶髪の兄ちゃんが声をかけてくる。

「遠くから、けたたましい関西弁が聞こえてくると思ったら、関西人やろ？」

「俺らも関西人やで〜」

神戸からやって来た陽気なコンビは、お互いの休みがズレたものの、「南来」で待ち合わせ、これから数日を一緒に過ごす予定なのだという。

美容師をしているという、バンダナの兄ちゃんが言う。

「俺らは週イチの休み以外に、毎年、有給休暇9日間取れるんで、年に数回、2泊3日とかでここに来るねん。休みが取れんときは、1泊2日でも来るからな〜」

「たった1泊でも⁉」

LCC《エルシーシー》（ローコストキャリア＝格安航空会社）等だと、大阪と石垣島の往復で1万円台のチケットもあるらしく、兄ちゃんたちはまるで、なじみの居酒屋にでも行くような気軽さで黒島に通っているのだ。

「俺は、黒島で過ごす9日間のために、365日、仕事を頑張ってるようなモンやからな！ふだんは自分を抑えてるから、ここ来たら、おもっきりハッチャけるんねん。黒島に来うへんなんて、人生ソンしてるようなモンやで～」

「南来」は、都会に疲れたヤマトンチュを酒で癒す、〝オアシス〟のような宿でもあるらしい。島で呑む最大のメリットは、宴会後、そのまま宿でバタッと寝てしまえることなのだ。

「家に帰らんでもええと思うと、ついつい呑みすぎて、明日ズタボロになる気がするわ～」

私の不安をよそに、バンダナ兄ちゃんが豪語する。

「心配せんでええ！　気ぃばっかり遣う呑み会やったら悪酔いするけどな、しこたま笑いながら呑んどったら、二日酔いにはならんのやで～」

「確かに悪酔いするときって、ずっと愛想笑い浮かべて、気を遣って呑んだときかも！」

関西人同士でユンタクしていると、日はすっかり落ち、辺りは真っ暗になっている。

空を見上げると、数え切れないほどの星が瞬いていて、まさに満天の星だった。まわりに灯りが殆どないおかげで、今にも星がこぼれ落ちてきそうな夜空にうっとりしてしまう。

海辺の森の中にある宿は、環境的には閑静な佇まいなのだが、宴会の笑い声でこれ以上ない喧噪《けんそう》。まったく、のどかなんだか騒々しいんだか、黒島の印象が分からなくなるほどだ。

21時を過ぎると、ユンタク宴会は出入り自由なので、部屋に帰る人がぽつぽつ出てきた。

「んじゃ二次会といくか～。外で騒ぐと客室に響くから、中で呑もうね～」と久貝さん。

本館1階奥の、だだっ広い「呑み部屋」へ移動すると、〝オトーリ〟が始まった。

「いろんなタイミングが合って、南来に辿り着いたみなさん！　とにかく、今日も明日も楽しんでほしいです！　カンパーイ‼」と久貝さんが口上を述べる。

「ヒュ～～ッ‼」「タダ酒、呑むぞ～ッ‼」

ひと通り、オトーリが回ると、久貝さんの三線に合わせ、みんなでカチャーシーを踊ったりと大盛り上がり。

バンダナ兄ちゃんの弾けっぷりはハンパなく、凄まじい勢いで呑み、うしゃしゃ笑いまくっている。まぁそれはよしとして、さっきからしきりに下半身のアソコを掻《か》くのが、どうにも目に余る。バンダナ男はまるで鼻を掻くような気軽さで、ちょくちょくナニを掻くのだ。

「また掻いてる～！　兄ちゃん、ほんまに美を司《つかさど》る美容師？　美容院のお客さんの前でも、ちょいちょい掻いてんちゃう？」

私が咎《とが》めると、バンダナ男が言い返してくる。

「お客さんの前で掻くワケないやろ！　今、俺はリラックスして酒呑んでるから、ちょっと痒《かゆ》うなるんや」

リラックスしてるからチンチン痒くなるって、どんな言い訳だよ！

「にしても、1分に1回はさすがに掻きすぎやろ。覚えたてのサルやあるまいし！」

コンビの片割れであるメガネ兄さんもノリノリで言う。

「ほんまやで～。たいしたタマでもない、粗ちんやのに～」

「そやそや、粗ちんのクセしてからに～」と私も悪ノリ。

「粗ちん粗ちん、言うな！　人が気にしてることをっ」

バンダナ兄さんのあだ名は、その場で〝粗ちん〟に決定。男なら死んでも呼ばれたくないニックネームを名付けられた粗ちんは、ハイペースで泡盛をあおり、壊れっぷりがヒートアップしていく。

すっかりパンクと化した粗ちんは、エアギターならぬ〝エア三線〟を弾きまくる。

「♪粗ちんのオレは～、仕事もせずぅ～、朝から晩まで呑んだくれ～！『南来』は～、俺の心のバイアグラ～！　ヘイ、カモンッ!!」

つーか、どんだけストレス溜まっとんねん！

呑んでは潰れ、呑んでは潰れ、ひとり、またひとりと、部屋に帰っていくものの、宴の終わる気配はない。呑めや歌えやのドンチャン騒ぎが果てしなく続く。

癒しの宿で、呑んで笑って踊る

朝8時、二日酔いもなく、清々しい気分で起きた。呑むときは酒の2倍、水を飲むことにしているせいか、はたまた、たくさん笑って呑んだせいなのか、目覚めもすこぶるいい。晴れ渡った空の下、朝食を食べに本館に向かうと、なんて気持ちのいい朝だろう。鬱蒼とした緑の道を歩くだけで森林浴気分になり、心が晴れ晴れとしてくる。

本館1階の食堂に入ると、テーブルでは7、8人の宿泊客がすでに食べ始めていた。

昨夜、一緒にバカ騒ぎした面々と顔を合わせる気恥ずかしさはありつつも「おはようございます〜」と挨拶すると、「おう、おはよ〜!」「おはようございます〜」と返ってくる。

「俺は10時にギブしたけど何時まで呑んでたの?」と隣の席になったおじさんが聞いてくる。

「私は12時すぎに引き上げましたかね〜」

「俺は3日続きで寝不足ッス。昼寝しよ〜」と学生の男の子はあくびをかみ殺している。

爽やかな朝食タイムに飛び交うトークの全てが、昨夜の宴会話。なんだか「酒好き同好会」のアルコール強化合宿みたいなノリだなぁ！

朝食のおかずは、具入りの卵焼き、きんぴらごぼう、さつま揚げ、サラダ、漬物。麩《ふ》と豆腐とネギの入った味噌汁は、呑みすぎた胃がほっとする、優しい味だ。

隣のおじさんが、午前中「シュノーケル・パナリ（新城島《あらぐすくじま》）ツアー」に行くと聞き、何の予定もなかった私も、一緒に参加させてもらうことにした。

9時半、シュノーケルツアー「うんどうや」の若い兄ちゃんが、宿にミニバンで迎えに来てくれた。久貝さんを一回り大きくしたような太マッチョなボディで、黒光りする肌は、いかにも海の男！　という雰囲気だ。

「体を動かすから、会社の名前を『うんどうや』にしはったの？」

「うんどうは俺の名字さ～。運ぶ道って書いて『運道』よ～」

「ほな、運道さんは、その若さで社長なんや？」

私が聞くと、黒くいかついサングラスでキメた兄ちゃんが言う。

「そりゃそうさ～。石垣島はだいたいサラリーマン。黒島はみんな、社長さぁ～」

くぅ～っ、かっくぃ～！　「自分のボスは自分」な世界に生きている人たちは、自分のことが大好きな感じがして、一緒にいるこっちまで楽しい気分になるのだ。

車に乗り込むと、今ごろ起きてきた粗ちんやメガネ兄さんが手を振ってくれる。

「夕飯のおかずになるような、ウマい魚を釣ってこいや！」

「魚釣りに行くんやない、私はかわいいお魚を愛でに行くんや〜！」

他の宿のお客さんも合わせ、ツアー客は6人だった。着いた港で小型ボートに乗り換えると、「うんどうや」の兄ちゃんがそのまま船長になり、船にエンジンをかける。

快晴の下、小型ボートはエメラルドグリーンの海をぐいぐいかき分け進んでいく。

着いたポイントで船長が言う。

「この下には、赤いサンゴ、『磯花《イソバナ》』がありますよ〜。あと、アニメ映画『ファインディング・ニモ』で人気者になった、オレンジに白ラインのある魚、クマノミと、無脊椎《せきつい》動物のイソギンチャクが、仲良く共存してる姿が見れるので、見逃さないでね〜」

シュノーケル&フィンを付けて海に入ると、黒島はまわりを珊瑚礁《さんごしょう》に囲まれている島だけあって、見るも美しい珊瑚の楽園が広がっている。赤いサンゴ、磯花は、まさに〝海のアート〟と呼ぶにふさわしい気品と風格でホレボレしてしまう。

深く潜ってみると、オレンジの可愛いクマノミたちが、ゆらゆら揺れるイソギンチャクの中で気持ちよさそうに戯れているのが見える。うぉ〜、なんてかわゆさなんだ！

な〜んにも考えず、カラフルな魚を眺めていると、時間も忘れてしまう。あぁ、魚に見とれることができてよかった！ 石垣島のお父さんと「オラオラ！」と魚突きをして以来、自分は熱帯魚を愛でることができない人間になってしまったんじゃないかと、心のどこかでちょっぴり不安に思っていたからだ。

シュノーケル後、「神秘の島」と称される小さな新城島（通称パナリ）を散策し、宿に帰ってくると1時をまわっていた。

庭の木陰にイスを置き、粗ちんとメガネ兄さんがダベッていたので近づくと、テーブルの上には空になったオリオンビールの缶がいくつも転がっているではないか！

「ちょ、昨夜へべれけになるまで呑んだのに、もう迎え酒⁉」

「ウハハッ！　沖縄じゃ、ビールは水みたいなモンやで〜」

「でも、これから海で泳いだりするやろ？　呑んだら危な……」と言いかけると、メガネ兄さんが食い気味に言う。

「こんな暑いのに、誰が泳ぐかいな〜。そもそも俺ら、水着も持ってきてへんしな」

「沖縄来たのに、一回も海に入らんの⁉　ほな、今日は何すんの？」

驚いた私が聞くと、粗ちんがいけしゃあしゃあと言う。

「そら、庭でのんびりビール呑みながら、夜のユンタクを待つんに決まってるやろ〜」

まったく、筋金入りのオフタイムだ。思いきり羽を伸ばすっていうのは、こういうことを言うんだなぁと、驚きを通り越して感心してしまう。

レンタサイクルでママチャリを借り、一緒にツアーに行ったおじさん、行きの船が一緒だったテンガロンハットの兄ちゃん、野球帽を被った兄ちゃん3人と、ランチを食べに行く。

見渡す限り、どこまでも広がる草原の中、一本道を自転車で走る。沖縄はどこも暑さがハンパなく、じっとしていると汗が噴き出すものの、こうやってペダルを漕ぐと、風がすこぶる気持ちいい！

人が少ない黒島は、どこもかしこも本当に静かで、平和なムードが漂っている。車も人も殆ど通らないものの、たま〜にシマンチュとすれ違ったとき、優しい笑顔でニコッと笑いかけてもらえるのがうれしかった。内地にはない種類の、のんびりした笑顔を見ると、胸がキュ〜ンとなるのだ。

着いた「パーラー・あーちゃん」の看板には、「お食事・民宿」と書かれていた。

「この『あーちゃん』、民宿もやってるんだ。『うんどうや』の兄ちゃんも、食堂を経営してるって言ってたし、みんな多角経営だなぁ」

「離島は沖縄本島より宿代も食事代も安いし、いろいろやらないと食っていけないんじゃない？　ここのご主人は、夜、車で星空ポイントの桟橋《さんばし》とか、島内探検に連れて行ってくれるらしいよ」と、黒島リピーターの兄ちゃんが教えてくれる。

ビジネスライクな「ホテル」のない黒島では、民宿の主人のキャラクターによって、宿ごとのオリジナリティがあるらしい。私にとって、黒島はすっかり〝酒合宿の呑んだくれアイランド〟になってしまっているけれど、この宿に泊まっていれば、満天の星で童心に還る〝ロマンチックな星空アイランド〟になっていたかもしれないのだ。

店に入り、黒島名物「ヤシガニそば」を注文すると、人のよさそうなご主人、あーちゃんが、巨大なヤシガニがデーンと載った器を運んできてくれる。まるで、ヤシガニが熱々のお風呂に入っているような見た目に、一気にテンションが上がる。

スープを飲むと、ヤシガニの旨味と磯の香りが相まってうまい。日本そばともラーメンとも違う食感の八重山そばは麺が細く、つるつるの喉越しだ。

汗もタップリかいたし、こうも暑いと、喉がシュワシュワ感を欲するなぁ〜。

「すみません、生ビールひとつ！」

粗ちんの昼ビールを戒めた、その舌の根も乾かぬウチに、私もビールをオーダー。

冷え冷えの生ビールを呑むと、うんめぇ〜!! やっぱコレがなきゃね〜。粗ちんやメガネ兄ちゃんと同じく、私もこの沖縄旅は、1年間、無我夢中で頑張ってきた自分への〝ごほうび旅〟なのだ。

食後、シュノーケルポイントとして有名な「仲本海岸」へ向かうと、ビーチには誰もおらず、まさに貸し切り状態。

透明度の高い遠浅《とおあさ》の海で熱帯魚と戯れていると、海岸のそばに小さな売店があった。飲み物を買いに行くと、窓から顔を出したのは、宿の主人、久貝さんではないか！

「久貝さん、宿だけでも忙しいのに、昼間、こんな所でバイトしてんの⁉」

「この売店は、最近始めたとこさぁ〜」

泡盛呑み放題でバーベキューなんていう大盤振《おおばんぶ》る舞《ま》いしてるから、昼間バイトしなくちゃならないハメになるんじゃないの⁇　と思うが、ぐぐっと飲み込む。

「ほ〜い、サービスしとくよ〜」

ニコニコ顔の久貝さんが、ソーダ味のかき氷を4人分作って渡してくれる。あ〜あ、これじゃあ儲からないどころか、赤字になっちゃうじゃん！

「んじゃ、お言葉に甘えて、いっただきまーす！」

おいしいかき氷で暑気払いした後、自転車で一本道を走る。

雲ひとつない空。気持ちいいぐらい、まっすぐ伸びている道。両側には、広々とした牧草地。大草原のあちこちに草を食む牛がいて、南国の小さな島にいるのに「ここは北海道？」と思ってしまいそうになる雄大さ。赤煉瓦《れんが》の屋根×白砂の対比が見事だった竹富島とはまた違い、黒島は青空×緑のコントラストが壮観なのだ。

豪快な「うんどうや」の兄ちゃん

庭でダベる、粗ちん＆メガネ兄

見た目のインパクトが特大なヤシガニそば

「こうも牛が多いと、島全体が牧場みたいだね〜」

「黒島の人口は200人ぐらいなのに、牛が3千頭いるんだって」

人口の10倍以上の牛がいるなんて、インドみたいだなぁと思っていると、牧草地の中にクジャクを発見！　青いクジャクが3羽、もの凄い勢いで走り去っていくのが見えた。

「あそこ、クジャクがいる〜！」

「黒島名物、〝野良クジャク〟だね。飼育されてたクジャクが、台風で小屋が壊れて逃げ出したとかで、今じゃ大繁殖してるらしいよ〜」

「へぇ〜！　牛に、クジャクに、放し飼いの青空動物園みたいだなぁ」

どこまでも果てしなく広がる大草原。ビルも信号もない大自然の中を、ひたすら走る気持ちよさよ！

青空の下、いい年こいた4人の大人が、子どものように無邪気にペダルを漕いでいるのが、なんだかおかしかった。こうやって、何の心配も不安もなく自転車で突っ走っていると、大人になって初めて、神様からプレゼントしてもらった夏休みを過ごしているような、なんとも言えない至福感がこみ上げてくる。

鬱蒼とした森を駆け抜けると、突然、目の前に光り輝くコバルトブルーの海が現れた。

まわりに何もない海岸には、年季の入った細長い道が、真っ直線に突き出ている。

「これが、名所の伊古桟橋《いこさんばし》だよ。昔は、島の玄関口として使われてたんだって」

青い海に向かってレッドカーペットが敷かれているかの如く、一直線に伸びる桟橋は圧巻だった。

350メートル先だという最先端を目指し、チャリで走ると、まるで海の上を漕いでいるような気持ちになる。天国に向かっているような夢心地で先っぽまでたどり着くと、360度、大パノラマで海のグラデーションが広がっている。

エメラルドグリーンの海の真ん中に立ったような、不思議な浮遊感。

自転車をおりて桟橋に腰掛け、絶景を眺めつつ、ゆったり流れる時間に身をまかせる。あぁ、なんて静かで、なんてゴージャスなひとときだろう！


宿に帰ると、お待ちかねの夕食タイム。おかずは、白身魚グルクン（タカサゴ）の唐揚げに、脂の乗ったオオマチの刺身、根野菜の煮物、昆布の和え物、サラダ。一日中めいっぱい遊んだこともあって食欲が収まらず、ごはんと味噌汁をもりもりおかわりしてしまう。

一緒にツアーに行ったおじさんと話していると、おじさん夫婦は明日、与那国島《よなぐにじま》に行く予定なのだという。沖縄旅も正味あと2日半。離島に移動するか迷っているとおじさんが言う。

「僕らは、波照間島《はてるまじま》で『あがた村』って宿に泊まってたんだけど、個性的で面白かったよ」

早速、宿に電話してみると、明日から2泊できるというので、沖縄最後の旅先を〝日本最南端の島〟波照間島に決定。そうとなったら今夜は黒島最後の夜だ。とことん呑むぞ～！

夕食後、久貝さんがみんなに言う。

「今夜は、庭でスペシャルライブをやります！ 友だちのミュージシャン、『八重山モンキー』のYoshitooがライブしてくれるので、お楽しみに～」

日が暮れると、島の青年団のメンバーや、小さな子どもを連れた家族が集まり始め、青空会場には40人程のお客さんが集まっている。中には、『うんどうや』の兄ちゃんの姿もあり、「おお～！」と手を振り合う。

夜8時半すぎ、テラスをステージ代わりに、Yoshitooさんが三線を奏でながら歌い始めた。フラダンサー4人組がバックダンサーを務め、島唄とフラダンスのコラボという、世にも珍しい合体技だ。乗せ上手なダンサーのお姉さんたちに誘《いざな》われ、みなでフラを踊った後、Yoshitooさん×久貝さんのダブル三線ライブになる。自然と手拍子が始まり、野外ライブは大フィーバー。

曲のクライマックス、ふたりの三線が怒濤の勢いで速弾きになっていく。三線でこんな速弾きができるんだ！ かっくいぃ～!!

「あ～、燃料切れや。シマ（泡盛）くれ～」

ライブが終わるや否や、泡盛をグビグビ呑み始めた久貝さんに声をかける。

「島中の人が集まって、大盛況ですね〜。黒島は、人と人のつき合いが濃くてビックリしますわ」

「人口200人の島やからね〜。家族と一緒で、キライになっても別れられんから、線を引いてしまったらおしまいさ〜」

垂れ目な目尻をさらに下げ、アンパンマンみたいな笑顔の久貝さんが言う。

「でも、朝から晩までフル稼働で、久貝さんはいつリフレッシュするんです？」

「毎日、危篤みたいなもんよ〜。楽しい日々も、3日続けば苦痛よぉ〜」

久貝さんがニコニコ顔でジョーダンまじりに言う。ホテルでは決して味わえない、「人間味」と「ゆるさ」で迎えてくれる民宿。みんなにとって竜宮城のような癒しの宿を365日続けるのは大変だろうなぁと思いつつ、この宿を心の拠《よ》り所にしている人がどれだけいることだろう。この、静かでおおらかな島は、誰もが思わずゆるんでハメを外したくなるような〝脱力系アイランド〟なのだ。

島ライブが終わると、ゲストのYoshitooさん、フラダンサー、青年団のメンバー、宿泊客の面々が、みんな一緒くたに車座になる。

輪の中心で、お互いの腕を絡めて酒を酌み交わすオリジナルの〝オトーリ〟が始まった。

南来名物、通称〝クロス〟という名のオトーリは、やるときは気恥ずかしいものの、やり終えると一体感がハンパない。「ホッ、ハッ、ホッ、ヨイショ〜！」と、盛り上げ上手な島の男衆のかけ声で、血湧き肉躍る宴は最高潮！

深夜1時を過ぎ、お開きになるかと思いきや、シマンチュの若者たちの一発芸大会が始まった。顔に手ぬぐいを巻いたひょっとこダンスに、局所を隠しての裸踊り等、芸人顔負けの宴会芸にみんな腹を抱えて大笑い。南来は、ヤマトンチュだけでなく、シマンチュが人生を謳歌する〝島のたまり場〟でもあったのだ。

フィナーレに〝日本最南端の島〟へ！

9日目。朝食後、チェックアウトを済ませ、久貝さん夫婦と一緒に車で港へ向かう。

港で車を降りると、照りつける太陽がまぶしく、寝不足の頭がクラクラするほどだ。

船のチケットを買っていると、「おぉ〜い！」と声がする。声のする方を見ると、ママチャリに乗った3人組が見える。粗ちん、メガネ兄さん、帽子&長袖で完全防備している元気なおねえちゃんが、港まで駆けつけてくれたのだ。

「見送りに来てくれたんや〜。さては、私がいなくなるのが寂しいんやな？」

頭のタオル&日焼けっぷりが、すっかり〝なんちゃってシマンチュ〟の粗ちんが言う。

「誰がやねん！　うるさいのがいなくなって黒島が静かになる分、静かな波照間島が、今日から騒がしくなるんやろうなぁと思ってな」

「なるかいな！　しゃべりすぎで、このガラガラ声や」

この2日間、わちゃわちゃ宴会でず〜っとしゃべっていたせいで、私のハスキーボイスはダミ声を通り越し、市場で競りをするおっちゃんのような声になってしまっているのだ。

8時35分発の、石垣島行きのフェリーに乗り込む。

「またこの時期に来いや、一緒に呑もうぜ！」

「『南来』には来ても、粗ちんのいる時期はなぁ〜」

「なにを〜、おととい来やがれぇ〜！」

「言われんでも、私はおととい来たんやぁ〜！」

最後までアホなツッコミ合戦を繰り広げつつ、船が港を出発する。

港まで見送ってくれたものの、粗ちんとメガネの兄ちゃんも、明日にはこの島を去る身。そのときには、宿のメンバーの誰かが、ふたりを見送ることになるんだろうな。毎日のように陽気な宴会が開かれている「南来」では、こんなふうに旅人が行き交い、見送ったり見送られたりする幸せなサイクルが続いていくのだ。

さようなら、脱力系の愉快な仲間たち！　ありがとう、お祭り騒ぎさせてくれた〝ハートアイランド〟黒島よ！

晴れ渡る青空の下、いざ最後の旅先へ。石垣島から1時間強かかるという波照間島を目指し、高速船に乗り込む。

しばらくすると、船はけたたましいエンジン音と共に大揺れしだし、どでかい波しぶきをブチ上げ始めた。宙に浮いたと思ったら、その勢いのまま海面に叩き落とされたりと、上下に揺れる、揺れる。あぁ、頼むから早く着いてくれ～!!　なんというか、乗ったら最後、1時間後にしか脱出できないジェットコースターに乗ってしまったような気分なのだ。

凄まじい上下運動を耐え抜くと、黒島と同じぐらいの大きさの波照間島が見えてきたので、心の底からホッとする。船旅でカロリーを消費した分、今まで訪れたどの離島よりも到着した喜びが大きく、「島に着いた！」達成感がハンパじゃない。

緑に囲まれたのどかな港に降り立つと、この島にもバスやタクシーがないので、「あがた村」のご主人、東田《あがた》さんが港に迎えに来てくれていた。

日に焼けた顔に無精髭《ぶしょうひげ》を生やし、素朴で実直そうな雰囲気の東田さんが言う。

「いらっしゃい。船、時間通り着いたね」

「こんにちは〜。いや〜、アトラクションみたいな揺れですね〜」

私がそう言うと、優しくねぎらってもらえるかと思いきや、東田さんが平然と言う。

「波照間行きは、海が荒れると欠航するんだから、来れただけでもラッキーでしょ〜」

（うぐぐ〜。おっしゃる通りなんですけど、初心者からすると、海をドンブラ越えてきた感が〜！）という言葉を飲み込む。宿の主人はその島の玄関口になるのだから、郷に入《い》れば郷に従え、宿に入れば主人のキャラに従え、なのだ。

淡々としたキャラの割に親切な東田さんが、宿に向かう前に、〝日本のベストビーチ1位〟に選ばれたという「ニシ浜」に連れていってくれる。

車が緩やかな坂を下り始めると、道の向こうに、信じられないぐらい美しい、パステルブルーのグラデーションの海が見える。

「うっわ〜、きっれ〜〜っ‼」

この海を見て、歓声を上げずにいられる人はいないんじゃないかと思うほど、一瞬にして、南国パラダイスに目を奪われてしまう。

「今日はきれいに見えるね〜。これが、有名な〝波照間ブルー〟よ」

透み切った波照間ブルーの海が、太陽の光を浴びてキラキラ輝いている。今までいろんな国で海を見たけれど、こんなにも完璧な海は初めてだった。

近くで車を止めて近づくと、ゴミひとつない真っ白な砂浜に、弾けんばかりに青いソーダ色の海が果てしなく広がっている。ここが、本当の本当に日本⁉　なんだかあまりにも美しすぎて、見ているのがもったいないと思ってしまうほどの絶景だ。

後ろ髪を引かれつつも、ニシ浜には改めて来ようと思い、車に乗る。

島の中心の集落に近づくと、石を積み上げて作られた遺跡「コート盛《もり》」が建っていた。

「このコート盛は、17世紀半ば、珊瑚石を積み上げて作られたモノ。簡単に言うと、外国の船やヤマトの船を監視してた『見張り台』だね」

珊瑚石の階段を上がり、4メートルだという高台のてっぺんに着くと、畑と草原の広がるのどかな波照間島を一望できた。たった4メートルの高さから、360度、水平線&島の端が見渡せるなんて、波照間島も起伏が殆どない島なんだなぁ。

「ここから対岸の西表島に烽火《のろし》を上げると、小浜島《こはまじま》、竹富島を経由して、石垣島の役所まで〝烽火リレー〟で伝えられたんよ。1771年の『明和の大津波』で、2万8千人だった八重山の人口が3分の1になったというし、海の監視は当時の死活問題だったのよ」

「人口が3分の1に⁉　そんな悲劇が……」

毎日アホのように呑んだくれていたので、アカデミックな話に脳が追いつかない。最後の旅先で、歴史や地理にやたら詳しいご主人が登場したことが、なんだかとても新鮮だった。

数分走ると、「手作り&体験の宿　あがた村」という手作り看板の前で車が止まった。丸い葉がキュートなフクギの大木が生い茂る中、ログハウス風の木造家屋が建っている。

「この宿は、全部自分で手作りしたんだよ」

「え、自分ひとりで民宿を建てちゃったんですか!?」

このおっちゃん、飾り気のない素朴なシマンチュに見えて、どうも只者《ただもの》じゃないらしい。

「民宿あがた村」の名前の入った、小料理屋風の粋な暖簾をくぐると、木の良い香りが漂ってくる。掃除の行き届いた客室は、シンプルながら清潔な佇まいだ。

「で、台所の奥が、食堂兼ユンタクのスペースね」

台所の先には、木漏れ日が射し込む、いい感じのオープンスペースがあり、まるでテラスのような雰囲気だ。

「お〜、居心地よさそう!」

壁一面に取り付けられた木板が3分の1程、開けた状態になっていて、その木板の間から風情のある石垣が見える。石垣の向こうには、フクギの緑やバナナ畑が広がっていた。宿のまわりがフクギで覆われているおかげで、暑さは凌げるものの、まるで屋外にいるような開放感があるのだ。

「風速70キロの台風にも耐えられるよう、自分でデザインしたんだよ〜」

波照間島で生まれ育った東田さんは、那覇でNTTに勤めていたものの早期退職し、民宿を始めたのだという。

「宿を作るために、会社員時代、那覇から年8回、1週間休みを取っては2年通ったからね。設計から土台づくり、骨組み、電気、水道まで全部自分でやったから、4分の1の費用で作れたんよ」

那覇から通うということは、飛行機で石垣島まで飛んで、毎回、あの大揺れ高速船に乗るということなのだ。住んでいる人にしてみれば、唯一無二のアクセスを、気軽にアトラクション扱いしちゃいかんなぁと今更ながら思う。

「ひとりで宿をやってはるんですか？」

「弟もいるんだけど、今は昼寝中だね。昼寝は最高の時間だから、起こしたらいかんよ～」

お客が来てても昼寝中って！　まぁそうは言っても、ここは兄弟にとって、自分の家でもあるのか。今までの宿は、厨房は独立していて家の動線には入っていなかったものの、この宿は「家と同じようなフツーの台所」を通らねば、食堂に行けない作りになっているのだ。なんというか、民宿というよりも、シマンチュ兄弟の暮らす家にホームステイする感じだ。

時計を見ると1時半。腹ペコの私は、外に食べに行く元気もなかった。

「ランチって、宿でも食べられるんですか？」

「日によるけど、今日は材料もあるし、大丈夫。ランチは５００円よ」

　台所で東田さんが昼食を作り始め、いい匂いが漂ってくる。

「野菜は、うちの畑で作った無農薬野菜よ。カボチャ、玉ネギ、オクラ、人参、ゴーヤー、島ラッキョウと豚肉を味噌炒めにして、八重山そばにかけて食べると美味いからね」

「へぇ～、野菜も無農薬で手作り！　このお茶も自家製？」

「グァバの葉と、レモングラス、琉球ヨモギ、長命草《ちょうめいそう》を煮だして作るんだ。ビタミンやミネラルが豊富で、体にもいいんだよ～」

　この「あがた村」は体験型の民宿で、希望すれば、磯釣り、農作業体験、野草＆薬草摘み（＆摘んだ野草で料理）、大工体験等ができるのだという。石垣島のお父さんも民宿を手作りしたと言っていたし、できることは何でも自分たちでやってしまうのが、シマンチュのライフスタイルなのだ。

　でも考えてみれば、明治時代まで日本も家づくりは職人まかせでなく家族総出で参加していたというし、昔は衣食住を自分たちの力でまかなっていたんだよな。毎日住む家と食べ物を人まかせにせず、自分たちの力で暮らすのって、やっぱかっこいいなぁ！

　東田さんと話していると、台所にふらっとおっちゃんが現れた。

「あぁ～、お客さん、来とった～ん」

「これが弟だよ」と東田さんが言う。

真っ赤に日焼けした弟さんは、『泣いた赤鬼』の絵本に出てくる、マンガチックなイラストの赤鬼みたいな風貌だった。

どちらも東田さんなので、名前を聞くと、お兄さんが千治《せんじ》さん、55歳。弟の祐助さんは53歳。ふたりとも、島唯一の波照間小中学校を卒業後、波照間島には高校がないため石垣島で寄宿生活。卒業後は本島で就職するも、揃って早期退職した仲良し兄弟で、東田家の三男と四男なのだという。

「祐助さんは、昼寝を日課にしてはるんですか？」

私が聞くと、当然！　という口ぶりで祐助さんが言う。

「暑い昼に動き回るのは、観光客と内地のサラリーマンだけよ。自然に逆らったらいかん」

「はぁ〜、それで昼寝を」

「昼寝だけじゃないさ〜。俺は毎日、朝寝、昼寝、夜寝と、3回寝るのさ〜」

「朝寝って！　朝起きてすぐ寝ちゃうなら、起きずに、そのまま寝てりゃーいいのに」

「朝ごはんを食べてから寝ると、これまた、最高に気持ちいいんよ〜」

すげ〜っ！　三度寝のタイムスケジュールを聞くと、8時半の朝食後に40分間寝て、13時の昼食後に1時間寝て、夜もたっぷり7時間は寝るのだという。

「でも、今日はランチ前にも昼寝してたんでしょ？　これで夜も寝たら四度寝じゃん！」

「だからよぉ～、今日は特別！　特別よぉ～」

そんな、特別感を強調して、いつもよりサービスしてるっぽく言われても！　こちとら赤鬼の昼寝見たさに、どんぶら揺られてきたワケじゃなし！

オープンスペースの食堂で、3人でランチを食べる。味噌味の肉野菜炒めが、縮みのないツルツルの八重山そばによくからんでウマい！　口の中で磯の香りが広がるアーサー（海藻）汁と、カリカリの魚の唐揚げも、沖縄の家庭料理テイストでホッとする味だ。

「その唐揚げの魚、イスズミとミーバイは、俺が獲ったんよ」と祐助さんが言う。

「魚釣り、よくやらはるんですか」

「魚釣りは、俺のライフワークやもんね～」

食堂に小さなテレビがあったので、聞いてみる。

「テレビもあんまり見ない？」

「まぁ～、見るとしてもNHK。それかラジオ聴いてるかやね～」

「なんでNHK以外は見ないの？」

「CM見ると、せわしなくて疲れるさぁ～」

「へぇ～っ！　CM見て疲れるって、どんだけロハス⁉」

毎日の三度寝に、釣り三昧人生を送る弟。アーリーリタイヤで自分の夢を叶えた兄。なんだか〝男子のロマンチシズム〟を地でいくような兄弟だなぁ。あがた村のコンセプトは「体験型の宿」だという話だったけれど、私からすると「エコロジカルでロハスなスローライフを送る、島兄弟の生活をのぞき見できる宿」という感じがしてならなかった。

食後、デザートの島バナナを食べると、甘くてクリーミーで美味いのなんの！

「うま！　濃厚なバナナと甘酸っぱいリンゴが混ざった、ミックスフルーツみたいな味！」

「島バナナは皮が薄くて、中身においしさが詰まってるだろ～」と祐助さん。

「あなた、今日はこれからどうするの？」と千治さんが聞いてくる。

「自転車で島の最南端まで行って、帰りにニシ浜で夕日を見てこようかと」

「じゃあ、夕飯は遅めだね。ウチのレンタサイクルで行くといいよ」

表に出ると、黒島で乗ったママチャリとは比べ物にならない、黄色いスポーツ自転車が運ばれてきた。

「うわ、めっちゃええ自転車や！　コレ、幾らするんです？」

「クロスバイクだから、3万ちょっと。せっかく波照間まで来てもらったんだし、お客さんに素晴らしい自転車体験をしてもらいたいからね。自転車の〝正しい乗り方〟は分かる？」

「へ？　自転車の乗り方に、正しいとか間違ってるとか、あるんですか？」

いつものようにサドルに座ってペダルを漕ぐと、千治さんが首を振る。

「あ〜、ダメダメ‼　サドルに座るのは最後！　まず、自転車の前方をまたいだ状態で、地面に足を着ける！」

たかが自転車で、なにこの熱量！　聞くと、千治さんは「沖縄サイクリング協会」のスタッフを長く務め、トライアスロン経験もあるのだという。家まで建てちゃうDIYに、野菜作り、手料理、健康オタク、トライアスロンと、どんだけ趣味のエキスパートなんだ⁉

「で、自転車をまたいだ状態で、ペダルに右足をかけて、最初にひと漕ぎするタイミングで体を持ち上げて、サドルに腰掛けるのが正しい乗り方！」

ちぇっ、めんどくさい宿に来ちゃったなぁ〜と思うが、確かにスポーツ自転車だと、千治さんの言う〝正しい乗り方〟の方が、ずっとスムーズに漕ぎ出せる。

正しい乗り方をマスターした後、ギアの使い方を教わっていると、汗が噴き出してくる。最も南に位置する波照間島は、日差しの強さも湿気もズバ抜けていて、額から垂れてくる汗で目を開けていられないほどなのだ。

「タオルとか飲み物が買える所ってありますか？」

「このすぐ先に、ウチの集落の『丸友売店《まるとも》』があるよ〜。波照間は人口５００人の小さな島で、コンビニもスーパーもないからね」

「集落の売店ってことは、生協みたいな感じ？」

「共同出資で売店を作ったから、集落のみんなが株主よ〜」

集落全員で同じ株を共有してるだなんて、なんだか運命共同体みたいだなぁ。「自分たちの島をみんなで運営してシェアしよう」という結束の固さを感じずにはいられなかった。

のんびりムードの売店で飲み物と首に巻くタオルをゲットし、熱中症にならないようヒモ付き帽子を被り、いざ日本最南端へ向かう。

人も車も殆ど通らない道を走り始めると、クロスバイクの乗り心地のいいこと！ 力を入れなくてもスイスイ漕ぎ進むので、今まで乗ってきたママチャリとは違う〝別の乗り物〟に乗っているような、なんとも新鮮な感覚だ。

快晴の下、まっすぐ続く一本道の両側には、まぶしいほどに輝く緑のサトウキビが生い茂っている。うっわ〜、緑の波がうねってて、♪ざわわな感じ〜！ 沖縄のイメージを具現化したようなサトウキビ畑に、否応なしにテンションが上がる。

サトウキビ畑を抜けると、長い下り坂が見えてきた。

勢いにまかせ、道をぐんぐん下っていくと、うぉぉ〜、超きもちいい〜!! 体を吹き抜ける風が心地よく、全身にどっしゃりかいた汗が一気に乾く。ペダルから足を離して両足を広げ、童心に還った私は、思わず「うほ〜っ!!」と叫んでいた。

「やった～、着いた～!」

1時間かけて海沿いの日本最南端に辿り着くと、真っ青な海の手前に、草原チックな公園がドドーンと広がっていて、「日本最南端の碑」がぽつんと建っている。お土産店もなければ人もいない、なんて静かな観光スポットだろう。石碑をハグすると、何かを成し遂げたような充実感がこみ上げ、思わず「バンザーイ!」と両手を上げてしまう。

ひとりで島をまわると気楽でいいものの、こういうとき、石碑と「イェー!」的な記念写真が撮れないんだよなぁと思っていると、突然、背後から声をかけられた。

「おめぇ～」

いきなり「おめ～」って! と振り向くと、そこに居たのは一匹のヤギ。予想外すぎて頭がクラクラする。ヤギの声を人間とカン違いするなんて、さては暑さで頭がやられたか。それとも、ひとりが侘《わび》しくて幻聴!?

ヤギをじっと見ると、「何しに来たん?」的な顔つきのヤギがたたみかけるように鳴く。

「オメェ～～」

やっぱ「オメェ～」って鳴いてんじゃん! そういやサイクリング中、何度もヤギを見かけたっけ。首輪を付けて飼われているヤギから放し飼いの小ヤギまで、波照間には草原のそこかしこにヤギがいて、どことなく人間臭い雰囲気なのだ。

自転車をレクチャー中の千治さん

自給自足のランチ、美味い！

宿のユンタクスペースは居心地バツグン！

ここに居るってことは、こいつ、日本最南端のヤギだ！　気持ちのいい草原で、オメ～、オメ～と鳴く日本最南端のヤギと戯れると、気分は完全にアルプスの少女ハイジ。

そこへ、5、6人のおっちゃんグループがドヤドヤやって来た。みな大きなカメラを携えていたので、写真のうまい人たちだと思い、声をかけてみる。

「すみませ～ん、シャッター押してもらえますか？」「いいですよ～」

紅一点の女性にカメラを渡し、石碑の前でポージングすると、シャッターを切った彼女が「お、キマってるわね！」とノリノリで言う。

「じゃあ、後ろ姿もいいですか～」

ホメられて調子に乗った私が海に向かって拳を上げ、ポーズを決めると、背後でシャッターをバシャバシャ切る音がする。シャッター音の多さに驚いた私が振り向くと、おっちゃんたち全員が一眼レフカメラをがっつり構え、かぶりつきで私を撮影しているではないか。よく見ると、おっちゃんたちはみな、揃ったようにカーキ色のカメラベストを羽織っている。

アイドルの撮影会じゃあるまいし、この人たち、いったい何者!?

「あの～、みなさんは何のグループで？」

「私は写真家で、この人たちは、私の写真教室の生徒さんなんですよ～」

「ああ、どうりでみんな、カメラがやたらデカいと思ったら！」

興に乗った私が草原に寝転び、海をバックにエアロビクスのような足上げポーズをすると、「おお〜！」とどよめきが起き、写真愛好家のおっちゃんたちがバシャバシャとシャッターを切る。片手&片足を上げ、イヤミの「シェー」ポーズをヨガ風に決めると、「お、これもいいぞ！」「うん、確かにいい！」とざわつき、おっちゃんたちがまたバシャバシャとシャッターを切る。なんだか、人生初の囲み取材みたいで気持ちいい〜！

「ハハハ！　即席撮影会ね〜」と写真家の先生が笑う。

「日本最南端でこんな被写体に出会えるとは！」「いや〜、とんだ傑作が撮れましたわ〜」とカメラを携えたおっちゃんたちがニコニコ顔で言う。

「いやいや、こちらこそ〜！」

なんかよく分かんないけど、いいことしたなぁ！　晴れ晴れとした気持ちになった私は、写真教室の人たちと手を振り合って別れ、夕日を見るべくニシ浜に向かった。

ニシ浜に着くと、透き通った濃いブルーの海が目に飛びこんでくる。朝のキラキラした感じとは違い、ビーチはぐっと大人っぽい雰囲気だ。

人がまばらに何人かいるだけの静かな浜辺に座ると、夕焼けが少しずつ、空と海の色をオレンジ色に染めていく。炎が燃えるようなオレンジ色から、ピンク、黄金色と、刻一刻とさまざまな表情を見せてくれる幻想的な夕日のショーに、思わずうっとりする。

輝くばかりの夕焼けを眺めていると、人生であと何回、こんな夕日が見られるだろうと考えてしまう。太陽は毎日、日の出と日の入りを繰り返しているというのに、私ときたら、朝日の昇るときは爆睡中で、夕日の頃は屋内で仕事中。自然が作り出すドラマチックなアートも見ず、日々を過ごしている。

でも、自分が動きさえすれば、こんなにもきれいな夕焼けを拝むことができるのだ。

これからの人生。まだ見ぬ未来。私が進む道。

黄金色に輝く夕日に照らされるうち、朝日や夕日を見るか見ないかも、どんなささいなことも、すべて自分次第なんだと思えて、体中にパワーがみなぎっていくのが分かる。

大自然を前にすると、自分の存在の小ささを感じずにはいられなくなる。でも、ちっぽけな自分を感じるからこそ、逆に私は、もっともっと大きくなれる可能性を手に入れたような気持ちになる。

私はもう、どこにも所属していないし、私が帰属してるのはこの地球だけなんだ。失うものはもう何もないんだから、自分の心に正直に、会いたい人に会いに行って、行きたい所へ行けばいいんだよな。ひょっこり波照間に来ちゃったみたいなノリで、これからも気軽に直感で。あぁ、この美しいニシ浜と出会えただけでも、波照間まで来た甲斐があったなぁ！

夕日が水平線に落ちると、空が藍色に染まり始め、辺りが急に暗くなってきた。街灯が殆どない、怖いぐらい真っ暗闇な上り坂を懸命に漕ぎ、宿に着いたのは8時すぎだった。

「遅くなってすみません！　真っ暗で道に迷っちゃって」

「大丈夫よ～。今準備してるから、隣の母屋でウチの母さんとユンタクしてくる？」

「え、お母さんと同居されてるんですか？」

「90歳やけど元気よ～。波照間は、神事ごとに神様へのお供え物が違うんだけど、いまだに母さんに聞かないと分からないことがたくさんあるからね～」

千治さんが壁の「神行事・日程表」を指して言う。見ると、波照間も1年間で30近い神事があり、備考に書かれたお供え物のミステリアスなこと！　村ブサ、グソミ、マンズ、クパン、ニンニク、塩……。全て村で収穫できる植物だという話だったが、魔法使いが呪術で使う謎の薬草みたいで、目がテンになってしまう。

母屋に向かうと、ベランダの窓が開けっ放しになっていて、おばあが畳に横になっていた。

「すみませ～ん。宿でお世話になっているもんなんですが」

私が声をかけると、目がクリッとしていて、童女のような雰囲気の可愛いおばあが体を起こして言う。

「そうかいね～。アマー、ごはんは食べたの～」
ア、アマ!?　そうか、おねえさんってことか。想像力を駆使して、島言葉のおばあと話す。

クリクリのつぶらな瞳が可愛い、東田さんちのおばあ

「これからです。おばあ、お休みでした？」

「こないだ、イスごとひっくり返って尻餅をついてから、足も首もヤーム（痛い）さ〜」

90歳ともなると体を動かすのも一苦労だよなぁと思いつつ、壁のカレンダーを見ると、月曜はゲートボール、火曜は折り紙教室、水曜は歌のつどい、木曜は習字教室、金曜マッサージって、予定ぎっしりじゃん！

「おばあ、これだけ忙しくしてると、体が痛いのもブッ飛んじゃうねぇ」

「ケアサービスの人が、いろいろ親切にしてくれるもんでね〜」

こんな小さな島なのに、波照間はケアサービスが行き届いているんだなぁと思う。

「さっき、自転車でニシ浜に夕日を見に行ったんですけど、ほんまきれいでしたわ！」

感動さめやらぬ私が言うと、おばあは言う。

「アガヤ〜（あらまあ）。この暑いのに、なんでわざわざ見に行くかね〜。どうせ日は沈むもんよ〜」

アガヤ〜の倍返しでアガヤ〜!!　おばあのド直球なコメントに、ズッコケてしまう。毎日のようにあの夕日が見られる人からすると、太陽の上り下がりに一喜一憂するヤマトンチュの行動が謎であるらしい。島で生まれ育ったおばあは、ビルの合間から小さくしか見えない、都会の夕日を見たことがないんだろうな。

「できたよ〜」と呼ばれたので、「おばあ、どうぞお元気で！」と握手を交わして宿に戻る。

半オープンスペースの食堂に行くと、テーブルには沖縄の家庭料理がズラリ並んでいた。具沢山のカレーライスに、玉ネギスライスたっぷりのカツオの刺身、瓜とゴーヤーのシーチキン和えと、野菜好きにはたまらん豪華なメニューだ。

「これは、島ラッキョウのカツ節和え。味噌汁は、島豆腐と島ネギ入りよ〜」

採りたての島ラッキョウはシャキシャキの歯ごたえで、いくらでも食べられる瑞々《みずみず》しさだ。カツオの刺身を、酢みそとシークヮーサーのタレに付けて食べると、こってりした味わいで美味い！

「このタレで食べると、いつも食べてる刺身と違って新鮮やわ〜。この小さいのは？」

「それは、アラージャーって貝を焼いたもんよ」

食べてみると、コリコリした食感の上品な味で、酒の肴《さかな》にピッタリだ。

「あなた、島は呑める？」と千治さんが聞いてくる。

「島⁇　あぁ、泡盛のことか。もちろん！」

「『島酒』の略で島さ〜。島の人間は、『泡盛』なんて気取って呼ばんよ〜」と祐助さん。

「ハハッ、泡盛って呼ぶと気取ってるんだ〜。沖縄の人って、島独特のモノに、なんでも『島』を付けるよね。島酒、島唄、島言葉《しまくとぅば》、島豆腐、島ラッキョウ、島バナナに、島人《シマンチュ》！」

「シマンチュは、島の宝を大事にしてるからね〜。島は八重泉《やえせん》にする？　それとも請福《せいふく》がいい？」

千治さんが、泡盛の瓶をふたつ持ってきてくれる。

「黒島で請福を呑んでたから、八重泉で！」

「島の香りや風味を味わうには、ストレートか、常温の水割りがいいよ〜」と千治さん。

八重泉を常温の水割りで呑んでみると、この環境で呑むせいか、これまた美味い！　ほんのり甘く、後味スッキリの爽やかなテイストだ。

夕食を食べつつ、当たり前のようにユンタク宴会になる、この流れ。毎晩のように、今日初めて会った客と呑むって、考えてみればスゴい日常だよなぁと思う。

「俺は八重泉派だけど、千治は請福派さ〜。あんたはどっち派？」と祐助さんが聞いてくる。

「どっちもおいしいけど、黒島で請福をさんざ呑んだから、請福に慣れちゃったかなぁ」

「な！　請福の方が旨味があって、風味がまろやかだよな〜」と千治さん。

「八重泉の方が、島が鼻から抜ける香りがたまらんだろ〜が」と祐助さん。

なんじゃこの、兄弟間の泡盛派閥！　そんなビミョ〜な味わい、沖縄ビギナーの私には分からんて！

「波照間の『幻の泡盛』と呼ばれてる泡波《あわなみ》は呑んだことある？」と千治さんが聞いてくる。

「ないですけど、なんで幻なんです？」

「島の小さな酒造所で作るから大量生産できんで、波照間でもなかなか手に入らんのさ〜。島で1升瓶を買えば1600円だけど、内地で買ったら輸送費やら上乗せされて、2万以上するんやぞ〜」と祐助さんが教えてくれる。

「2万以上！　あぁ、幻の泡波、呑んでみたかったな〜！」

「こないだ呑み切っちゃって、中は空だけど、これが泡波の瓶だよ〜」

千治さんが持ってきた1升瓶には、甕《かめ》のイラストに筆文字で「泡波」と書かれた、神々しいラベルが貼ってあった。瓶をクンクン嗅ぐと、泡盛ならではの甘〜い香りが漂ってくる。

「瓶だけ見せられて呑まれへんなんて、悔しすぎやん！　なにこの、イジワル兄弟!!」

瓶をくわえて逆さにすると、申し訳程度に何滴か垂れてくるものの、これじゃあ味が全然分からんし！　舌をぎりぎりまで伸ばし、瓶の内側を舐《な》めまくる私を見て、兄弟が声を揃えて「ウヒャヒャヒャ！」と笑う。

「ウヒャヒャ！　あなた、人の腹筋を鍛えにきた？」と千治さんが笑いながら言うと、「ウヒャヒャ！　そんなに呑みたかったか〜」と祐助さんも腹を抱えて笑う。

すると、千治さんが台所の奥から何やら大事そうに抱えて持ってきた。

「実は、ちょっとだけあるんです〜。一杯、呑んでみる？」

「なんだも〜、ふたりしてからかって！　呑むに決まってるやん！」

どうやら、たやすく泡波を出すと希少価値がなくなるから、呑んべえ兄弟は私をジラして遊んでいたようなのだ。

プレミアムな泡波を割らずに呑んでみると、メチャメチャ呑みやすく、超端麗な喉越しだ。

「貴重って言われて呑むと、よけいおいしく感じる〜！」

「島の古酒《クース》も呑んでみる？」「5年モノと10年モノがあるぞ〜」と利き酒大会になっていく。

「これは、自家製の、泡盛のパッションフルーツ漬け。これも試しに呑んでみぃ〜」

「うわ、黒いつぶつぶの種がカエルの卵みたいで、見た目は超グロいねぇ」

パッションフルーツ入りの自家製酒を呑んでみると、泡盛の甘みと果実の酸味が相まって、フルーティでジューシーなデザート酒のような味わいだ。

「何これ⁉　超うんめ〜‼　今まで呑んだ、どんな酒より好きかも！」

「俺らが使う砂糖は全部、波照間産の黒糖なんだけど、黒糖と泡盛とシークヮーサーとパッションフルーツを合わせると、ミョ〜に合うんよな〜」

他にも、泡盛のパイン漬けやアロエ酒など、超レアな自家製酒を呑ませてもらい、酔っぱらった私はすっかりご満悦。朴訥すぎる愛想ナシ兄弟だと思ったふたりと、こんな風にがっつり呑むことになるとはなぁ！

「千治さんはそもそも、なんで会社を辞めて、民宿を始めたんです？」

「元々、『作ること』が好きで、自分のできることを全部集めたら、民宿だったんよ〜」

「ま、お金はないけど、基本、自給自足だから、気楽に暮らせるしな〜」と祐助さん。

あがた村は、無農薬の自家製野菜や海の幸をメインに、ボリューム満点の2食付きで、1泊たった6千円。ビール以外の酒は飲み放題だし、幻の泡盛、泡波も出してくれたりして、ウハウハ金儲けのためにやっている宿でないことは明らかだった。民宿は、Uターン島兄弟のライフワークなんだろう。

心地いい風が吹き抜ける中、ログハウス風の食堂で島兄弟とのんびり呑んでいると、ユンタクもスローライフの一環のように感じられる。都会にはロハスをコンセプトにしたオシャレカフェがいくつもあるけれど、本物のロハスってこういうことなんだよなぁと思わずにいられなかった。

家族のことを聞くと、千治さんの家族は那覇在住で、娘さんは成人しているのだという。

「毎日なんのかんの忙しくて、娘にも奥さんにも、もう2年会ってないなぁ〜」

「2年も!?　自分の夢を追いかけるのに忙しくて!?」

「まぁ、そのうち会えるさぁ〜」と千治さんはのんきに言う。

「で、祐助さんは、ずっと独身貴族？」

泡盛各種に、自家製のパイン漬け泡盛

波照間島のあがた兄弟と、泡盛三昧の夜

民宿を手伝う前は、本島で土木の現場監督をやっていたという祐助さんに聞いてみる。

「買う、打つ、はせず、俺は遊んでばかりいたさ〜」

「なんだ、遊んでたんじゃん！」

「俺の遊びと言えば、昔も今も海さ〜！　魚釣りたいな〜、おいしいのが食べたいなぁ〜って思うと、海に直行よ」

はぁ〜、なんともマイペースな島兄弟だこと！

「波照間に来るまで、沖縄はどこを廻《まわ》って来たの？」と祐助さんが聞いてくる。

「本島と久高を旅した後、飛行機で石垣行って、竹富、黒島を巡って、この波照間が最後」

「そうか、竹富町を旅してきたのか」

「は、竹富町？」と聞き返すと、千治さんが言う。

「八重山（諸島）の中で、石垣（島）、与那国（島）、尖閣（諸島）を除く離島は、全部竹富町だからね」

「え、同じ町なの!?　いろんな島を旅してきたのに、私、でっかい町内を移動してただけ―!?」

「ハハハ！　あなた、沖縄をなんも知らないねぇ」

「初めて来たんやから、知らんで当然やん！　まさか、南の果ての島で、鼻ほじりながら酒呑む兄弟がやってる民宿があるとは思いもせんかったし」

酒を呑むと饒舌《じょうぜつ》になるシマンチュののんびり兄弟は、うまそうに泡盛を呑みつつ、ちょいちょい鼻をほじるのだ。

だが、私が急所をついても、兄弟はいっこうに動揺しなかった。

「だからよぉ〜、島呑んで、リラックスしてるからさ〜」

出た！　黒島の粗ちんも言い訳で使った「リラックス」ワード！　男って、なんで家呑みだとナニを掻いたり鼻ほじったりすんだ？

「人間だも〜ん、鼻はほじるさぁ〜」

「そうそう、鼻をほじらん人なんて、この世にいないさぁ〜」

「なに、その、開き直りまくった感じの、正論ぶり！」

うぐ〜っ。そりゃ私だって家ではほじりまくりだけど、人前では絶対ほじらんし！　だが、何をどう言っても二人がかりで言い返してくるので、どうしても2対1で負けてしまう。

波照間をこよなく愛する「あがた村」の島兄弟は、一見ぶっきらぼうで、ちょい辛口なものの、シャイで心根の優しい人たちだった。おとぎの国の登場人物のような、のほほんとした島兄弟と、マイペースに呑むユンタクの夜がにぎやかに更けていく。

〝波照間ブルー〟にとろける！

8時半に起きて食堂に行くと、朝食の準備が整っていた。おかずは、中身汁《なかみじる》（豚の内臓&根野菜を煮込んだ沖縄家庭料理）に、オクラとキャベツのサラダ、島ラッキョウのおかか和え、スターフルーツのデザート。黄色いモチキビ入りの白ごはんは食感がモチモチで、鰹ダシ×豚ダシの中身汁と相性バツグンだ。

食後、千治さんに畑を案内してもらうと、大きな葉っぱの間から朝顔似の愛らしい白い花が顔をのぞかせ、所々にオクラの実がなっている。

「うわ、オクラって、下向きじゃなく、上向きに生えるんだ！」

ふっくらピチピチに実ったオクラを収穫しながら言うと、千治さんが呆れ顔で言う。

「あなた、本当になんも知らんねぇ〜」

「都会育ちで知りようがなかったんだから、しょうがないじゃん！」

「何も知らない」と言われると、〝上から目線〟が悔しくてならないのだが、自然から料理、建築、歴史、地理に至るまで精通している趣味博士に言われると、ぐうの音も出ない。

「どうすれば、おいしい野菜が作れるの？」

「自然にまかせるのが一番。くたっとしてたら水をたっぷりやって、その他はほっとくの」

「自然に抗わず、自然の力を信じるってことかぁ」

「人間は、自然の力を借りて生きてることを忘れてるでしょ。食べ物も飲み物も、全部、自然界のもの。人間はそれに手を加えているだけだからね〜」

宿に戻り、クロスバイクでニシ浜に向かおうとすると、千治さんが言う。

「14時から昼寝するけど、15時以降なら、波照間の聖地に連れてってあげるよ」

「わーい！　じゃあ14時に帰ってくるんで〜」

真夏の太陽がギラギラ照りつける中、帽子を被り、首にタオルを巻き、いざニシ浜へ。ニシ浜に向かう坂道を下っていると、パステルブルーの海が目に飛び込んでくる。あぁ、この、美しすぎる〝波照間ブルー〟を目にする瞬間がたまらない！　何度見ても飽きない、そのまま飲めそうなぐらいおいしそうに見える、クリームソーダ色の海よ！

ビーチに着き、シュノーケルを付けてキラキラの海に入ると、たとえようもないぐらい澄み切ったブルーが360度広がっていて、色とりどりの熱帯魚とサンゴが出迎えてくれる。

遠浅の海をずんずん泳いでいくと、何やら足がこそばゆい。見ると、透明な白い魚が寄ってきて、足をツンツンつついているではないか！　うほ〜っ、超かわゆ〜い!!

気がつくと私は、太陽光を反射して輝く、透明な魚たちに囲まれていた。体の向こう側まで透けて見えそうな透明な魚の群れが、体のいたる所を突っついてくる。んも〜、こそばゆいってば〜、なんて思っていると、ここはどこ？　私は誰？　状態になり、まるで竜宮城にいるような極楽気分になる。

海中を味わい尽くし、まわりを緑に覆われたシャワー室で水を浴びてサッパリした後、浜辺に座り、途中の売店で買った缶のオリオンビールを呑む。このニシ浜が素晴らしいのは、まわりにリゾートホテルやごちゃっとした売店がなく、手つかずの自然の中で、美しい海だけだけをシンプルに堪能できるところなのだ。

ゆる〜い風に吹かれつつ眺める、美《ちゅ》ら海《うみ》は格別だった。晴れ渡った青空には、ふわっふわの綿菓子みたいな雲が浮かんでいる。裸足になると、サラサラの白い浜がくすぐったいぐらい気持ちいい。

この世のモノとは思えない鮮やかなブルーを眺めていると、波照間ブルーは太陽の光によって徐々にその色を変えていく。自然の作り出す大パノラマに見ほれてしまい、今日はずっとここでのんびりしてようかなぁという誘惑に何度も駆られるほどだ。

14時に宿に帰り、昼寝兄弟に合わせて私も昼寝で頭をすっきりさせた後、千治さんの運転で聖地巡りに向かう。

車を降りると、千治さんは草木の生い茂るジャングルのような所に入っていく。

「こないだ草を刈ったばかりなのに、刈っても刈っても、すぐ生えてくるんよ〜」

千治さんが草をバッサバサ刈りつつ歩き、私は新米の探険隊員のように後ろをヒョコヒョコついていく。

「うわ、きれいな蝶《ちょう》がいっぱい飛んでる〜！」

白地に黒の水玉×ストライプ柄の大きな蝶がふわりふわりと飛んでいて、飛行機がのんびり滑空《かっくう》飛行しているような、なんとも気品のある飛び方だ。

「あれは、日本最大級のオオゴマダラね。八重山の〝蝶の王様〟よ〜」

ワイルドな道を歩くと、蝶たちがまるで道案内するかのようについてくる。蝶たちの優雅な舞を見ていると、めちゃめちゃウエルカムされているような気持ちになる。

「波照間にも、神事とか御嶽がたくさんあるの？」

「先祖供養と豊年祭《ほうねんさい》を兼ねた、島最大の祭り『ムシャーマ』のときは、毎年欠かさず、獅子舞《シーシー》を担当してるよ。波照間では、御嶽のことを『ワー』って呼ぶんだけど、御嶽や拝所は数えきれんほどあるねぇ。神事のときには、御嶽で寝泊まりもするんよ」

「御嶽で一晩過ごすの〜⁉ 真っ暗闇で怖いよ〜」

神様との寄り添い方が尋常じゃない。波照間も、神事と生活が一体化してるなぁと思う。

今も祭祀で奉られている〝聖なる井戸〟である「シムスケー」や「神の道」を巡ると、どこも神聖な雰囲気で、波照間もいたる所に神様がいることをひしひしと感じる。御嶽の中には入れないので、外側から感謝の気持ちで手を合わせるも、自分の個人的なお願いをしようという気持ちには全くならなかった。波照間の神々は波照間のシマンチュの神様であって、私のような観光客の神様ではないからだ。

「そろそろ夕方のお客を迎えに行かなきゃ。時間ないから、このまま行かせてもらうね」

港で女性客ふたりをピックアップし、コート盛へ向かう。かつての見張り台のてっぺんまで上り、緑に満ちた波照間を見渡しつつ、千治さんが抑揚のないトーンで女性客にレクチャーするのを聞く。

ふふっ、昨日と全く同じ光景でデジャブみたいだな、と一瞬思うものの、昨日とは自分の心が全く違っていることに気づく。

あぁ、旅先での一日は、どうしてこうも濃密なんだろう。私が見ている波照間の風景は昨日と全く同じで、千治さんの淡々としたしゃべり方も全く同じなのに、波照間に対する思いや千治さんへの親近感がうんと増しているのが分かる。ここはもう、知らない島ではなく、一緒に酒を酌み交わした人たちの暮らす故郷の島であり、私にとっても思い出の詰まった愛しい島なのだ。

宿に着くと、食堂では祐助さんが島ラッキョウの皮むき中だった。

「ガチマヤ〜、島ラッキョウ、むいてみる?」と祐助さんが言う。

「手伝うけど、ガチマヤーって何よ?」

「『食いしん坊』って意味さぁ〜」

私があれもこれも食いたい呑みたいと食い意地を見せたせいで、「食いしん坊」呼ばわりされるハメになってしまったらしい。

洗面所で手を洗っていると、女性客たちから話しかけられる。

「宿の人とスゴい仲良しですねぇ。もう何回か来られてるんですか〜?」

「いやいや、昨日初めて来たばかりで」

私がそう答えると、ふたりが「ええ〜?」と目を丸くする。

「てっきりリピーターかと!」「私は、奥さんか娘さんかと思っちゃった〜」

「んなワケないでしょ!」と首をブルンブルン振ると、ふたりが声をひそめて言う。

「宿の人、愛想わるくて怖くないですか〜?」「あの人たちとよく仲良くできますね〜」

私もさんざ本人たちの前で悪口を言ったものの、こうも裏でストレートに拒絶されると、気のいい島兄弟がなんだか気の毒になってくる。

「いや〜、私も初めはちょっとぶっきらぼうだと思ったけど、辛口に慣れちゃうと、ホント、気のいい人たちですよ〜」

食堂に向かうと、脂の乗った大きな魚、テングハギと島豆腐の煮付けに、パパイヤ、玉ネギ、ニンジンをシーチキン×醤油×シークワーサー×酢×ゴマ油で和えたサラダ。具沢山カレーの残りに、大好物になった中身汁もあって、今夜もヘルシーで豪勢なメニューだ。

今日の昼に札幌から到着したという女性2人組も合流し、全員でごはんを食べていると、メガネの女性が「気分が悪くて食欲がないので……」と言い、部屋に引っ込んでしまった。

「今日、波照間に着いて、海で泳いだりサイクリングしたんですけど、短パンだったから日焼けしすぎちゃったみたいで」とメガネの女性の友だちが言う。

「太陽をナメちゃいかんねぇ」と祐助さんがこぼすと、千治さんはバッと立ち上がり、外に出て行ってしまった。しばらくすると、走って戻ってきた千治さんの手には、大きなアロエが2本握られていた。

「わ、畑でそのアロエを採ってきたの？」

「アロエのゼリー状の部分を患部に貼り付けると、日焼けとかヤケドに効くんよ。アロエには、消毒とか殺菌効果もあるからね」

いつでもマイペースで、焦ったり走ったりする姿を見せない千治さんが、畑に飛んで行ったことに胸をグッと打たれてしまう。島の薬草に精通している〝薬草博士〟の千治さんが、水に浸けて下処理をしたアロエを手に、メガネの女性の部屋に向かう。心配になった私たちも部屋をのぞくと、ベッドに横になった彼女が「うう〜、痛い〜」ともがき苦しんでいた。

「どれ、ちょっと見せて」

メガネちゃんが両足を出すと、太ももからふくらはぎまで真っ赤っ赤で、パンッパンに腫れ上がっている。悶絶《もんぜつ》する彼女を見ていると、ひどい日焼けというのは「太陽光によるヤケド」だと思わずにはいられなかった。

「日焼けにはアロエが一番！ このアロエを貼り付けると楽になるよ〜」

千治さんがアロエにナイフを入れ、ゼリー状の部分を彼女の腫れた足に置いていく。

「熱が籠もってるから、ほてりを抑えんといかんね〜」

さらに千治さんは泡盛の瓶を持ってくると、コットンに泡盛をたっぷり含ませ、彼女の足に塗っていく。

「濡れた体のままでいると、風邪を引くでしょ。水分が気体に変わるとき、熱を必要とする『気化熱』を利用すれば、熱が下がるからね〜」

最後に、千治さんは氷水でキンキンに冷やしたタオルを、お医者さんが包帯を巻くようなノリで、彼女の足に巻き付けながら言う。

「このまま扇風機に足を当てて寝れば、明日はきっとマシになってるさ〜」

楽にしてあげたい一心で、ベストな応急処置をする千治さんがまぶしくて、なんだかスーパーマンみたいに見える。一連の手際の良さを見ていると、千治さんは今までもこんな風に、日焼けを甘くみて大変な目に遭ったヤマトンチュの手当てをしてきたに違いなかった。

「おかげさまで、ほてりが収まってきた気がします」とメガネちゃんがすまなそうに言う。

食欲のない彼女はそのまま休むというので、みんなで食堂に戻ると、自然な流れでユンタク宴会になっていく。

「泡盛は、八重泉にする？　それとも請福？」

千治さんが昨夜と同じく、泡盛は八重泉派か、請福派かを確認し、全員分のグラスを用意してくれる。この「あがた村」では、この平和な光景がずっと続いていくんだなぁと思うと、なんだか胸がほっこりする。

「泡盛の派閥を聞かれたの、初めて～」と女性客たちが笑う。

「こだわりの宿だよねぇ。離島で宿をやってる人は、ホント個性的な人が多いわ～。離島を旅してる人もキャラが濃い人が多いから、毎晩のユンタクが飽きないし」

そう言うと、千治さんが茶目っ気タップリに私を指さし、「くっくっ」とさもおかしそうに笑う。

「ええ？　私なんて、酔狂《すいきょう》な島兄弟に比べたら、全然フツーでしょ！」

「どう考えても、あなたのが変わってるでしょ～」

「ハハハッ！　私たちから見たら、似た者同士ですよ～」「初め、てっきり家族かと思ったもんね～」と女性客たちがツッコんでくる。

「ちょ、どこが家族!?　祐助さんなんて私の名前すら覚えてないもん。私の名前わかる？」

私が聞くと、祐助さんが頭をかきかき言う。

「覚えてるさぁ～。だからよぉ～、にしのさんだろ？」

「つーか、『の』しか合ってないし！　私はたかの！」

「下の名前は分かるさ～。『たかの・ガチマヤー・てるこ』だろ？」

「なんで、勝手に『食いしん坊』のミドルネーム入れとんねん！」

今日着いた女性たちが、島兄弟と私のやりとりを笑う。千治さんの献身的な介抱を見て以来、さっきまで「怖くて仲良くなれない～」と言っていた人たちはどこへやら、同じ宿で同じテーブルを囲むメンバー全員、はちきれんばかりの笑顔でノリノリだ。

大きな宿だと、いろんな人と出会えるのが面白いけれど、小さな宿だと、みんなでひとつの話題で盛り上がれるのがいい。みなで楽しくユンタクしつつ、深夜2時すぎまで泡盛三昧の宴会が続く。

いつも心に「出会えば《イチャリバ》、みな兄弟《チョーデー》」精神！

11日目、最終日。いつものように、朝一番、目覚めると同時に、南国の空気を大きく吸って深呼吸する。今日で沖縄とサヨナラなんて、なんだか信じられない気分だった。

あぁ、夢のように楽しかった〝大人の夏休み〟が終わってしまうなんて！　午後の船で石垣島に戻って飛行機に乗ると、東京の自宅に着くのは深夜12時頃か。そしてシンデレラの魔法が解けるみたく、「〝出会えば《イチャリバ》、みな兄弟《チョーデー》〟で、その日出会った人と呑む！」という沖縄の魔法が解け、いつもの私の日常に戻ってしまうのだ。

「今日、14時20分発の船の出発までに、磯釣りできるかなぁ？」

今まで釣りというモノに全く興味がなかったものの、せっかく波照間の釣り好き兄弟の宿に泊まったのも縁だと思い、千治さんに相談してみる。

「そうね〜。港まで車でお客さんを送った後、2時間あるな。大丈夫よ」

八重山そばと野菜がたっぷり入った、激ウマの焼きそば朝食を食べた後、女性グループを港まで送り、そのまま千治さんに磯釣りへ連れていってもらう。「草ボーボーの場所を歩くから」と言われ、千治さんが貸してくれた長袖シャツ&長ズボンで完全武装スタイルだ。

車を降り、草木の生い茂る森の中に入っていく。昨日と同じように、千治さんが草を刈りつつ歩き、私は後ろを歩くだけなのだが、まるで道を作りながら進む感じだ。

15分程歩くと、ようやく青い海が見え、岩場の磯釣りスポットに到着。

「餌の付け方はこうやって……違う、違う!! もっと丁寧に扱わんと!」

干しエビサイズの小さな餌を釣り針に刺そうとするも、ヌルヌルしていて扱いが難しい。

「初めてなんだからさ〜、もっと優しく教えてよ〜!」

厳しい指導にブータレつつも、どうにか餌を付けられるようになり、いよいよ実践に移る。

「遠投《えんとう》はやったことある?」

「磯釣り自体初めてのシティガールなんだから、あるワケないよ」

「カントリーボーイは、魚釣りができないことには半人前だからね〜」

千治さんがレクチャーしつつ、お手本を見せてくれる。

「まず、人指し指で釣り糸を押さえて、竿を振りかぶる。で、竿先が頭上を通過するタイミングで釣り糸を離して、宙で釣り糸をスルスル〜と伸ばしながら海に投げるんよ」

千治さんが竿を海に投げると、釣り糸は弧を描きながらぐいぐい伸び、竿先は50メートル以上先の海面に落ちた。

「嘘でしょ〜!? むずかしすぎて、そんな器用なことできないよ〜」

「大丈夫! 磯釣りは、お腹を空かせたバカな魚を釣る漁だから、カンタン、カンタン」

「お腹を空かせたバカな魚って、そんな、身もフタもなさすぎやん！」

「しゃべってないで、手を動かす！　帰る前に魚を釣りたいんでしょ？　ほら、竿を構えて、振りかぶって投げる！」

持ち慣れない竿を持ち、「うぉ～りゃぁぁぁ～～！」と振りかぶって投げようとするも、思いきり振りかぶったところで、後ろの木に糸がからまってしまった。「アチャー」という顔になった千治さんが、岩壁を登って糸をほどいてくれる。

餌を付け直し、竿を持って「よっしゃあ～！」と大きく振りかぶると、千治さんが言う。

「んも～、声だけデカいんだから！　ちゃんと教えたようにやって！」

「とぅりゃぁぁぁぁ～～！　あ、ヤバい」

今度は竿先が千治さんに向かってしまった。

「ちょ、殺す気!?　危ないから、俺に竿先を向けないで！」

スパルタ指導の下、何度も繰り返すうちに、大きな弧を描きつつ、竿先を30メートルぐらい先の海に投げ入れられるようになってきた。竿先を遠方にシュルシュル投げ入れると、魚も釣ってないのに、バットでヒットを飛ばしたような快感がこみ上げる。こりゃあ気持ちいいと、餌を付けては、投げて投げて投げまくる。

8回目のチャレンジで、ぐぐっと引きがあった。

「うわ、きたっ！　ど、ど、どうすりゃいいの〜!?」

竿先が海にぐいぐい引っ張られ、まさにホームラ〜〜ンな手応え!!

「あわてず、ゆっくりリールを巻いて！」

リールを巻き上げると、黄色いストライプ柄の魚が宙でピチピチ飛び跳ねている。

「ぎゃあ〜！　魚が暴れる〜！　魚、取って取って！」

魚の勢いにつられて釣り竿を振り回していると、千治さんが魚を外してくれる。

「カワハギだね。あばら骨がない魚だから、刺身にしたら美味いよ〜」

「うわ〜、夢のキャッチ&イートだ！」

釣りがこれほどまでにエキサイティングでアクロバットなレジャーだったとは！　私は釣りと言えば、静か〜に釣り糸を垂らし、だんまりを決め込んで、魚と頭脳合戦を繰り広げるような地味な作業だと思っていたのだ。たった1時間でこんなに釣りが楽しめるようになるなんて、私はいろんな思い込みから自由になるために、旅をしているのかもしれないなぁ！

カワハギが釣れた後、さらにカラフルな魚が一匹釣れ、またしても大騒ぎ。魚から釣り針を外した千治さんが、食べるのがもったいないくらい、全身がレインボーカラーのきれいな熱帯魚を見せてくれる。

「これはベラだよ。よし、船の時間が迫ってるから、そろそろ帰ろう」

ビギナーズラックを実感しつつ速攻で宿に戻ると、千治さんが私の釣ったカワハギとベラを刺身にしてくれる。シークヮーサー入りの醤油で食べると、うんまい！　身がコリコリしているベラは歯ごたえがたまらず、カワハギの薄造りはフグみたいなサッパリ味でいくらでもイケる！　苦労して自分で釣った魚は、美味さもひとしおだ。

ランチ後、荷造りを済ませると、祐助さんが宿の前まで見送ってくれた。

「ガチマヤ〜、気ぃつけて帰れや〜」

「ガチマヤ〜って、あだ名になってるし！　最後まで名前も覚えてくれないんだもんなぁ」

「覚えたさ〜。ガチマヤー・てるこやろ。まぁ俺は、名前は忘れても、お客さんの顔だけは絶対忘れんからねぇ」

「へん！　じゃあ全身整形して、誰か分からんようになった姿で来てやる！」

私が言うと、祐助さんが言い返してくる。

「パッションフルーツ酒呑ませたら、すぐガチマヤ〜って分かるさぁ〜。果実酒、作っとくから、また呑みに来いや〜」

これから日課の昼寝をするという祐助さん。今日もあくまでマイペースなシマンチュは、無理せず、自分の体と自分の生活を大事にしているのだ。

来たときと同じように、千治さんが車で港まで送ってくれる。港に着き、私が船のチケットを買ったのを見届けると、千治さんが言う。

「旅の最後に遠投もできるようになって、釣った魚も食べれて、よかったじゃない」

石垣島で魚突きができなかったリベンジも果たせた今、私はこれ以上ない、晴れ晴れとした気分だった。

「いや〜、おかげさまで、釣りの魅力が分からん〝釣りコンプレックス〟ともオサラバできて、グランドフィナーレが飾れたわ〜」

「ハッハッハ！　釣りはいろんな方法があって奥が深いから。シーカヤックに乗って釣るのも面白いし、今度来るときは、もっとゆっくりした日程で来るといいよ〜。なるべく泡波もキープしとくさ〜」

「マジで〜!?　そうだよ、一杯じゃ全然呑み足んないよ！」

いつも生き急いでいてバタバタしまくっている私は、今度いつ来るから、とは言えなかった。それでも、神様がまた夏休みをプレゼントしてくれたなら、沖縄はすぐにでも、帰ってきたい場所になっている。この波照間まで1時間のフェリーに揺られるのは大変だけど、物理的な距離はともかく、精神的な距離はぐっと縮まっているのだ。

昨夜も呑みすぎて少々寝不足なものの、来たときよりも確実に、心に活気が満ちていることを思うと、沖縄がくれたパワーを感じずにはいられなかった。あぁ、沖縄への愛が胸にあふれて止まらない。

センチな気持ちがこみ上げてくるのが切なくて、私は努めて平気な感じで言った。

「石垣発の飛行機、18時発だけど、船、ちゃんとオンタイムに石垣に着くかな？」

「今日の海だと大丈夫！　安心していいよ〜」

なんでも知ってるシマンチュに太鼓判を押してもらえると、腹の底から安心できる。この、波照間のことを何でも知っていて、聞けばなんでも教えてくれるシマンチュともお別れかぁ。

千治さんは「自分ができることを全部集めたら民宿だった」なんてかっこよく言ったけど、素性も分からない旅人を民宿を兼ねた自宅に迎えて、毎晩ユンタクするような生活、人が好きじゃないとできない気がする。

手先はやたら器用なものの、こう見えてめちゃめちゃシャイだからトークがぶきっちょで、教え方も上から目線だから、ときどきムカついたりもする。それでも、荒っぽい優しさで精一杯もてなしてくれるシマンチュの温かさに、何度もグッときたことを思う。

故郷の島を心から愛している島兄弟は、人が好きだからこそ、民宿を始めたに決まっているのだ。波照間の大自然に寄り添い、毎日ていねいに暮らしている彼らは、自分たちの生活を大事にしているからこそ、この島を訪れた旅人たちのことも大事にできるんだろう。

「いつかまた来れる日まで、ずっと元気でいてね！」

気に入った居酒屋と同じく、自分が行きたいとき、民宿にはいつでもオープンしていてもらいたかった。

「俺たちのモットーは健康第一やから、大丈夫さ〜」

〝ミスター健康〟と名付けたくなるくらい健康オタクの千治さんが、日に焼けた顔で笑う。

千治さんと手を振り合い、船に乗り込む。出航すると、こんもりとした緑に覆われた波照間が、みるみる小さくなっていく。さようなら、南の最果ての美《ちゅ》ら島！　さようなら、めいっぱい目の保養をさせてくれたニシ浜の美ら海！　さようなら、ディープな島体験をさせてくれたスローライフのシマンチュ兄弟！

本島、久高島、石垣島、竹富島、黒島、波照間島をめぐり、憧れの〝アイランド・ホッピング〟を果たした沖縄旅。ひとくちに「沖縄」といっても、島ごとに歴史も文化や伝統も違えば、シマンチュの雰囲気もそれぞれ違うのだ。個性あふれる離島の民宿、どこも味があっておかしかったなぁ！

考えてみれば、日本語が通じるのに、異世界にトリップできる旅は、初めての経験だった。そして何より、フォークダンスの相手が変わるみたく、毎晩のように呑む相手が変わっていくのが新鮮で刺激的だったこと！　宿の人とお客が毎晩のように、仲良く一緒に呑むのが当たり前な世界が他にあるだろうか。

ホテル勤めの経験があるワケでも学校の観光科を出たワケでもない、接客のプロではないシマンチュたちが、マニュアルではない、心づくしのもてなしをしてくれる離島の民宿は、まるで親戚の家にふらっと泊まりにきたような気安い居心地だったのだ。しかも、居酒屋でフツーに飲み食いしたらかかるような5、6千円の宿代で、2食付きの泡盛呑み放題って！

沖縄を訪れるヤマトンチュはみな、さまざまな目的を持って海を渡り、お気に入りの島を目指す。魚釣り、シュノーケル、サイクリング、ヒーリング、ストレス発散、ユンタク宴会……、ヤマトンチュが抱えてきたそれぞれの目的を受け止め、大きな愛で返してくれる沖縄の島々。そうして、島で羽を休めたヤマトンチュの心を満タンまでフルチャージさせてくれた上で、ヤマトに送り出してくれる、懐の大きなシマンチュたちよ！

おおらかで人なつっこく、ちょっぴりシャイながらも「出会えば《イチャリバ》、みな兄弟《チョーデー》」を地でいく沖縄の人たちは、たまたま出会えた人と楽しいひとときを過ごすことに抜きん出ているなぁと思う。私は沖縄11日間の旅が、11夜連続のユンタク宴会だったことを思い出さずにはいられなかった。本島のスーパー銭湯でも、久高島の食事処でも、離島の個性的な民宿でも、キツカケひとつでユンタクに花が咲いたのだ。

でも、同じ地球で同じ時代を生きる人と、楽しい時間を分かち合うこと以外、他にやるこ

黒島「たま商店」のおばあの、菩薩のような優しい笑顔

とがあるだろうか。地球の長い歴史を思えば、私たちがこの星に滞在できるのは、ほんのちょっとの時間。できることといえば、ただ、分かち合うだけなのだ。今までも。これからも。

ゆったり流れる時間の中で出会った、たくさんのやわらかい笑顔が頭に思い浮かんでは消え、私を夢中にさせた沖縄への想いは募るばかり。各島独特のお祭りもこの目で見てみたいし、まだ見ぬ離島にも泊まってみたい！

沖縄に対しては、まだ腹八分目、いや、腹五分目ぐらいだから、私はまた沖縄を訪れることになるんだろうな。そして、内地のモノにあふれたコンビニに慣れてくると、最低限のモノしかなかった離島のこぢんまりした売店を、懐かしく思い出すことになるんだろう。

黒島で、島に唯ひとつしかない商店のかわいいおばあに「お子さんたちは黒島にいるんですか？」と聞いたとき、おばあから返ってきた言葉を思う。

「長男の家族は一緒に店をやってるけど、他の子たちは、あちこち旅に出てるさ〜」

黒島では、子どもが島以外の場所で暮らしていても、いつかは島に帰ってくると信じているから、島の外にいることを「旅に出ている」と表現するというのだ。

23年前に故郷を出た私も、いまだ終《つい》の棲家《すみか》が定まらない身で、「あちこち旅に出てるさ〜」状態。

私もまだ、旅の途中なのだ。

あとがき

いや〜、海外ばかり旅してきた私が、ここまで日本に首ったけになるとは！

正直、初めての〝行き当たりバッタリ〟日本旅がこれほど刺激的で、影響を受けるとは思いもしませんでした。旅先で個性あふるる人たちに出会いましたが、みな、自分の好きなことをしながら楽しく生きていて、しかもそれが人のためにもなっている人ばかりだったので、目からウロコが落ちまくりです。

「自分の心が喜ぶことが分かるのは、世界でただ一人、自分だけ！」とつくづく思う昨今。私も人生のテーマは、お金儲《もう》けではなく〝人もうけ〟なので、これからも「こんなおもろい人に出会えて、ラッキー！」と思えるような出会いを求めて生きていきます。

会社を辞め、ようやく自分らしく生き始めた私が旅先で巡り合ったのが、ちょうど出会いたかったような人たちだったことに「ご縁」を感じますし、私の人生がいい感じでシンクロしてきた気がしています。あぁ、愛しきニッポン&愛すべき人たちよ、感謝!!

本を出すに当たって、旅先で出会った人たちと久しぶりに話せたのが、うれしかったです。

沖縄旅が盛り上がるキッカケを作ってくれた森本さんは、大阪に転勤していたので、なんと、大阪（＆東京でも）のジュンク堂で出版記念トークイベント＆サイン会を開いてもらえることになりました！　知らない人に話しかけるのは勇気がいるものですが、ひとつの出会いが未知の世界の扉を開けるカギとなり、作家の仲村さんやオバアスナック、ユタの照屋さん等、想像を絶する展開になったことを考えると、最初の第一歩は大事だなぁと思います。

そう、ショックだったのは、しのぶママに電話したら、ママは相変わらず超元気だったものの、ミッちゃんが亡くなっていたことでした。合掌。

「お店に来てくれた1ヵ月半後ぐらいに、本当に、突然だったのよ〜。ちょっと体調を崩して入院して、『休んでたらいいよ〜』って言ったのに、ミッちゃん、退院してからも、何度かお店に遊びに来て、お客さんとゴキゲンに呑んでたんだけどねぇ」

亡くなる直前まで、ど派手なドンチャン騒ぎ。私の会ったミッちゃんが、じつは晩年だったとは……。私も目指すはピンピンコロリで、いわゆる晩年感のない「一生現役」でいたいと願ってやみません。まだまだ先のことですが、あっちの世界でミッちゃんと酒を酌み交わせるのを楽しみにしています。こっちでのお役目が終わってあっちにいった暁には、私も余計なモノをかなぐり捨てて、一緒にスッポンポンになるよ！

黒島で呑んだ粗ちんに電話して、「粗ちんのこと書いてもええ？」と聞いたら、「おもろかったら何でもええで〜」と二つ返事だったので笑ってしまいました。絵に描いたような関西ノリに噴き出していると、なんと粗ちんは美容院の社長だったことが発覚！　沖縄ラブな粗ちんは、自分が1回でも多く行きたいがために、社員旅行も黒島2泊3日にしたそうで（社員5人の旅費は、全て粗ちん持ちの太っ腹！）、さすが休暇の全てを黒島に捧げている男です。自分の喜びを、ちゃんとまわりの人たちとシェアしててエラい！

佐賀のみどりさんに電話したら、「三瀬の公民館に、てるこちゃんとみんなで撮った写真、記念に飾ってあるとよ〜」と言われて、うれしいやら恥ずかしいやら。

おかんに「伊勢のこと書いたで」と言ったら、「へ〜。こないだ友だちと集まったとき、スマなんとかの話をしたらな、みんな『あんなもん当てにならへん』って言うてたわ〜」と言い返してきました。つーか、伊勢旅のメイン、そこじゃねーし！　なに、女子会で友だちを味方に付けてんだよ！　ったく、言い合いのループが終わんね〜!!

「あんたな、スマなんとかまで覚えたんやったら、最後まで覚えーな！　ス・マ・ホ!!」

イイ年こいたら、今度は子どもが親を育てる番だなぁとしみじみ思います。

日本の魅力に目覚めたのは、ＮＨＫのラジオ番組で「国内を自由にひとり旅」し、月イチで旅リポートをさせてもらったのがキッカケでした。日本を旅する喜びを教えてくださった、番組スタッフの内美登志さん、熊倉悟さん、小笹浩さん、高橋徹さん、白川阿季子さん、パーソナリティの柿沼郭さん、柴原紅さんに心からお礼申し上げます。

海外旅エッセイしか書いたことのなかった私に、日本旅の新境地を開かせてくれた編集者の大野里枝子さん、日本晴れの陽気な装丁をしてくださった松昭教さん、写真のリタッチをしてくれた松千夏ちゃん、いつも寄り添って私の灯台になってくれて、心の底から感謝です。

帯に「大好きなてるちゃんの見つけた日本は、やっぱり笑顔でいっぱいです！」という胸きゅんの推薦文を書いてくださった、吉本ばななさん、「読んだら元気が出たよ！」というメールを読んで、有難すぎて泣けてきました。まほりん、本当にありがとう。

いつも相談に乗ってくれる、カール、ミッシー、さゆりさん、ありがとうね。

（＊文庫化にあたっては、編集者の黒川美聡さんにお世話になり、感謝です）


こんなに長く日本人をやっていたのに、いざ国内旅をしてみると知らなかったことだらけで、本当に「日本よ、今までほったらかしにしてて、すみませんでした!!!」という感じです。「すみません」の語源は「心が澄みきらなくてすみません」から来ているそうで、日本への愛がグッと増したからには、今後はもりもり日本も旅しようと思っています。

みなさんの旅が、良き出会いに満ちた、良き旅になりますよう！

たかのてるこ

文庫版あとがき

まさか、日本がこんなにもディープな島だったとは！

特に、長旅だった沖縄の、離島の民宿のアットホームで個性的だったこと!!

「沖縄旅で毎日、出会った人と呑んだくれるなんて、てるちゃんだけだよ〜。友だちと行ったけど、出会いなんてなかったよ？」と言われるんですが、それは、ひとり旅じゃなかったから、沖縄の人と話す機会が少なく、出会いがなかっただけではないかと。沖縄ひとり旅をしてる人はみな、「沖縄は『出会えば《イチャリバ》、みな兄弟《チョーデー》』で仲良くなれるから、めっちゃ楽しい！」と言いますし、呑む相手に事欠かない島です（笑）。

ひとり旅に興味はあっても海外はハードルが高くて……という人は、ぜひ離島の民宿めぐりで、宿ごとに個性が違うユンタクをしてみてください。ひとり旅でもひとりになるスキが全くないので（笑）、〝ひとり旅の概念〟がブッ飛ぶこと、間違いナシです。

そして、日本の旅館のきめ細やかさといったら！ 旅館での夕食後、おひつのごはんを余らせていると、配膳のおばちゃんに「お風呂に入るとお腹がすくから、おにぎりにしましょうか？」なんて言われて、おにぎりに漬物を添えて渡してくれたりして、なんつーおもてなし！ おかんか!! とツッコミたくなるほどです。

私たち日本人は、明治の文明開化以来「欧米文化の方が優れている」という考えが、潜在意識に刷り込まれてきたような気がしますが、伊勢神宮、高野山等を旅したおかげで、欧米文化が到来する前から、この国では独自の文化が育まれていたことを痛感させられました。

この日本旅での出会いは、今も私にさまざまな影響を与え続けています。

具座で野菜収穫に味をしめ、毎夏、小さな庭でゴーヤーやプチトマトを育てるようになりました。千治さんの「自然にまかせるのが一番」という言葉のまま、根を張るよう土を耕して植えた後、ものぐさな私は水もあげないのですが、ちゃんと育つのでビックリ。特にトマトは水をあげない方が甘くなるので、うまいのなんの！　自分で育てた野菜は格別なので、100均でプランターや種を買って、ぜひお試しを♪（ネットで苗も安く買えるので超便利！）。

アイヌのレラさんの「野草は至る所にあるよ」という言葉通り、家の日陰に野生のミョウガがこんもり生えていたことに気づき、夏はミョウガの天ぷらパーティがお決まりに。ミョウガの天ぷら、独特の香りと天ぷらの衣が相まって、超ジューシー。めちゃ美味です！

あと、沖縄で食べて以来、酢醤油や、醤油＋シークヮーサー（ネットで果汁が買えます）で食べる刺身にもハマっています。特に「シークヮーサーポン酢」は、豆腐やおひたし等、何にでも使えて万能なので、ネットで欠かさず買う常備調味料になっています。旅に出る度に、好きなものが増えていき、日常まで豊かになっていくのも〝旅の醍醐味〟ではないかと！

この旅で、自分に正直に生きている人たちと出会い、自分にうそをついていない人は、年齢を重ねれば重ねるほど、人間味に深みが増すなぁと実感しました。なんせ、自分も好きに生きていて、「何をやってもいいんだよ」と自分自身をゆるしている人たちは、人の生き方を縛ることがないので、一緒にいてとても心地がいいのです（人の人生観を縛る人は、自分のことも縛っている人が殆どですから）。

「自分に正直に生きること」ほど、人生で大事なことはない、とつくづく思います。

感慨深いのは、この日本旅で出会った人たちは、災害を目の当たりにしたり病気になったり、大きなショックを受けた出来事をキッカケに、一念発起した人が殆どだったことでした。

私自身、2011年3月11日に起きた、日本観測史上最大規模の巨大地震による大災害、東日本大震災の影響は計り知れません。大地震の発生時、私は勤めていた会社の中にいたのですが、立っていられないほどの震動で（震度5弱）、何かとてつもないことが起きたと思いました。余震も凄まじく、老朽化したビルから脱出すべきか屋内にいるべきかも分かりませんでした（その後、JR、私鉄、地下鉄、全線が運行停止になり、当日は帰宅することもできず……）。

同じ部署の人たちとテレビの前に集まると、上空のヘリから、港町が津波に飲み込まれていく様子が生中継されていました。人が乗っている車が、人が住んでいる家々が、人々が住んでいる町全体が、凄まじい勢いで押し流され、大津波に飲み込まれていくのを目の前で目撃しているのに、なすすべもなく、「早く逃げて!! 早く!!」と叫ぶことしかできない、もどかしさ。戦争体験もなく、生まれてこの方、大勢の命が瞬時に奪われていく光景を見たことがなかった私にとって、これほど衝撃的な映像はありませんでした。心から合掌。

死者、行方不明者2万2199人、建築物の全壊、半壊は40万戸以上、福島第一原発で原発事故も発生するという未曽有の大災害を目の当たりにして、世界の不確かさを実感した私は、空っぽになったような気がしました。

津波で亡くなられた方々は、どれだけ生きたかっただろう、どれだけやりたいことがあっただろうと思うと、涙がとめどなく流れました。そしてその4ヵ月後、18年間勤めた会社を卒業し、〈地球の広報・旅人・エッセイスト〉として独立、これからは自分に正直に生きようと心に決めたのです。

「どうせ不確かな人生なら、悔いなく生きたい！　行きたいところへ行って、会いたい人に会いに行こう！」と思わせてくれたあの日のことは、生涯忘れません。

会社卒業の背中を押したもうひとつのキッカケは、2度も椎間板ヘルニアの手術を受けるも再発し、これ以上ないぐらい辛かったときに、上司から長年勤めた部署からの異動勧告

（＝戦力外通告）を受けたことでした。腰痛の8割はストレスが原因だそうで、退社した途端、ヘルニアは完治しましたが、自分で自分を縛っていた私は「こんなダメな自分は、会社を辞めて生きていけるワケがない」という否定的な言葉で自身を責め続け、長い間、呪いをかけていたように思います（退社の詳しい経緯は、拙著『純情ヨーロッパ』をご参照ください）。

病気も災難も、身に降りかかったときは本当に苦しいし、当時は私も地獄の日々で「なぜ自分だけがこんな目に……」と思って肉体的にも精神的にもズタボロになり、人間としての尊厳を奪われたような気持ちでした。私たちはとかく、身に降りかかった出来事を「いい・わるい」で判断しがちですが、今振り返ってみると、こういった出来事は、自分に正直に生きるチャンスなんだなぁとつくづくと思います。

生きていれば、なんでもできる。

自分に、うそはつかない（＝人にも、うそをつかないことになる）。

これからも、この言葉を胸に、生きていきます。どんなに辛い体験も、本当は新しい扉を開けるキッカケとして、目の前に大きく開かれているのだと信じて。

お互い、自分に正直に、よき出会いに満ちた、よき旅人生を！

たかのてるこ

旅先リスト

高野山 ★宿坊「惠光院」
和歌山県伊都郡高野町高野山４９７　TEL 0736-56-2514　http://www.ekoin.jp

伊勢 ★お伊勢参りの宿「神宮会館」
三重県伊勢市宇治中之切町１５２　TEL 0596-22-0001　http://www.jingukaikan.jp

佐賀県 ★農家民宿「具座」
佐賀県佐賀市三瀬村藤原１０９７　TEL 0952-56-2649　http://guza-mitsuse.com
ブログ〈三瀬村農家民宿具座のおかあさんだより〉　https://blogs.yahoo.co.jp/okamiikoguza

沖縄本島 ★沖縄のユタ「照屋家庭はんだん」
住所非公開　TEL 098-877-6721

久高島 ★小やど「ＳＡＷＡ」
南城市知念字久高２３１-２-７　TEL 098-948-1630　http://koyado-sawa.jp

石垣島 ★マングローブカヌー体験「石垣島観光」
石垣市宮良216 TEL 0980-86-8686 http://www.yaeyama.ne.jp

石垣島 ★海上観光&海人《ウミンチュ》の宿「たいらファミリー」
石垣市字伊原間97 TEL 0980-89-2588 http://taira-family.jugem.jp

竹富島 ★水牛車観光「新田観光」
八重山郡竹富町字竹富97 TEL 0980-85-2103 http://www.nitta-k.net

黒島 ★しま宿「南来」
八重山郡竹富町字黒島412 TEL 0980-85-4304 http://nankuru.biz

黒島 ★シュノーケリングツアー「うんどうや」
八重山郡竹富町黒島1552 TEL 090-3012-4308 http://undoya.com

波照間島 ★体験の宿「民宿 あがた村」
八重山郡竹富町字波照間5375 TEL 0980-85-8622 http://agatamura.sakura.ne.jp

この作品は二〇一四年八月小社より刊行された
『ど・スピリチュアル日本旅』を改題したものです。

幻冬舎文庫

●好評既刊
ガンジス河でバタフライ
たかのてるこ

極端な小心者だからこそ、五感をフルに稼働させて、現地の人とグッと仲良くなっていく。ハチャメチャな行動力とみずみずしい感性が大反響を呼んだ、てるこの爆笑紀行エッセイ第一弾。

●好評既刊
サハラ砂漠の王子さま
たかのてるこ

次々と襲いかかってくる髭面の男たち、サハラ砂漠の独立独歩横断——連続して迫り来る貞操と生命の危機！　たかのてるこの痛快ハチャメチャ紀行エッセイ、ヨーロッパ&サハラ砂漠編。

●好評既刊
モロッコで断食《ラマダーン》
たかのてるこ

モロッコを旅するうちに、ある日突然始まった摩訶不思議なイベント断食。空腹のまま彷徨い続けた後に辿り着いたのは、心優しきベルベル人の村だった。愛と笑い溢れる断食紀行エッセイ！

●好評既刊
モンキームーンの輝く夜に
たかのてるこ

東南アジア最後の辺境ラオスで〝銀座OL〟が恋に落ちた男は、サル顔の自然児だった！　運命？　勘違い？　この恋、どうなる⁉　不安材料てんこ盛り。笑いと涙のハチャメチャ恋愛亡命記！

●好評既刊
ダライ・ラマに恋して
たかのてるこ

人生最悪の大失恋のさなかに出会った、〝世界一ラブ&ピースなお坊さま〟。「生のダライ・ラマに会って人生を変えたい」。てるこの無謀な大冒険が始まった‼　旅人OL、再びインドへ‼

幻冬舎文庫

●最新刊
青山5丁目レンタル畑
白石まみ

ようやく希望が叶い、企画部に異動が決まった美菜子。しかし勤務先は畑、しかも共に畑を運営する区役所職員の河田は神経質で無愛想この上ない。都会の畑で始まる不器用な恋の行方。

●最新刊
片想い探偵　追掛日菜子
辻堂ゆめ

追掛日菜子は、好きな相手の情報を調べ上げ追っかける超ストーキング体質。事件に巻き込まれた好きな人を救うため、そのスキルを駆使して解決するが——。前代未聞の女子高生探偵、降臨。

●最新刊
能舞台の赤光
多田文治郎推理帖
鳴神響一

公儀目付役・稲生正英から大大名の催す祝儀能への同道を乞われた多田文治郎。幽玄の舞台に胸躍らせるが、晴れの舞台で彼が見たものとはいったい……？　瞠目の時代ミステリ、第二弾！

●最新刊
捌き屋　盟友
浜田文人

企業間に起きた問題を、裏で解決する鶴谷康。不動産大手の東和地所から西新宿の土地売買を巡るトラブル処理を頼まれる。背後に蠢く怪しい影に鶴谷は命を狙われるが——。シリーズ新章開幕。

●最新刊
モヤモヤするあの人
常識と非常識のあいだ
宮崎智之

どうにもしっくりこない人がいる。スーツ姿にリュックで出社するあの人、職場でノンアルコールビールを飲むあの人……。新旧の常識が混ざる時代の「ふつう」とは？　今を生き抜くための必読書。

幻冬舎文庫

●好評既刊
織田信長　435年目の真実
明智憲三郎

桶狭間の戦いの勝利は偶然なのか？　何故、本能寺で討たれたのか？　未だ謎多き男の頭脳を、現存する史料をもとに徹底解明。日本史史上最大の謎と禁忌が覆される!!

●好評既刊
明日の子供たち
有川　浩

児童養護施設で働き始めて早々、三田村慎平は壁にぶつかる。16歳の奏子が慎平にだけ心を固く閉ざしてしまったのだ。想いがつらなり響く時、昨日と違う明日がやってくる。ドラマティック長篇。

●好評既刊
男の粋な生き方
石原慎太郎

仕事、女、金、酒、挫折と再起、生と死……。文壇と政界の第一線を走り続けてきた著者が、自らの体験を赤裸々に語りながら綴る普遍のダンディズム。豊かな人生を切り開くための全二十八章！

●好評既刊
勝ちきる頭脳
井山裕太

12歳でプロになり、数々の記録を塗り替えてきた天才囲碁棋士・井山裕太。前人未到の七冠再制覇を成し遂げた稀代の棋士が、〝読み〟〝直感〟〝最善〟など、勝ち続けるための全思考を明かす。

●好評既刊
鈍足バンザイ！
僕は足が遅かったからこそ、今がある。
岡崎慎司

足が遅い。背も低い。テクニックもない。だからこそ、一心不乱に努力した。日本代表の中心選手となり、2015-16シーズンには、奇跡のプレミアリーグ優勝を達成した岡崎慎司選手の信念とは？

幻冬舎文庫

●好評既刊
わたしの容れもの
角田光代

人間ドックの結果で話が弾むようになる、中年という年頃。老いの兆しを思わず嬉々と話すのは、変化とはおもしろいことだから。劣化した自分だって新しい自分。共感必至のエッセイ集。

●好評既刊
年下のセンセイ
中村　航

予備校に勤める28歳の本山みのりは、通い始めた生け花教室で、助手を務める8歳下の透と出会う。少しずつ距離を縮めていく二人だったが……。恋に仕事に臆病な大人たちに贈る切ない恋愛小説。

●好評既刊
シェアハウスかざみどり
名取佐和子

好条件のシェアハウスキャンペーンで集まった、男女4人。彼らの仲は少しずつ深まっていくが、ある事件がきっかけで、彼ら自身も知らなかった事実が明かされていく――。ハートフル長編小説。

●好評既刊
うっかり鉄道
能町みね子

「平成22年2月22日の死闘」「琺瑯看板フェティシズム」「あぶない！　江ノ電」など、タイトルからして珍妙な脱力系・乗り鉄イラストエッセイ。本書を読めば、あなたも鉄道旅に出たくなる！

●好評既刊
ぼくは愛を証明しようと思う。
藤沢数希

恋人に捨てられ、気になる女性には見向きもされない弁理士の渡辺正樹は、クライアントの永沢から恋愛工学を学び非モテ人生から脱するが――。恋に不器用な男女を救う戦略的恋愛小説。

あっぱれ日本旅《にほんたび》!

世界一《せかいいち》、スピリチュアルな国《くに》をめぐる

たかのてるこ

平成30年6月10日　初版発行

発行人――石原正康
編集人――袖山満一子
発行所――株式会社幻冬舎
〒151-0051東京都渋谷区千駄ヶ谷4-9-7
電話　03(5411)6222(営業)
　　　03(5411)6211(編集)
振替00120-8-767643
印刷・製本―株式会社 光邦
装丁者――高橋雅之

幻冬舎文庫

ISBN978-4-344-42747-1　C0195　た-16-8

幻冬舎ホームページアドレス　http://www.gentosha.co.jp/
この本に関するご意見・ご感想をメールでお寄せいただく場合は、
comment@gentosha.co.jpまで。